高等院校会计专业系列教材

会计学

Accounting

主　编　骆希亚　杨明海
副主编　吕慧珍　邓小芬

微信扫码　申请资源

南京大学出版社

内容提要

本书介绍了会计必要的基本理论知识，根据非会计专业学生的需求，介绍了会计学的基本方法和基本技能，以及会计信息产生过程中所采用的各种确认、计量、报告的会计处理方法。以资金进入企业、投资业务、采购和生产业务、销售业务、利润形成和分配业务、财务报告、财务报表分析为主线，从会计基础知识入手，注重实际运用，本书基本上涉及了基础会计学、中级会计学、财务分析等课程的相关内容，同时注重学生对知识的掌握和消化，并对每个章节都安排了适量的课后自测题。

图书在版编目(CIP)数据

会计学 / 骆希亚，杨明海主编. — 南京 ：南京大学出版社，2019.1(2023.9 重印)

ISBN 978-7-305-21550-6

Ⅰ. ①会… Ⅱ. ①骆… ②杨… Ⅲ. ①会计学 Ⅳ. ①F230

中国版本图书馆 CIP 数据核字(2019)第 012190 号

出版发行 南京大学出版社
社　　址 南京市汉口路 22 号　　　邮　编 210093
出 版 人 王文军

书　　名 会计学
主　　编 骆希亚　杨明海
责任编辑 张亚男　武　坦　　　编辑热线 025-83592315

照　　排 南京开卷文化传媒有限公司
印　　刷 广东虎彩云印刷有限公司
开　　本 787×1092 1/16　印张 16.75　字数 418 千
版　　次 2019 年 1 月第 1 版　2023 年 9 月第 4 次印刷
ISBN 978-7-305-21550-6
定　　价 49.00 元

网　　址：http://www.njupco.com
官方微博：http://weibo.com/njupco
微信服务号：njuyuexue
销售咨询热线：(025)83594756

前　言

随着我国市场经济的不断发展以及经济改革的不断深化，会计准则和会计制度不断修订完善，对会计和财务管理人才的需求不断提升，同时也对财会人员的业务能力和职业素质提出了更高的要求。为了适应我国现代会计领域对技术性、应用型人才的需求，我们以最新的企业会计准则为依据，在吸收最新理论研究成果和借鉴国内同类教材经验基础之上，编写了本书。

在编写过程中，我们力图体现知识的原理及运用，使教材内容与企业的经济活动和会计改革要求相适应，贴合会计准则要求和实务变化。书中介绍了会计必要的基本理论知识，根据会计初学者和非会计专业读者的需求，还介绍了会计学的基本方法和基本技能，以及会计信息产生过程中所采用的各种确认、计量、报告的会计处理方法。在章节编排上，从会计基础知识入手，以资金进入企业、投资业务、采购和生产业务、销售业务、利润形成和分配业务、财务报告、财务报表分析为主线，重点突出了以下几个方面的知识：

第一，会计基础知识原理。本书主要介绍了会计学的基本理论、基本方法和基本技能，便于初学者理解和掌握。

第二，注重实际运用。鉴于会计学是面向会计初学者和非会计专业读者开设的课程，本书在内容编排上不追求理论的高深，力求在理论满足学习基本需求的基础上，突出会计实务的运用。

第三，知识涵盖面广。本书涉及基础会计学、中级会计学、财务分析等课程相关的基本内容，这些内容是会计初学者和非会计学专业读者阅读会计信息所必备的基础知识。

第四，注重知识的掌握和消化。为了便于读者对所学理论知识的消化和巩固，本书配套习题册，主要包括选择题、判断题、实务题、计算题、案例题等内容。

全书分为八章，第一章为会计基础知识，主要阐述了会计核算的对象、会计要素、会计核算基本前提和会计确认基础、会计信息质量、会计核算方法及凭证账簿等；第二章至第七章主要介绍了制造企业基本经济业务的会计处理，使学生了解如何运用会计基本方法对经济业务进行确认、计量和列报，对企业财务状况、经营成果和现金流量产生影响，提升学生对会计信息的认识和应用能力；第八章主要阐述了财务报表分析基本方法。

本书由骆希亚、杨明海主编，负责全书提纲的拟订以及全书定稿前的修改、补充和总纂。吕慧珍、邓小芬任副主编，协助主编的有关工作。其中，第一章、第四章由杨明海执笔；第二章、第三章由吕慧珍执笔；第五章、第六章由骆希亚执笔；第七章和第八章由邓小芬执笔。

由于作者水平有限，书中有疏漏和不足之处，恳请广大读者和专家批评指正，以便再版时加以完善。

编　者

2018年12月

目　录

第一章

会计基础知识

第一节　会计的产生与发展

会计是随着人类社会的生产实践活动和经营管理活动的客观需要而产生和发展的，它是商品经济发展到出现私有财产后的产物。随着人类社会生产和管理的不断发展和进步，会计在内容和形式上有了很大的变化，并得到了逐步的完善。

会计是一门古老的学科，它与人类的经济活动联系极为密切，是人类社会生产发展到一定阶段，由于管理经济活动的需要而产生的。早在原始社会，随着社会生产力水平的提高，人们捕获的猎物及生产的谷物等便有了剩余，人们就要筹划着食用或进行交换，这样就需要进行简单的记录和计算。但由于文字没有出现，所以只好“绘图记事”，后来发展为“结绳记事”“刻石记事”等方法。这些原始的简单记录，就是会计的萌芽。不过，那时人们所采用的会计记录方法，从严格意义上讲，不是真正独立的会计，而是一种综合性的经济行为，它集原始社会的文字、会计、数学、统计以及其他学科于一身。随着生产的进一步发展，科技的进步，劳动消耗和劳动成果的种类不断增多，出现了大量的剩余产品，会计逐渐“从生产职能中分离出来，成为特殊的、专门委托当事人独立的职能”。据马克思的考证，在原始的规模小的印度公社已经有了一个记账员，登记农业项目，记录与此有关的一切事项，这便是早期的古代会计。随着社会经济的发展，原始计量和记录行为也从单式簿记体系演变为复式簿记，会计得到了长足发展。

在 14 世纪，欧洲一些城市的商业、高利贷业和金融业发展迅速，便开始采用复式簿记方法记录经济业务。1494 年，在意大利北方城市产生的借贷记账法基本定型，并由数学家卢卡巴其阿勒(Luca Paciolio，或译为卢卡帕乔利)在《算术、几何、比及比例概要》一书的“计算与记录详论”一章中对复式记账方法进行了详尽的介绍和理论总结，使复式记账在欧洲迅速传播，后又传遍世界各国。复式记账方法在 300 多年的发展过程中不断完善、丰富，直至现在，复式记账方法仍然被大多数国家所采用。

复式记账法的建立，使以平衡表的形式反映资本循环的相对静止状态和显著变动状态成为可能。在长期的生产实践中，复式记账法在反映经济活动收支的基础上，确立了经营成果的核算制度。例如,1803 年的法国商法,1854 年的英国公司法和 1871 年的德国商业法,都规定了企业必须每年编制资产负债表。这就使会计制度逐步得以确立,并不断趋向完善。18 世纪末叶,欧洲进入工业资本主义时期,为适应工业社会控制生产消耗和正确计算损益的需要,以复式记账为基础,成本会计得到了飞速发展,并于 20 世纪初,总结出成套的成本计算方法,形成了一定的成本理论。于是,伴随着经济的发展,现代会计核算方法最终在西方形成和确立。

20 世纪 30 年代后,企业组织形式发生了革命性的变革,股份公司数量的激增,投资者和债权人迫切要求公司公开财务报表,西方各国先后研究制定了会计准则,进一步把会计理论和方法提高到了一个新的水平。50 年代以后,会计领域又吸收了现代数学和管理科学的优秀成果,以财务会计资料为基础,进行 CVP 分析、销售预测、存货控制、经营决策、编制弹性预算、零基预算、滚动预算等,实行责任会计,使会计工作更有效地服务于现代企业的内部管理。此时管理会计从传统财务会计中分离出来,成为与财务会计并列的一门独立的会计分支学科。

综上所述,会计是由于人类管理生产的客观需要而产生,并随着社会生产和管理水平的提高而发展的,特别是随着社会经济的市场化和科学技术的飞速发展,会计也在不断完善。在当今社会,随着生产的日益发展和经济管理的日趋复杂,会计经历了一个由低级到高级、从简单到复杂、从不完善到逐渐完善的发展过程。通过会计发展的几个重要阶段可以看出,会计与社会经济环境发展之间有着内在的必然联系,社会经济环境的变化直接影响着会计的发展,因而会计既具有一定的技术属性,又具有一定的社会属性。当然,会计对社会经济环境也具有一定的反作用。实践证明,人类社会要发展经济就离不开会计,经济发展越快,生产规模越大,生产力水平越高,人们对经济管理的要求就越高,会计也就越重要。

自测题

一、单项选择题

1. 在下列各项中,被誉为会计发展史上第一个里程碑的是(　　)。

A. 会计名词的形成　　B. 复式簿记的诞生

C. 会计专职人员的出现　　D. 管理会计形成独立学科

2. 在下列各项中,不属于现代会计内容的是(　　)。

A. 会计目标的重大变化　　B. 管理会计与财务会计的分离

C. 复式簿记的诞生　　D. 电子计算机在会计中的应用

3. 世界上第一部系统阐述有关簿记和借贷记账法的著作是(　　)。

A.《周礼·天官编》　　B.《大和国计》

C.《算术、几何、比及比例概要》　　D.《孟子正义》

二、多项选择题

1. 会计是随着人类社会生产的发展和经济管理的需要而产生、发展并不断得到完善。其中,会计的发展可以划分为(　　)阶段。

A. 古代会计　　B. 近代会计　　C. 现代会计　　D. 当代会计

2. 现代会计的主要特征有(　　)。

A. 会计专职人员的出现　　B. 复式簿记的问世

C. 会计理论的建立　　D. 电子计算机的应用

E. 管理会计形成独立学科

3. 下列说法正确的有(　　)。

A. 会计是适应生产活动发展的需要而产生的

B. 会计是生产活动发展到一定阶段的产物

C. 会计从产生、发展到现在经历了一个漫长的发展历史

D. 近代会计史,将复式簿记著作的出版和会计职业的出现视为两个里程碑

E. 经济越发展,会计越重要

三、判断题

1. 会计是人类社会发展到一定历史阶段的产物,它起源于生产实践,是为管理生产活动而产生的。(　　)

2. 现代会计不再局限于记账、算账等一些基础的会计工作,还需要参与企业的经营管理、进行经营决策,因此会计人员也是管理工作者。(　　)

3 会计在产生的初期,只是作为"生产职能的附带部分",之后随着剩余产品的规模的缩小,会计逐渐从生产职能中分离出来,成为独立的职能。(　　)

第二节　会计的含义、职能与目标

一、会计的本质

什么是会计?对这个问题,会计理论界一直没有一个明确、统一的说法。究其原因,关键是人们对会计的本质的认识存在着不同的看法。会计本身是一个不断发展的概念。在其漫长的发展过程中,会计的内涵与外延也在不断丰富和完善。纵观各种会计定义,大致有"会计工具论""会计信息系统论""会计管理活动论"等观点。这些观点都有一个共同点,那就是都把会计界定为会计工作。会计工作借助于凭证、账簿、报表的资料,收集输入经济信息,加工整理经济信息,传播输出经济信息,表现为一个信息系统,也是无须争辩的。这些观点为概括现代会计的特征提供了理论依据。为此,我们把会计定义为:会计是以货币为主要计量单位,采用专门的会计方法,对企业的经济活动进行核算和监督,旨在向企业内、外部的会计信息使用者提供反映企业财务状况、经营成果和现金流量相关信息,促使单位提高经济效益的一项经济信息管理活动。

作为一门应用科学,会计具有以下几个特点:

(1) 以货币为主要计量单位。会计是从数量方面来反映经济活动的。经济活动的数量方面可以用实物量度、货币量度和劳动量度三种尺度来度量,但各种不同的衡量尺度无法相加汇总,只有充当一般等价物的货币,才能将经济活动的数量变化转化为统一的价值

标准,予以综合,反映企业经营活动全貌。在实际工作中,会计核算有时也需用到实物和劳动度量,如千克、件、小时等,但最后都必须利用货币计量单位作为统一尺度对经济活动进行综合核算和监督。

(2) 以凭证为依据,具有完整的价值核算体系。会计的任何记录和计量都必须以会计凭证为依据,这就使会计信息具有真实性和可验证性。只有经过审核无误的原始凭证才能据以编制记账凭证,登记账簿进行加工处理。这一特征也是其他经济管理活动(如质量管理、人事管理等)所不具备的。

(3) 采用一系列会计专门方法。在长期的会计实践中,为适应生产的发展和经济管理的需要,会计形成了一套系统、科学的专门方法,包括会计核算、会计分析、会计考核、会计预测、会计决策和会计控制等。

(4) 会计管理活动具有连续性、系统性、全面性和综合性。会计采用专门的核算方法,连续、系统、全面、综合地核算和监督经济活动过程。其连续性表现在对各项经济活动按其发生的时间顺序不间断地进行核算和监督;系统性表现在对各项经济活动既要相互联系地核算和监督,又要采用科学的方法进行分类,以便对比;全面性表现在对发生所有的经济活动一一进行反映和监督,使管理资料建立在完整客观的基础之上;综合性表现在用货币量度总括反映各项经济活动,提供各种总括的指标。

二、会计的职能

会计的职能是指会计在经济管理中所具有的功能,即人们在经济管理工作中用会计干什么。马克思在《资本论》中对于会计的基本职能有过精辟的论述。他指出:"生产过程越是按照社会的规模进行,越是失去纯粹个人性质,作为对过程进行控制和观念总结的簿记就越是必要。"可见,马克思把会计的基本职能归纳为观念总结(核算)和过程控制(监督)。

我国《会计法》第三条亦规定:"会计机构、会计人员必须遵守法律、法规,按照本法规定办理会计事务,进行会计核算,实行会计监督。"随着会计的发展,会计的职能也在不断变化。

(一) 核算职能

会计的核算职能是指会计能以货币为计量单位,连续、系统和完整地记录、计算和报告各单位的经济活动情况,为经营管理提供会计信息。核算职能是会计最基本的职能,也称反映职能,是会计发挥其他职能的基础。通常所说的记账、算账、报账等会计工作,就是会计核算职能的具体体现。

会计核算职能具有明显的特征。

1. 会计主要是利用货币计量

会计从数量方面核算经济活动情况时主要采用货币度量,实物度量、劳动度量、其他指标及其文字说明等都处于附属地位。会计核算只限于那些能够用货币计量的经济活动。凡不能用货币计量的经济活动均不在会计核算范围之内,如企业之间签订供销合同等。会计有时也使用劳动度量和实物度量,如生产工时、存货数量等,目的是改善货币度量的效果,或者是扩大和丰富会计核算提供的信息。

2. 会计主要核算过去已经发生或已经完成的经济活动

已经发生或已经完成的经济活动,是已经形成的不可改变的既成事实,具有客观真实性,是可以验证的。会计通过一系列的专门核算方法,将已经发生或完成的经济活动情况记录下来,并对记录下来的数据进行整理、加工,最终报告给会计信息的需求者,这些必须符合会计准则和会计制度的要求,也为事后的监督提供了可能,当然也使会计信息的可靠性得以公认。

至于利用历史的和估算的数据来预测和计划未来的经营决策,虽然已成为现代会计越来越重要的工作,但一般认为对未来经济活动的预测和计划属于管理会计的范畴,它是不同于会计核算这一基本职能的。并且,准确合理的预测一定是建立在过去核算资料的基础上的,与之关系密切。

3. 会计核算具有连续性、系统性和完整性

会计要反映经济活动的整个过程,应具有连续性、系统性和完整性。连续性是指必须按照经济业务发生的时间先后顺序,不间断地进行记录和计算。系统性是指会计核算必须按照经济管理的要求,采用一定的方法,对会计核算资料进行加工整理、分类汇总,使之系统化,提供分类、汇总和相互联系的系统信息。完整性是指应由会计进行核算的经济业务,都必须毫无遗漏地加以记录和计算,不能任意取舍。只有符合这三个方面的要求,会计核算最终所提供的信息才能全面地反映出单位组织的经济活动情况。

(二)监督职能

会计的监督职能,主要是指会计按照一定的目的和要求,对各单位经济活动全过程的合法性、合理性和有效性进行控制,使之达到预期目标的功能,也称为控制职能。会计监督职能具有显著的特征。

1. 会计是对经济活动全过程进行监督

会计监督,主要是利用货币计价对各单位的经济活动全过程进行事前、事中和事后的监督。会计事前监督是指会计在参与编制计划和预算时,根据有关的法规、政策、制度,审查经济活动的计划和方案的合理性,并参与经济决策。会计事中监督是指在进行经济活动时,审查各项经济活动是否符合国家有关政策、法规和制度的规定以及有关计划、预算的要求。在经济活动的过程中,监督资金的合理使用,及时调整实际经济活动与计划的偏差,加强资金周转,以求经济活动达到预期的目标。会计事后监督是指对已经完成的经济活动进行检查分析,利用系统的会计信息,进行反馈控制,加强事后的检查、分析与评价,总结经验,发现问题,提出改进措施,使下一期的计划和方案更具合理性。

2. 会计以货币计量监督为主,辅之以实物监督

会计主要使用货币度量,计算资产、负债、所有者权益、收入、费用和利润等价值指标,综合反映经济活动的过程和结果。除了利用货币计量进行监督以外,还辅之以实物监督。例如,对某些具有实物形态的财产物资的收、发、存,要以凭证为依据,在账簿中登记其收、发、存的数量,并定期进行清查盘点,检查账实是否相符,以监督财产物资的安全与完整。

会计的核算和监督职能是相辅相成、密切联系的。会计核算是会计监督的前提,没有会计核算所提供的信息,就不可能进行会计监督;会计核算必须以会计监督为保证,才能

为经济管理提供真实可靠的会计信息，否则，如果会计信息不真实，就不能发挥其应有的作用。因此，可以说会计监督是会计核算的继续和发展。

随着经济的发展，会计的职能也在不断地拓展，在核算和监督经济活动的基础上，会计还具有分析经济情况、预测经济前景、参与经济决策等其他职能。

三、会计的目标

会计目标是指会计工作所要达到的预期目的，是会计职能的具体化。会计目标的完整含义包括两个方面：一是会计的终极目标，即优化企业资源配置，实现企业价值最大化；二是会计的直接目标，即为信息使用者提供对其经济决策有用的信息。会计目标是会计理论研究面临的重大问题，而现代财务会计理论体系的构建往往以会计目标为起点。

企业基本会计准则中把会计目标解释为："向财务会计报告使用者提供与企业财务状况、经营成果和现金流量等有关的会计信息，反映企业管理层受托责任履行情况，有助于财务会计报告使用者做出经济决策。"

关于会计目标，目前有两种学术观点。

（一）决策有用观

持这种观点的人认为，会计的目标是为了向决策者提供对其决策有用的信息，来帮助他们做出合理的决策，这种信息主要包括两个方面的内容：一是关于企业现金流量的信息；二是关于经济业绩和资源变动的信息。人们在参与生产、交换、分配和消费的活动中不可避免地需要做出各种决策。但任何一项决策都需要信息的支持，决策者只有在详细了解所面临的各种方案后，才能通过比较分析找到最佳的方案。在现代商品经济社会中，会计为决策者提供会计信息的例子不胜枚举。例如，通过对被投资者的经营能力和获利能力的分析决定是否投资或撤资；贷款人需要了解贷款对象的偿债能力以便进行贷款等等。

会计为会计信息使用者提供有用会计信息的主要方式是财务报告。会计信息的使用者可以通过阅读和分析财务报告来达到正确决策的目的。

（二）受托责任观

持这种观点的人认为，会计的目标是受托人为了向委托人报告受托责任的履行情况。在经济活动中，经常存在着委托人和代理人之间的关系。委托人将某些责任交付给代理人承担，由代理人具体开展经济活动，然后再将经济活动的过程和结果向委托人报告。由此可见，受托责任产生的原因在于所有权与经营权的分离，而且必须有明确的受托委托关系存在。

现代企业制度强调企业所有权和经营权相分离，企业管理层是受委托人之托经营管理企业及其各项资产，负有受托责任。而作为投资者和债权人有权了解企业管理者保管、使用资产的情况，以便评价企业管理者的责任履行情况和业绩情况。

可以看出，两种会计目标的观点并不完全排斥。如实反映履约责任的会计信息与决策有用的会计信息是互相交叉的，但是不能完全代替。不同会计目标引导下的会计工作，在某些会计方法的使用上可能会存在差异。

自测题

一、单项选择题

1. 会计核算采用的主要计量单位是(　　)。

A. 货币　　B. 实物

C. 工时　　D. 劳动耗费

2. 会计的基本职能是(　　)。

A. 控制和监督　　B. 反映与监督

C. 反映与核算　　D. 反映与分析

3. 会计的反映职能不具有(　　)。

A. 连续性　　B. 主观性

C. 系统性　　D. 全面性

4. 会计目标主要有两种学术观点(　　)。

A. 决策有用观与受托责任观　　B. 决策有用观和信息系统观

C. 信息系统观与管理活动观　　D. 管理活动观与决策有用观

5. 下列各项中,不属于会计基本特征的是(　　)。

A. 会计具有预测和决策的基本职能　　B. 会计是一种经济管理活动

C. 会计是一个经济信息系统　　D. 会计以货币为主要计量单位

二、多项选择题

1. 会计的基本职能是(　　)。

A. 管理　　B. 核算

C. 控制　　D. 监督

2. 下列关于会计特征的表述中,正确的有(　　)。

A. 会计是一种经济管理活动　　B. 会计是一个经济信息系统

C. 会计采用一系列专门的方法　　D. 会计以货币作为主要计量单位

3. 下列关于会计目标的表述中,正确的有(　　)。

A. 会计目标也称为会计目的

B. 会计目标是要求会计工作完成的任务或达到的标准

C. 会计目标之一是反映企业管理层受托责任履行情况

D. 会计目标之一是向财务会计报告使用者提供决策有关的信息

三、判断题

1. 会计核算以货币为主要计量单位,辅之以实物和劳动量为计量单位。　(　　)

2. 会计监督包括事前监督、日常监督和事后监督。　(　　)

3. 会计的基本职能有核算和监督。　(　　)

4. 会计是一种经济管理活动。　(　　)

5. 凡是能够用货币计量的经济资源或事项才能作为会计核算的对象。　(　　)

第三节 会计要素与会计等式

一、会计对象

企业、行政事业等单位为了进行生产经营或其他业务活动，完成各自承担的任务，必须拥有一定的物质基础，如一定数量的财产物资和货币，它是进行生产经营活动或其他业务活动的前提。当各项财产物资用货币来计量其价值时，就得到了一个会计概念，即资金。资金是社会再生产过程中各项财产物资的货币表现以及货币本身。随着经济活动的进行，资金在形态上不断发生更替，便构成了资金运动。

会计对象是指会计核算和监督的内容，也称为会计客体。从会计的定义看，会计对象是特定对象的经济活动。由于会计核算要以货币为计量单位，只有能够以货币计量的经济活动才能纳入会计核算和监督的范围。能够以货币计量的经济活动通常称为资金运动，因此，会计对象可以高度概括为特定对象的资金运动。

不同会计主体的经济活动范围和类型会有所不同。以工业企业为例，企业资金运动分为资金进入、资金运用和资金退出三个阶段。

（一）资金进入

工业企业是从事产品生产和销售的营利性组织。为了开展产品的生产与销售活动，工业企业必须拥有一定数量的资金。企业通过发行股票等方式从国家、其他单位、个人等投资者取得的资金构成企业的自有资金，出资人因向企业投资而成为企业的所有者；企业通过发行债券、借款、应付款项等方式取得的资金称为借入资金，出资人因向企业借入资金而成为企业的债权人。所有者及债权人可以用货币资金投资，也可以用原材料、厂房、机器设备、土地使用权、工业产权等实物资产或无形资产进行投资。投入资金表现为企业可以支配的各项资产，这些资产构成了企业开展经营活动的基础。

（二）资金运用

工业企业的资金主要投放在供应过程、生产过程、销售过程三个环节。此外，企业还可以采用一定的方式将资金投放于其他单位，形成短期投资或长期投资。

1. 供应过程

在供应过程环节，一方面企业通过固定资产投资来兴建房屋、建筑物、购置设备等；另一方面通过使用货币资金购买原材料、燃料等，形成生产所需的各种生产资料，从而使货币资金转化为固定资金或储备资金。

2. 生产过程

在生产过程环节，劳动者借助于手中的劳动手段将劳动对象加工成特定的产品，同时消耗原材料形成材料费、消耗固定资产形成折旧费、消耗人工劳动形成人工费等，各种耗费的货币化表现就是产品等有关对象的成本。这样，企业所消耗的固定资产、流动资产价值就转化为未完工产品资金，随着产品生产工序的完成，进一步转化为成品资金。

3. 销售过程

企业投放和耗费资金的目的是为了取得一定的收益。在销售过程环节中，随着产成品的出售，取得销售收入，企业资金从成品资金又回到货币资金状态。销售收入补偿成本以后，形成企业的营业利润。除产品销售利润外，企业还可取得投资收益和其他收入。企业应从利润中提取盈余公积金，用于扩大生产和职工集体福利设施建设等，其余利润可以向投资者进行分配。

资金运用阶段，随着企业供、产、销活动的依次展开，资金的形态由货币资金形态开始，依次转化为储备资金、生产资金、成品资金形态，最后又回到货币资金形态，这一资金运动过程通常称为资金循环。资金的这种周而复始的循环过程称为资金周转。只要企业持续经营，企业资金总是这样周而复始地循环和周转。

（三）资金退出

在资金运动的过程中，企业的一部分资金会通过偿还债务和利润分配等方式陆续退出企业，如企业偿还各种债务、上缴各种税费、向所有者分配利润等。

资金在工业企业的循环周转如图 1－1 所示。

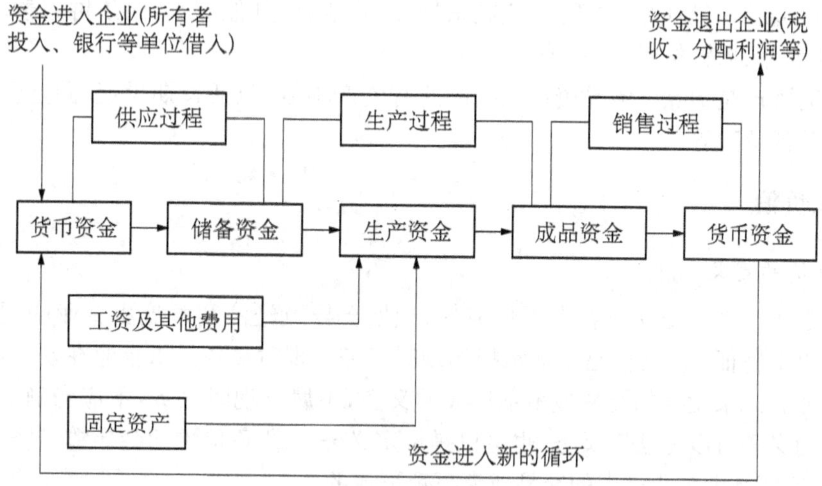

图 1－1 资金在工业企业的循环周转

二、会计要素

会计对经济事项所引起变化的项目加以适当的归类，并为每一个类别取一个恰当的名称，这就是会计要素。简而言之，会计要素是对经济事项引起变化的项目所做的归类，它是设置会计科目和会计账户的基本依据。企业会计基本准则规定：企业应当按照交易或事项的经济特征确定会计要素，企业会计要素包括资产、负债、所有者权益、收入、费用和利润。按照会计要素所处的变动状态，可以分为静态会计要素和动态会计要素两类。

其中，静态会计要素包括资产、负债和所有者权益，体现了企业在某一特定日期的财务状况；动态会计要素包括收入、费用和利润，体现了企业在一定经营期间产生的经营成果。

（一）资产

1. 资产的定义

资产是指企业过去的交易或事项形成的，由企业拥有或控制的，预期会给企业带来经济利益的资源。根据资产的定义，资产具有以下特征：① 资产应为企业拥有或控制的资源；② 资产是由企业过去的交易或事项所形成的；③ 资产预期会给企业带来经济利益。

2. 资产的分类

企业的资产按照流动性可分为流动资产和非流动资产。资产的流动性是指预期资产变现或耗用的时间长短，所需时间越短，价值损失越少，流动性就越强。例如，库存现金无须转化，在币值稳定的情况下，不会产生价值的下降，是流动性最强的资产。企业需要一定时间回收应收款项，回收现金过程中可能产生呆账，导致回收现金额低于原有的金额，所以应收款项的流动性低于现金。

流动资产是指预计在一个正常营业周期中变现、出售或耗用，或者主要为交易目的而持有，或者预计在资产负债表日起一年内（含一年）变现的资产，以及自资产负债表日起一年内交换其他资产或清偿负债的能力不受限制的现金或现金等价物，包括货币资金（库存现金、银行存款）、交易性金融资产、应收票据、应收账款、其他应收款、预付账款、存货（原材料、库存商品、周转材料……）等。

非流动资产是指除了流动资产之外的所有资产项目，包括长期投资、固定资产、无形资产以及其他资产等。

（二）负债

1. 负债的定义

负债是指过去的交易或者事项形成的、预期会导致经济利益流出企业的现时义务。负债具有以下特征：① 负债是企业承担的现时义务。现时义务是指企业在现行条件下已承担的义务。未来发生的交易或事项形成的义务，不属于现时义务，不应当确认为负债。这里所指的义务可以是法定义务，也可以是推定义务。② 负债预期会导致经济利益流出企业。③ 负债是由企业过去的交易或者事项形成的。

2. 负债的分类

负债按其距离到期日的长短分为流动负债和非流动负债。

流动负债，是指预计在一个正常营业周期中清偿，或者主要为交易目的而持有，或自资产负债表日起一年内（含一年）到期应予以清偿，或企业无权自主地将清偿推迟至资产负债表日后一年以上的负债。流动负债包括短期借款、应付票据、应付账款、预收账款、应付职工薪酬、应付股利、应交税费、其他应付款和一年内到期的长期借款等。

非流动负债是指除流动负债以外的其他负债，包括长期借款、应付债券和长期应付款等。筹集长期负债的形式很多，主要有从金融机构和其他单位获取的长期借款；企业发行的债券；融资租赁方式下租入固定资产的长期应付款；引进设备的长期应付款；专项应付款等。

（三）所有者权益

1. 所有者权益的定义

所有者权益是指企业资产扣除负债后，由所有者享有的剩余权益。公司的所有者权益又称为股东权益。所有者权益是所有者对企业资产的剩余索取权，它是企业资产中扣除债权人权益后应由所有者享有的部分，既可反映所有者投入资本的保值增值情况，又体现了保护债权人权益的理念。

由于企业的资产是所有者投入和债权人借入所共同形成的，即所有者权益和负债是企业的两大资金来源，那么可以通过与负债比较得知所有者权益的特征。所有者权益的特征主要表现为以下几点：① 所有者权益不需要偿还，除非企业发生清算或减资；② 若企业发生清算，所有者权益只有在企业清偿所有负债后才能返还给所有者；③ 所有者拥有参与企业经营管理、利润分配等诸多权利，而债权人没有。

2. 所有者权益的构成项目

所有者权益来源于所有者投入的资本、直接计入所有者权益的利得和损失（其他综合收益）、留存收益等，通常由实收资本（或股本）、资本公积（含资本溢价或股本溢价、其他资本公积）、盈余公积和未分配利润构成。

（四）收入

1. 收入的定义

收入是指企业在日常活动中形成的、会导致所有者权益增加的、与所有者投入资本无关的经济利益的总流入。

2. 收入的分类

收入按照日常活动的主次地位，分为主营业务收入和其他业务收入。

主营业务收入主要是指与企业经营目标直接相关的日常活动所带来的收入。不同行业主营业务收入所包括的内容各不相同，如工业企业的产品销售收入、商业企业的商品销售收入、运输企业的运费收入等。

其他业务收入是指企业主营业务以外附属的日常活动所产生的收入，如生产企业的运输收入、生产企业的材料销售收入、非主营业务企业的租金收入等。

值得注意的是，收入有广义和狭义之分。我国企业会计准则将收入界定为狭义概念。上面所讲的收入是指狭义的收入，即营业收入。广义的收入还应包括直接计入当期损益的利得，即营业外收入。营业外收入是指企业发生的与其生产经营活动无直接关系的各项收入，包括盘盈利得、捐赠利得和罚款收入等。

（五）费用

1. 费用的定义

费用是指企业在日常活动中发生的、会导致所有者权益减少的、与向所有者分配利润无关的经济利益的总流出。

2. 费用的分类

费用按其经济用途可分为成本和直接计入当期损益的费用。

成本是指企业为生产产品、提供劳务而发生的各种耗费，其与某成本计算对象具有关联性，属于被“对象化”的费用，包括为生产产品、提供劳务而发生的直接费用和间接费用。其中直接费用是指为生产产品、提供劳务而直接消耗的材料和人工费用等，包括直接材料费、直接人工费和其他直接支出。间接费用是指为生产产品、提供劳务而发生的、由多个成本计算对象共同负担、需要分配才能计入相关成本计算对象的成本中去的各项生产费用。

不能“对象化”的支出属于期间费用，这类费用发生后直接计入当期损益，形成利润的减项。期间费用一般是指企业在日常活动中发生的营业成本、税金及附加、管理费用、财务费用、销售费用、资产减值损失和所得税费用等。

值得注意的是，费用有广义和狭义之分。我国企业会计准则将费用界定为狭义费用。广义费用还包括直接计入当期损益的损失即营业外支出。营业外支出是指企业发生的与其生产经营活动无直接关系的各项损失，包括捐赠支出、非常损失等。

（六）利润

1. 利润的定义

利润是指企业在一定会计期间的经营成果。通常情况下，如果企业实现了利润，表明企业所有者权益增加，业绩得到了提升；反之，如果企业发生了亏损，表明企业的所有者权益减少，业绩下滑了。利润往往是评价企业管理层业绩的一项主要指标，也是投资者等财务报告使用者进行决策时的重要参考。

2. 利润的内容

利润包括收入减去费用后的净额、直接计入当期利润的利得和损失等。其中，收入减去费用后的净额反映的是企业日常活动的经营业绩；直接计入当期利润的利得和损失反映的是企业非日常活动的业绩。直接计入当期利润的利得和损失，是指应当计入当期损益，最终会引起所有者权益发生增减变动的、与所有者投入资本或者向所有者分配利润无关的利得或损失。

三、会计等式

会计要素中所包含的资产、负债、所有者权益、收入、费用和利润之间存在着相互联系、相互依存的关系。这种关系在数量上可以运用数学等式加以描述。用来揭示会计要素之间的增减变化及其结果，并保持相互平衡关系的数学表达式，称为会计平衡公式，也称为会计等式。会计等式是我们从事会计核算的基础和提供会计信息的出发点。因此，它又是进行复式记账、试算平衡以及编制财务报表的理论依据。

（一）静态会计等式

任何企业在生产经营过程中都必须拥有一些能够满足其业务活动需要、数量相宜，并能为企业带来经济利益的资源即资产。资产不是凭空形成的，企业的每项资产包括各种财产、债权和其他权利都有其特定的来源。经济资源在生产经营过程中的形态是不断变化的，其表现形态是各项资产的有增有减。与此相对应，企业的任何资产都有其形成的渠道。企业资产的来源有两种：一是由债权人提供，如应付账款、短期借款等；二是由所有者提供，如投资人投入企业的资本金等。债权人和所有者都对企业的资产享有要求权，这种要求权就是权益。资产和权益是同一事物的两个方面，两者相互联系、相互依存，不可分割。有一定数额的资产，就必然有一定数额的权益；反之，有一定数额的权益，就必然有一定数额的资产。从数量上看，任何企业在特定的时点所拥有的资产与其权益的总金额必然相等。资产与权益在内容上对应，在数量上恒等。用公式表示如下：

资产＝权益

因为权益可以分为债权人权益和投资人权益，而在会计上，债权人权益称为负债，投资人权益称为所有者权益。虽然两者同属于权益，但又有着显著的区别。所以，上式又可表述为：

资产＝负债＋所有者权益

这一等式即为静态会计等式，也称为基本会计等式。它反映了企业在某一时点的财务状况，是企业资金运动的静态表现形式，体现了资金运动中有关静态会计要素之间的数量平衡关系，同时也反映了资金在运动过程中存在分布的形态和资金形成渠道两方面之间的相互依存及相互制约的关系。该等式贯穿于财务会计的始终，也是编制资产负债表的理论依据。

（二）动态会计等式

静止的资金是不会给企业带来经济效益的，资金只有在不断地运动中才能实现增值。企业通过不断地运用各种经济资源生产商品、提供劳务，使得现金不断流入企业形成收入。同时，企业为了生产商品或者提供劳务也在不断地消耗各种资源，使得资金流出企业，从而形成费用。将收入和费用进行配比，其差额反映了企业在一定期间内的生产经营成果，即利润。这样，生产经营过程中获得的收入、发生的费用、形成的利润之间的关系，可以用如下公式表示：

收入－费用＝利润

这一等式即为动态会计等式，反映了企业在一个会计期间经营过程的最终成果，是企业资金运动的动态表现形式，它是编制利润表的理论依据。

（三）综合会计等式

上述两个等式只是分别反映了企业资金运动的静态和动态表现形式，但没有考虑这两种形式之间的关系，即无法反映静态会计要素与动态会计要素之间的关系。动态会计要素的变动结果始终要表现为企业所有者权益的增加（利润）或减少（亏损），它们之间是有关联的。

当企业开始生产经营时，会把初始筹集起来的资金用于购买材料、支付工资、支付管理等方面的开支。因为与其他单位开展经营活动会使得资产的结构、债权、债务的结构发生变化，从而使得资产、负债发生增减变化。企业销售产品取得收入，在扣除成本后又会使得企业的所有者权益及其结构发生变化。如果某一期间的收入减去费用后的差额为正数,则企业获取了利润,表现为期末净资产的增加,即所有者权益的增加;如果某一期间的收入减去费用后的差额为负数,则企业发生了亏损,表现为期末净资产的减少,即所有者权益的减少。本期实现的利润或亏损在未分配之前,是所有者权益的组成部分。因此,将静态会计要素与动态会计要素之间的这种关联表示出来,则会计等式可以进一步扩展为:

资产=负债+所有者权益+(收入-费用)

或者:

资产+费用=负债+所有者权益+收入

这一等式即为综合会计等式,也称为扩展会计等式,反映了企业在运营过程中的增值情况。

四、经济业务对会计等式的影响

经济业务是指企业在生产经营过程中从事经营管理活动所形成的各种经济活动,而且能够用货币加以表现,也称会计事项。企业的经济活动虽然种类多且千差万别,但经济业务发生后都会引起会计要素的增减变化,然而无论怎样变化,都不会破坏会计等式的平衡关系。

下面通过实例来说明经济业务的发生对会计等式的影响。

假设刘西20××年5月1日成立中新百货商场,当月发生了以下经济业务:

【例1-1】 5月3日,中新百货商场以自有产权的房产一栋作为投资,价值500万元。投资办公设备一批,价值150万元。同时,向银行借入流动资金,借款为350万元。

该项经济业务的发生,使公司的固定资产(房产和设备)增加650万元,银行存款增加350万元,即资产增加;同时企业的资本金(实收资本)增加650万元,即所有者权益增加;企业的短期借款增加350万元,即负债增加350万元。其资产负债表如表1-1所示。

表1-1 资产负债表(简易)

20××年5月3日

单位:元

资 产	金 额	负 债	金 额
银行存款	3 500 000	短期借款	3 500 000
固定资产——房屋	5 000 000	负债合计	3 500 000
固定资产——设备	1 500 000	所有者权益	
		实收资本——刘西	6 500 000
		所有者权益合计	6 500 000
总 计	10 000 000	总 计	10 000 000

【例1-2】 5月12日,该公司向家华公司赊购材料一批,价值180 000元。

该项经济业务的发生,使公司流动资产(原材料)增加了180 000元,流动负债(应付账款)增加了 180 000 元。其资产负债表如表 1－2 所示。

表 1－2　资产负债表(简易)

20××年 5 月 12 日

单位:元

资　产	金　额	负　债	金　额
银行存款	3 500 000	短期借款	3 500 000
原材料	180 000	应付账款	180 000
固定资产——房屋	5 000 000	负债合计	3 680 000
固定资产——设备	1 500 000	所有者权益	
		实收资本——刘西	6 500 000
		所有者权益合计	6 500 000
总　计	10 180 000	总　计	10 180 000

【例 1－3】 5 月 19 日,投资人刘西从公司拿走现金 100 000 元。

该项经济业务的发生,使公司的货币资金(银行存款)减少了 100 000 元,同时投资人享有的权益(实收资本)也减少了 100 000 元。其资产负债表如表 1－3 所示。

表 1－3　资产负债表(简易)

20××年 5 月 19 日

单位:元

资　产	金　额	负　债	金　额
银行存款	3 400 000	短期借款	3 500 000
原材料	180 000	应付账款	180 000
固定资产——房屋	5 000 000	负债合计	3 680 000
固定资产——设备	1 500 000	所有者权益	
		实收资本——刘西	6 400 000
		所有者权益合计	6 400 000
总　计	10 080 000	总　计	10 080 000

【例 1－4】 5 月 20 日,公司用银行存款偿还前欠家华公司的购货款 50 000 元。

该项经济业务的发生,使公司的资产(银行存款)减少了 50 000 元,赊购债务(应付账款)也减少了 50 000 元。其资产负债表如表 1－4 所示。

表 1－4　资产负债表(简易)

20××年 5 月 20 日

单位:元

资　产	金　额	负　债	金　额
银行存款	3 350 000	短期借款	3 500 000
原材料	180 000	应付账款	130 000
固定资产——房屋	5 000 000	负债合计	3 630 000
固定资产——设备	1 500 000	所有者权益	

续表

资产	金额	负债	金额
		实收资本——刘西	6 400 000
		所有者权益合计	6 400 000
总计	10 030 000	总计	10 030 000

【例 1-5】 5月23日，股东刘西将其拥有的50%权益转让给他的朋友张迪。

该项经济业务的发生，使股东刘西在公司的所有者权益（实收资本）减少了3 200 000元，而他的朋友张迪的所有者权益（实收资本）增加了3 200 000元。其资产负债表如表1-5所示。

表 1-5 资产负债表（简易）

20××年5月23日

单位：元

资产	金额	负债	金额
银行存款	3 350 000	短期借款	3 500 000
原材料	180 000	应付账款	130 000
固定资产——房屋	5 000 000	负债合计	3 630 000
固定资产——设备	1 500 000	所有者权益	
		实收资本——刘西	3 200 000
		实收资本——张迪	3 200 000
		所有者权益合计	6 400 000
总计	10 030 000	总计	10 030 000

【例 1-6】 5月24日，公司开出一张价值10 000元的商业汇票，用于抵偿前欠的材料款。

该项经济业务的发生，使公司前欠的材料款债务（应付账款）减少10 000元，而应兑现票据债务（应付票据）增加10 000元。其资产负债表如表1-6所示。

表 1-6 资产负债表（简易）

20××年5月24日

单位：元

资产	金额	负债	金额
银行存款	3 350 000	短期借款	3 500 000
原材料	180 000	应付票据	10 000
固定资产——房屋	5 000 000	应付账款	120 000
固定资产——设备	1 500 000	负债合计	3 630 000
		所有者权益	
		实收资本——刘西	3 200 000

续　表

资　产	金　额	负　债	金　额
		实收资本——张迪	3 200 000
		所有者权益合计	6 400 000
总　计	10 030 000	总　计	10 030 000

【例 1－7】 5 月 27 日，与家华公司协商后，将应付给家华公司的材料款 100 000 元转为对中新百货商场的投资。

该项经济业务的发生，使公司前欠的材料款债务（应付账款）减少 100 000 元，公司所有者权益（实收资本）增加 100 000 元。其资产负债表如表 1－7 所示。

表 1－7　资产负债表（简易）

20××年 5 月 27 日

单位：元

资　产	金　额	负　债	金　额
银行存款	3 350 000	短期借款	3 500 000
原材料	180 000	应付票据	10 000
固定资产——房屋	5 000 000	应付账款	20 000
固定资产——设备	1 500 000	负债合计	3 530 000
		所有者权益	
		实收资本——刘西	3 200 000
		实收资本——张迪	3 200 000
		实收资本——家华公司	100 000
		所有者权益合计	6 500 000
总　计	10 030 000	总　计	10 030 000

会计基本等式揭示了资产、负债和所有者权益之间的关系。企业在生产经营过程中，会不断地发生费用、取得收入。企业发生的费用和取得的收入会影响会计等式，但不会破坏会计等式的平衡关系。

【例 1－8】 5 月 28 日，商场本月实现产品销售收入 200 000 元，货款收到存入银行。

该项经济业务的发生，使商场的收入（主营业务收入）增加了 200 000 元，同时，商场的货币资金（银行存款）增加了 200 000 元。其资产负债表如表 1－8 所示。

表 1－8　资产负债表（简易）

20××年 5 月 28 日

单位：元

资　产	金　额	负　债	金　额
银行存款	3 550 000	短期借款	3 500 000
原材料	180 000	应付票据	10 000
固定资产——房屋	5 000 000	应付账款	20 000

续表

资产	金额	负债	金额
固定资产——设备	1 500 000	负债合计	3 530 000
		所有者权益	
		实收资本——刘西	3 200 000
		实收资本——张迪	3 200 000
		实收资本——家华公司	100 000
		主营业务收入	200 000
		所有者权益合计	6 700 000
总计	10 230 000	总计	10 230 000

【例 1-9】 5 月 30 日，商场本月以银行存款开支销售费用 20 000 元。

该项经济业务的发生，使公司的资产（银行存款）减少了 20 000 元，费用（销售费用）增加 20 000 元。其资产负债表如表 1-9 所示。

表 1-9 资产负债表（简易）

20××年 5 月 30 日

单位:元

资产	金额	负债	金额
银行存款	3 530 000	短期借款	3 500 000
原材料	180 000	应付票据	10 000
固定资产——房屋	5 000 000	应付账款	20 000
固定资产——设备	1 500 000	负债合计	3 530 000
销售费用	20 000	所有者权益	
		实收资本——刘西	3 200 000
		实收资本——张迪	3 200 000
		实收资本——家华公司	100 000
		主营业务收入	200 000
		所有者权益合计	6 700 000
总计	10 230 000	总计	10 230 000

【例 1-10】 5 月 30 日，商场本月应支付给员工工资 50 000 元。

该项经济业务的发生，使商场的流动负债（应付职工薪酬）增加了 50 000 元，费用（销售费用）增加了 50 000 元。其资产负债表如表 1-10 所示。

表 1－10　资产负债表(简易)

20××年 5 月 30 日　　单位:元

资　产	金　额	负　债	金　额
银行存款	3 530 000	短期借款	3 500 000
原材料	180 000	应付票据	10 000
固定资产——房屋	5 000 000	应付账款	20 000
固定资产——设备	1 500 000	应付职工薪酬	50 000
销售费用	70 000	负债合计	3 580 000
		所有者权益	
		实收资本——刘西	3 200 000
		实收资本——张迪	3 200 000
		实收资本——家华公司	100 000
		主营业务收入	200 000
		所有者权益合计	6 700 000
总　计	10 280 000	总　计	10 280 000

从以上的分析中可以看出,无论经济业务发生会引起会计要素怎样变化,都不会破坏资产、负债和所有者权益之间的平衡公式。

分析以上的举例,我们可以将经济业务归纳为以下四种类型:

(1) 经济业务的发生,一方面引起会计等式左边的资产(费用)价值的增加,另一方面同时引起会计等式右边的负债、所有者权益或收入同金额的增加,此时,会计等式两边总金额增加且保持平衡关系。

(2) 经济业务的发生,一方面引起会计等式左边的资产(费用)价值的减少,另一方面同时引起会计等式右边的负债、所有者权益或收入同金额的减少,此时,会计等式两边总金额减少且保持平衡关系。

(3) 经济业务的发生,一方面引起会计等式左边的资产(费用)价值的增加,另一方面同时引起另一项资产同金额的减少,此时,会计等式两边总金额不变且保持平衡关系。

(4) 经济业务的发生,一方面引起会计等式右边的负债或所有者权益的增加,另一方面同时引起另一项负债或所有者权益同金额的减少,此时,会计等式两边总金额不变且保持平衡关系。

自测题

一、单项选择题

1. 资产通常按流动性分为(　　)。

A. 有形资产与无形资产　　B. 货币资产与非货币资产

C. 流动资产与非流动资产　　D. 本企业资产与租入的资产

2. 下列经济活动中，引起资产和负债同时减少的是(　　)。

A. 以银行存款偿付前欠货款　　B. 购买材料货款尚未支付

C. 收回应收账款　　D. 接受其他单位捐赠新设备

3. 下列经济业务的发生不会使会计等式两边总额发生变化的有(　　)。

A. 用银行存款支付前欠购料款　　B. 从银行提取现金

C. 向银行取得借款存入银行　　D. 收到预收账款存入银行

4. 下列各项目中属于负债的是(　　)。

A. 预收账款　　B. 库存现金　　C. 存货　　D. 股本

5. 某企业6月初资产总额为15万元，负债总额为5万元，6月发生下列业务：取得收入共计6万元，发生费用共计4万元，假定不考虑其他因素，6月底，该企业所有者权益总额为(　　)。

A. 12　　B. 17　　C. 16　　D. 10

6. 下列费用中，不构成产品成本，而应直接计入当期损益的是(　　)。

A. 直接材料费　　B. 期间费用　　C. 直接人工费　　D. 制造费用

7. 下列属于反映企业经营成果的会计要素是(　　)。

A. 资产　　B. 负债　　C. 费用　　D. 所有者权益

8. 某项经济业务的发生既没有增加也没有减少资产，则可能导致(　　)。

A. 负债和所有者权益同时增加　　B. 负债和所有者权益同时减少

C. 负债和所有者权益一增一减　　D. 负债和所有者权益也不变动

9. 经济业务只涉及负债这一会计要素时，将引起该要素中的某些项目发生(　　)。

A. 同时增加　　B. 同时减少　　C. 一增一减变动　　D. 不变动

10. 收入、费用和利润三要素是企业资金运动的(　　)。

A. 静态表现　　B. 动态表现　　C. 综合表现　　D. ABC均正确

二、多项选择题

1. 下列各项目中属于期间费用的有(　　)。

A. 制造费用　　B. 销售费用　　C. 管理费用　　D. 财务费用

2. 收入将导致企业(　　)。

A. 现金流出　　B. 资产增加　　C. 资产减少　　D. 负债减少

3. “资产=负债+所有者权益”会计等式是(　　)。

A. 设置账户的理论依据

B. 复式记账的理论依据

C. 反映企业资产归属关系的等式

D. 编制资产负债表的理论依据

4. 引起会计等式左右两边会计要素变动的经济业务是(　　)。

A. 收到某单位前欠货款20 000元存入银行

B. 以银行存款偿还银行借款

C. 收到某单位投资机器一台，价值800 000元

D. 以银行存款偿还前欠货款100 000元

5. 下列关于经济业务对会计恒等式“资产＝负债＋所有者权益”产生影响的表述中，正确的有(　　)。

A. 资产和负债要素同时等额增加

B. 资产和负债要素同时等额减少

C. 资产和所有者权益要素同时等额减少

D. 负债要素内部项目等额有增有减，资产和所有者权益要素不变

6. 下列各项中，不属于资产的有(　　)。

A. 长期闲置不用的机器设备

B. 以融资租入方式租入的固定资产

C. 签订购货合同，计划下月购入的固定资产

D. 以经营租入方式租入的固定资产

7. 下列属于利润表基本要素项目的有(　　)。

A. 资产　　B. 收入　　C. 费用　　D. 留存收益

8. 下列说法正确的有(　　)。

A. 所有者权益是指股东投入的资金

B. 所有者权益的金额等于资产减去负债的余额

C. 所有者权益也称为净资产

D. 所有者权益包括实收资本、资本公积、盈余公积和留存收益

9. 某项经济业务的发生引起负债的增加，则可能引起(　　)。

A. 资产增加　　B. 所有者权益增加

C. 收入增加　　D. 费用增加

10. 下列会计科目中，(　　)反映费用。

A. 制造费用　　B. 管理费用　　C. 财务费用　　D. 主营业务成本

三、判断题

1. 负债是企业过去的交易或事项所引起的潜在义务。(　　)

2. 资产按流动性分为无形资产和有形资产。(　　)

3. 某一财产物资要成为企业的资产，其所有权必须属于企业。(　　)

4. 所有者权益是指投资人对企业全部资产的所有权。(　　)

5. 期间费用应计入产品成本。(　　)

6. 各项借款、应付和预付款项都是企业的债务。(　　)

7. 实收资本与资本公积都是所有者共同享有的资本。(　　)

8. 会计要素是对会计对象的基本分类，是会计对象的具体化，是反映会计主体的财务状况和经营成果的基本单位。(　　)

9. 资产是指企业现时的交易或者事项形成的、由企业拥有或者控制的、预期会给企业带来经济利益的资源。(　　)

10. 凡是在日常活动中形成的经济利益的总流入都应确认为收入。(　　)

11. “资本公积”“盈余公积”都是反映企业留存收益的科目。(　　)

12. 经济业务的发生，可能引起资产与权益总额发生变化，但是不会破坏会计基本等式的平衡关系。(　　)

第四节 会计科目与会计账户

一、会计科目

（一）会计科目的概念

经济业务发生后会引起会计要素的增减变化。就企业而言，既有资产、负债及所有者权益运动的静态变化，又有收入、费用及利润的动态变化。一项具体的经济业务发生，只能影响会计要素中的个别项目发生变动，而不可能引起会计要素的全部内容变动。为了准确地记录每一项经济业务发生后引起的会计要素中个别项目发生的数量变动，必须对会计要素包括的具体内容进行科学的分类，并赋予每个类别一个特定的名称，这个名称就是会计科目。所以，会计科目就是对会计要素的具体内容进行的科学分类的项目。

（二）会计科目的分类

1. 按会计科目核算的经济内容分类

按会计科目核算的经济内容分类，一般的企业可划分为资产类、负债类、所有者权益类、成本类和损益类五类会计科目（上市公司增设共同类会计科目）。会计科目按照其反映经济内容的分类是一种基本分类方式，是我们了解会计科目性质的直接依据。会计科目如表 1-11 所示。

表 1-11 会计科目参照表

顺序号	编 号	会计科目名称	顺序号	编 号	会计科目名称
一、资产类					
1	1001	库存现金	11	1231	坏账准备
2	1002	银行存款	12	1401	材料采购
3	1012	其他货币资金	13	1402	在途物资
4	1101	交易性金融资产	14	1403	原材料
5	1121	应收票据	15	1404	材料成本差异
6	1122	应收账款	16	1405	库存商品
7	1123	预付账款	17	1406	发出商品
8	1131	应收股利	18	1407	商品进销差价
9	1132	应收利息	19	1408	委托加工物资
10	1221	其他应收款	20	1412	包装物及低值易耗品

续　表

顺序号	编　号	会计科目名称	顺序号	编　号	会计科目名称
21	1471	存货跌价准备	32	1603	固定资产减值准备
22	1481	持有待售资产	33	1604	在建工程
23	1521	债权投资	34	1605	工程物资
24	1522	其他债权投资	35	1606	固定资产清理
25	1523	其他权益工具投资	36	1701	无形资产
26	1524	长期股权投资	37	1702	累计摊销
27	1525	长期股权投资减值准备	38	1703	无形资产减值准备
28	1526	投资性房地产	39	1801	长期待摊费用
29	1531	长期应收款	40	1811	递延所得税资产
30	1601	固定资产	41	1901	待处理财产损溢
31	1602	累计折旧	42		合同资产
二、负债类					
43	2001	短期借款	52	2232	应付股利
44	2101	交易性金融负债	53	2241	其他应付款
45	2201	应付票据	54	2245	持有待售负债
46	2202	应付账款	55	2501	长期借款
47	2203	预收账款	56	2502	长期债券
48		合同负债	57	2701	长期应付款
49	2211	应付职工薪酬	58	2711	专项应付款
50	2221	应交税费	59	2801	预计负债
51	2231	应付利息	60	2901	递延所得税负债
三、所有者权益类					
62	4001	实收资本(股本)	66	4103	本年利润
63	4002	资本公积	67	4104	利润分配
64	4003	其他综合收益	68	4201	库存股
65	4101	盈余公积			
四、成本类					
69	5001	生产成本	71	5201	劳务成本
70	5101	制造费用	72	5301	研发支出
五、损益类					
73	6001	主营业务收入	78	6117	其他收益
74	6051	其他业务收入	79	6301	营业外收入
75	6101	公允价值变动损益	80	6401	主营业务成本
76	6111	投资收益	81	6402	其他业务成本
77	6115	资产处置损益	82	6403	税金及附加

续表

顺序号	编　号	会计科目名称	顺序号	编　号	会计科目名称
83	6601	销售费用	87	6702	信用减值损失
84	6602	管理费用	88	6711	营业外支出
85	6603	财务费用	89	6801	所得税费用
86	6701	资产减值损失	90	6901	以前年度损益调整

2. 按会计科目反映经济业务的详细程度分类

按会计科目反映经济业务内容的详细程度，将会计科目分为总分类科目和明细分类科目。总分类科目（又称总账科目或一级科目）是指总括核算会计要素并提供总括会计信息的科目，如“固定资产”科目；明细分类科目（又称明细科目）是对总分类科目所含内容做得更为详细的分类，它能提供详细、具体的核算指标，如“应付账款”总分类科目下按照具体单位名称分设明细分类科目，具体反映所欠该单位的货款金额。

在我国，总分类科目一般由财政部统一制定，各单位在不影响会计核算工作和会计报表指标汇总的前提下，可以根据自身特点自行增设、删减或合并某些会计科目以满足会计核算的要求。明细分类科目，除了会计准则规定设置的以外，一般由各单位根据实际需要自行设置。

有的总账科目由于其所反映的经济内容比较广泛，则在总分类科目下，先设置必要的二级科目，然后在二级科目下再分设明细科目。例如，为了反映固定资产的使用情况则在“固定资产”科目下设置“生产用固定资产”和“非生产用固定资产”等明细科目，然后再在二级科目下分设“办公楼”“设备”等明细科目。需要指出的是，也不是所有的总账科目都要设置明细科目，有的总分类科目就不需要设置明细分类科目，如“库存现金”通常不需要设置明细科目。

二、会计账户

（一）会计账户的概念

会计账户是对会计要素的具体内容进行科学分类、反映和监督并具有一定格式的工具，它是用来分类、连续、系统地记录和反映各种会计要素增减变化情况及其结果的一种手段。企业任何一项经济业务的发生都会引起会计要素数量上的增减变化，为了分门别类地反映经济业务引起的会计要素的增减变化，为日常管理提供核算资料就必须设置账户。例如，“原材料”账户是用来核算企业用于产品生产但不构成产品实体的辅助性物资，通过该账户可以了解企业原材料购入、发出和结存的情况。设置会计账户是对会计要素具体内容进行科学分类、反映和监督的一种会计核算方法。通过账户中记录的各种分类数据可以生成各种有用的财务信息。

（二）会计账户的基本结构

会计账户的结构分为左右两个部分，一部分登记增加额，一部分登记减少额。

账户是依附于账簿而开设的。每一个具有基本结构的固定格式账户，又产生了账簿中的账页。一个账页的基本内容通常包括：

(1) 账户的名称，即会计科目；

(2) 经济业务发生的日期；

(3) 账户的记录依据，即记账凭证的号码；

(4) 经济业务发生的内容摘要；

(5) 增加金额、减少金额及余额。

实际工作中账页的基本格式如图 1－2 所示。

年		凭证		摘　要	借　方									贷　方									借或贷	余　额								
月	日	字	号		百	十	万	千	百	十	元	角	分	百	十	万	千	百	十	元	角	分		百	十	万	千	百	十	元	角	分
				过次页																												

图 1－2　账簿中的账页格式

为了便于理论分析和教学需要，通常将会计账户的基本结构简化为 T 型账户或者“丁”字账户，如图 1－3 所示。

图 1－3　T 型账户结构

会计准则规定，会计记账采用借贷记账法。在借贷记账法下的账户，其左方一律称为“借方”，右方一律称为“贷方”。至于哪一方登记增加数，哪一方登记减少数，需要根据经济业务的内容和会计账户的性质而定。各类账户性质的“借”“贷”含义，可概括如图 1－4 所示。

账户名称（会计科目）

借方	贷方
资产的增加	资产的减少
负债的减少	负债的增加
所有者权益的减少	所有者权益的增加
费用、成本的增加	费用、成本的减少
收入的减少	收入的增加
利润的减少	利润的增加

图 1－4 借贷记账法下账户的“借”“贷”含义

（三）会计账户的四个指标

在账户的基本结构运用中，重要功能是能够反映某一项目数量变化的过程与结果，其核心为四个指标，即期初余额、本期增加发生额、本期减少发生额和期末余额。本期增加发生额是指一定时期内（如月份、季度和年度），在账户的增加方所记数额的合计；本期减少发生额是指一定时期内，在账户的减少方所记数额的合计；本期增加发生额和本期减少发生额统称为本期发生额；账户的本期增加发生额和本期减少发生额相抵后的余额，称为账户的余额。余额按其出现的时间不同，分为期初余额和期末余额。本期的期初余额就是上期的期末余额。

账户的四个指标之间的关系可以用以下公式表示：

期末余额＝期初余额＋本期增加发生额－本期减少发生额

三、会计科目与会计账户的关系

会计账户与会计科目是两个不同的概念，两者之间既有区别，又有联系。

账户与会计科目的联系表现在：两者都是对会计要素具体内容进行的分类，会计科目是账户的名称，两者分类的口径和反映的经济内容一致。例如，“原材料”科目与“原材料”账户的核算内容、范围是完全相同的。

账户与会计科目的区别表现在：第一，会计科目只是名称，仅说明反映的经济内容是什么，而账户既有名称（账户的名称就是会计科目），又有结构，具有一定的格式，它既说明账户反映的经济内容是什么，又系统地反映和监督经济业务的增减变化情况；第二，会计科目主要是为了开设账户和填制会计凭证之用，而账户则是系统地提供某一具体会计要素的会计资料，是为了编制会计报表和经济管理之用。

由于会计科目与账户之间的联系与区别，在实际工作中，人们常常把两者等同起来，不加区别。因此，会计科目与账户是互相依存、缺一不可的，它们共同为反映会计要素具体内容服务。

自测题

一、单项选择题

1. 会计科目是(　　)。

A. 会计要素的名称　　B. 会计报表的项目名称

C. 账簿的名称　　D. 账户的名称

2. 企业5月末负债总额为100万元,6月份收回应收账款5万元,收到购货单位预付的货款8万元,6月末计算出应缴产品销售税金0.5万元。月末负债总额为(　　)。

A. 108.5万元　　B. 103.5万元

C. 113.5万元　　D. 106.5万元

3. 资产账户的借方登记(　　)。

A. 资产的增加　　B. 资产的减少

C. 费用的转销　　D. 收入的减少

4. 负债账户的贷方登记(　　)。

A. 费用的增加　　B. 费用的转销

C. 负债的增加　　D. 负债的减少

5. 对于费用类账户,下列说法中正确的是(　　)。

A. 借方登记转销数　　B. 贷方登记费用的发生额

C. 一般期末无余额　　D. 期末一般有余额

6. 下列各项中,有关会计账户与会计科目的说法错误的是(　　)。

A. 两者反映的内容是一致的,性质相同

B. 会计科目以会计账户为名称

C. 没有会计科目,会计账户便失去了设置的依据

D. 没有会计账户,就无法发挥会计科目的作用

7. 在下列项目中,属于一级会计科目的是(　　)。

A. 应交增值税　　B. 应付账款　　C. 房屋　　D. 专利权

8. 下列各项中,能够引起所有者权益总额变化的是(　　)。

A. 以盈余公积转增资本　　B. 增发新股

C. 宣告分派的股票股利　　D. 以盈余公积弥补亏损

9. 用银行存款偿还应付账款,应(　　)。

A. 借记“银行存款”　　B. 贷记“银行存款”

C. 借记“库存现金”　　D. 贷记“库存现金”

10. 下列各项中,不属于资产类账户的是(　　)。

A. 应收账款　　B. 预收账款

C. 固定资产　　D. 应收票据

11. 在下列项目中,与“管理费用”属于同一类会计科目的是(　　)。

A. 无形资产　　B. 本年利润

C. 所得税费用　　D. 制造费用

12. 下列负债中，属于非流动负债的是(　　)。

A. 应付利息　B. 应付股利　C. 应付债券　D. 应付票据

二、多项选择题

1. 下列会计科目属于损益类的有(　　)。

A. 制造费用　B. 管理费用　C. 长期待摊费用　D. 财务费用

2. 下列会计科目，属于流动资产类的有(　　)。

A. 无形资产　B. 原材料　C. 应收账款　D. 长期待摊费用

3. 账户的左右两方，哪一方登记增加数，哪一方登记减少数，取决于(　　)。

A. 账户的性质　B. 账户的级别

C. 记账方法　D. 所记录经济业务的内容

4. 账负的基本内容，一般应包括(　　)。

A. 账户的名称　B. 日期和摘要

C. 凭证种类和号数　D. 增加、减少的金额及余额

5. 下列各项中，属于总分类科目的是(　　)。

A. 原材料　B. 应收账款　C. 应交税费　D. 库存商品

6. 下列各项中，属于损益类科目的是(　　)。

A. 主营业务收入　B. 其他业务收入

C. 制造费用　D. 管理费用

7. 资产的特征是(　　)。

A. 过去的交易或事项形成

B. 企业拥有或者控制的

C. 预期会导致经济利益流出企业

D. 能够给企业带来未来的经济利益

8. 会计科目按经济内容的性质可分为(　　)。

A. 资产类科目　B. 负债类科目

C. 所有者权益类科目　D. 成本类科目和损益类科目

三、判断题

1. 企业在不违反国家统一会计制度的前提下，可以根据实际情况自行增设、减少或合并某些会计科目。(　　)

2. 只要实现了期初余额、本期发生额和期末余额的平衡关系，就说明账户记录正确。(　　)

3. "预收账款"属于资产类账户，"预付账款"属于负债类账户。(　　)

4. 会计科目有结构和格式，而会计账户没有结构和格式。(　　)

5. 明细会计科目可以根据企业内部管理的需要自行设定。(　　)

6. 会计科目是账户的名称，也是设置账户的依据，会计科目的性质决定了账户的性质。(　　)

第五节　会计基本假设和会计基础

一、会计基本假设

会计作为一种管理活动，总是在一定的时空环境下进行的，而且会计实务中存在诸多不确定因素，因此，为了正常进行会计核算，会计人员有必要对会计核算所处的环境及条件做出合理的推断。会计基本假设，又称为会计核算的基本前提，通常是指会计核算中对某些难以确切界定的，但对会计工作有重大影响的问题，根据一般的正常情况所做的合理推断。我国会计准则中提出的会计假设与西方国家提出的会计假设是基本一致的，主要包括四个方面：会计主体、持续经营、会计分期和货币计量。

（一）会计主体

会计主体假设也称经济实体假设，是指会计工作为其服务的特定单位或组织。简单地说，为"谁"做账，"谁"就是会计主体。会计核算的对象是企业的生产经营活动，生产经营活动又是由各种经济业务事项所组成，而每项经济业务事项又和其他有关的经济业务事项相关联，同时不同企业之间的经济业务事项也相互关联。因此，会计核算首先要明确核算的范围，也就是要明确会计主体。

《企业会计准则——基本准则》第五条规定："企业应当对其本身发生的交易或者事项进行会计确认、计量和报告。"企业会计核算和财务报表的编制应当以企业发生的各项交易或者事项为对象，记录和反映企业本身的各项生产经营活动，这就是会计主体。

会计主体可以按照不同的标准进行分类。从会计主体的目标看，可以分为营利性会计主体，如各类企业，也可以是政府机构和非营利性会计主体，如学校、医院和慈善机构等；从会计主体的经济活动规模看，可以是独立核算的单位或组织，也可以是其下属的单位、部门，如企业的生产车间、医院的住院部或门诊部等，也可以是由各个独立核算会计主体组成的集团企业；从会计主体的存在期限看，可以是长期进行经济活动而存在的会计主体，也可以是仅为完成某项工作所组建的组织，如某项建筑工程、某场文艺演出等。

会计主体与法律主体并不是同一概念，不能相互混淆。一般来说，法律主体必然是会计主体，但会计主体并不一定就是法律主体。任何企业，无论以何种形式存在，都是一个会计主体。在企业规模较大的情况下，可将其内部某一机构作为一个会计主体，要求其定期编制会计报表。而在控股经营的情况下，母公司及其子公司都是独立的法律主体，也是会计主体，在编制会计报表时，也可将之组成的企业集团当作一个会计主体，将其各自的会计报表予以合并，以反映整个企业集团的财务状况和经营成果。因此，会计主体可以是独立的法人，也可以是非法人；可以是一个企业，也可以是企业内部的某一单位；可以是单一的企业，也可以是由几个企业组成的企业集团。

会计主体的外延随着经济发展和技术进步在不断地拓展。例如，在网络经济时代，出现在互联网上、没有大量有形资产的网上企业、网上银行等虚拟主体。这些虚拟主体的界限有时很难确认，给经济业务的确认、计量和报告带来了新的问题。

（二）持续经营

持续经营假设是假设企业等会计主体的经济活动将无限期地延续下去，在可以预见的将来不会因停业、破产而进行清算。《企业会计准则——总则》第六条规定："企业会计确认、计量和报告应当以持续经营为前提。"

持续经营为会计工作的正常开展规定了时间范围，旨在解决资产估价、费用分配等重要会计问题。会计核算上所使用的一系列会计处理方法都是建立在持续经营前提的基础上。

除了完成临时任务而建立的会计主体，人们通常期望所建立的会计主体能够长期地存在下去。实际上，会计主体所处的经营环境具有复杂性和多变性。会计主体的经济活动可能会由于各种原因而发生停滞，甚至解散清算，如国家法律要求解散清算，会计主体自身经营期限的到期、破产、被合并、自然灾害和战争的影响等。

在持续经营的前提下，才能运用历史成本原则计量企业的资产，并按照原来的偿还条件偿还它所承担的债务。如果是在清算的情况下，则不能运用历史成本原则，资产的价值必须按照实际变现的价值来计算，负债则必须按照资产变现后的实际负担能力来清偿。因此，在持续经营的前提下，企业在会计信息的收集和处理上所使用的会计处理方法才能保持稳定，企业的会计记录和会计报表才能真实可靠。如果没有持续经营的基本前提，一些公认的会计处理方法将缺乏存在的基础，同时也无法采用，企业也就不能按照正常的会计原则、正常的会计处理方法进行会计核算，不能采用通常的方式提供会计信息。所以，企业会计核算应当以企业持续、正常的生产经营活动为前提。

（三）会计分期

《企业会计准则——总则》第七条规定："会计应当划分会计期间，分期结算账目和编制财务报表。会计期间分为年度和中期，中期是指短于一个完整的会计年度的报告期间，包括半年度、季度和月度等。年度和中期的起讫日期采用公历日期。"会计分期假设是将企业在时间上持续不断的经营活动人为地划分为若干个均等的会计期间。这样，持续的经济活动就由先后继起的不同时间段落中所发生的经济活动构成。这些不同的时间段落，就是会计期间。

会计年度是基本的会计期间。我国企业的会计期间按年度划分，以日历年度为一个会计年度，即从每年的公历 1 月 1 日至 12 月 31 日作为一个会计期间。除了基本的会计期间以外，还规定了一些会计中期，即短于完整的会计年度的报告期间，包括半年度、季度和月度，年度和中期的起讫时间也一律以公历的起讫日期为准，如一年分为两个半年度，1 月 1 日至 6 月 30 日为一个半年度，7 月 1 日至 12 月 31 日为一个半年度。企业会计制度中所称会计期间的期末和定期，是指月末、季末、半年末和年末。

会计期间的划分对会计核算有着重要的影响。一般来说，会计期间越短，会计信息就越及时，与决策就越相关。由于有了会计期间，才产生了本期和非本期的区别；由于有了本期和非本期的区别，才产生了权责发生制和收付实现制，才使不同类型的会计主体有了记账的基准;由于权责发生制的采用,要求对一些收入和费用要按照权责关系在本期和以后的会计期间进行分配,确定其归属的会计期间。为此需要采用预收、预付、应收、应付、预提和摊销等一系列会计概念和一些特殊的会计处理方法。

（四）货币计量

《企业会计准则——总则》第八条规定:“企业会计应当以货币计量。记录的文字应当使用中文,在民族自治地方,会计记录可以同时使用当地通用的一种民族文字。在中华人民共和国境内的外商投资企业和外国企业的会计记录可以同时使用一种外国文字。”货币计量是指会计核算必须以货币作为统一计量单位,计量企业的经济活动,并假设货币本身的价值是稳定不变的。

企业会计核算和财务报表编制应当以货币计量为基础,以综合反映企业发生的各项交易或者事项的财务结果与影响。对于会计主体经济活动的描述可以采纳数量形式和非数量形式。非数量形式包括对经济活动的文字叙述或图形的描述。数量形式中又有三种计量单位可供选择,即货币计量、实物计量和劳动时间计量。企业的生产经营活动具体表现为商品的购销、各种原材料和劳务的耗费等实物运动。由于各种实物和劳务的耗费没有统一的计量单位,无法比较。为了全面完整地反映企业单位的生产经营活动,会计核算客观上需要一种统一的计量单位作为会计核算的计量尺度。在商品经济条件下,货币是衡量商品价值的共同尺度,会计核算必然选择货币为计量单位,以货币形式来反映企业生产经营活动的全过程。

按照规定,我国的会计核算以人民币为记账本位币,企业的生产经营活动一律通过人民币进行核算反映。日常经营业务收支以外币为主的企业,也可以选用某种外币为记账本位币,但编制的财务会计报告应当折算为人民币反映。

当然,在货币计量假设下,我们还需要注意这样一个问题,在假设货币本身的价值是稳定不变的同时,还强调货币计量假设不排斥非货币量化信息对决策的有用性。

以上会计核算的四个基本假设分别从空间、时间、计量手段和方法上规定了会计核算工作赖以存在的基本前提条件,是企业设计和选择会计方法的重要依据。会计只有在这些基本前提下,才能顺利进行工作,及时取得会计信息资料,充分发挥会计的作用。

二、会计确认基础

会计确认基础,是指合理确定一定会计期间的收入与费用,从而确定损益的标准。

企业单位在一定会计期间,为进行生产经营而发生的费用,可能在本期已经付出货币资金,也可能在本期尚未付出货币资金;所发生的收入,可能在本期已经收到货币资金,也可能在本期尚未收到货币资金。同时,本期发生的费用可能与本期收入的取得有关,也可能与本期收入的取得无关。对于诸如此类的经济业务应如何处理,要以所采用的会计基础为依据。

目前,无论从会计的理论还是实务来看,可选择的会计确认基础一般只有两个,即权责发生制和收付实现制。

（一）权责发生制

权责发生制原则亦称应计基础、应计制原则，是指以实质取得收到现金的权利或支付现金的责任权责的发生为标志来确认本期收入和费用及债权和债务。即收入按现金收入及未来现金收入——债权的发生来确认，费用按现金支出及未来现金支出——债务的发生进行确认，而不是以现金的收入与支付来确认收入费用。按照权责发生制原则，凡是本期已经实现的收入和已经发生或应当负担的费用，不论其款项是否已经收付，都应作为当期的收入和费用处理；凡是不属于当期的收入和费用，即使款项已经在当期收付，都不应作为当期的收入和费用。例如，某企业单位在本月某日售给某购货单位产品一批，价值8 000元，货已成交，货款到下月才能收到。由于此项交易是在本月发生并已完成，已取得向购货单位的货款求偿权（债权），所以本月虽未实际收到此项货款，但仍应将其作为本月的收入处理。显然，按权责发生制处理有关收入与费用的经济业务，将使各有关会计期间损益的确定都更为合理。所以，我国《企业会计准则——总则》第九条规定："企业应当以权责发生制为基础进行会计确认、计量和报告。"

（二）收付实现制

收付实现制又称现金收付基础，是以现金收到或付出为标准，来记录收入的实现和费用的发生。按照收付实现制，收入和费用的归属期间将与现金收支行为的发生与否紧密地联系在一起。换言之，现金收支行为在其发生的期间全部记作收入和费用，而不考虑与现金收支行为相连的经济业务实质上是否发生。

收付实现制是以款项的实际收付为标准来处理经济业务，确定本期收入和费用，计算本期盈亏的会计处理基础。在现金收付的基础上，凡在本期实际以现款付出的费用，不论其应否在本期收入中获得补偿均应作为本期应计费用处理；凡在本期实际收到的现款收入，不论其是否属于本期均应作为本期应计的收入处理；反之，凡本期还没有以现款收到的收入和没有用现款支付的费用，即使它归属于本期，也不作为本期的收入和费用处理。例如，大兴公司2019年3月份收到2018年应收销货款50 000元，存入银行，尽管该项收入不是2019年创造的，但因为该项收入是在2019年收到的，所以在现金收付基础上也作为2019年3月份的收入。

在收付实现制下，会计在处理经济业务时不考虑预收收入、预付费用，以及应计收入和应计费用的问题，会计期末也不需要进行账项调整，因为实际收到的款项和付出的款项均已登记入账，所以可以根据账簿记录来直接确定本期的收入和费用，并加以对比以确定本期盈亏。这种处理方法的好处在于计算方法比较简单，也符合人们的生活习惯，但按照这种方法计算的盈亏不合理、不准确，所以《企业会计准则》规定企业不予采用，它主要应用于行政事业单位和个体户等。

三、会计原则

（一）历史成本原则

历史成本原则亦称原始成本原则或实际成本原则，简称成本原则。根据该原则，资产或负债应该按照交易发生时的取得成本或承诺支付为标准进行计量计价。会计准则规定:“在历史成本计量下,资产按照购置时支付的现金或者现金等价物的金额,或者按照购置资产时所付出的对价的公允价值计量。负债按照因承担现时义务而实际收到的款项或者资产的金额,或者承担现时义务的合同金额,或者按照日常活动中为偿还负债预期需要支付的现金或者现金等价物的金额计量。”

采用历史成本原则的初衷是认为资产负债表的目的不在于以市场价格表示企业资产的现状,而在于通过资本投入与资产形成的对比来反映企业的财务状况和经营业绩,这种对比需以历史成本为基础。尽管其他计量标准对历史成本原则的挑战与日俱增,但历史成本原则依然是资产和负债计量的基本原则。遵循历史成本原则有其合理性:① 历史成本是指买卖双方在市场上交易的结果,反映当时的市场价格,符合发生原则;② 历史成本有原始凭证作依据,具备可验证性;③ 历史成本数据易于取得,简便易行,并与实现原则相联系;④ 历史成本计价无须经常调整账目,可防止随意改变会计记录,维护会计信息的可靠性。

我国基本会计准则所规定的会计计量属性既包括历史成本,也包括重置成本、可变现净值、现值和公允价值。具体规定如下:

(1) 重置成本。在重置成本计量下,资产按照现在购买相同或者相似资产所需支付的现金或现金等价物的金额计量。负债按照现在偿付该项债务所需支付的现金或者现金等价物的金额计量。

(2) 可变现净值。在可变现净值计量下,按照其正常对外销售所能收到现金或者现金等价物的金额扣减该资产至完工时估计将发生的成本、估计的销售费用以及相关税费后的金额计量。

(3) 现值。在现值计量下,资产按照预计从持续使用和最终处置中所产生的未来净现金流入量的折现金额计量。负债按照预计期限内需要偿还的未来净现金流出量的折现金额计量。

(4) 公允价值。公允价值是指市场参与者在计量日发生的有序交易中,出售一项资产所能收到或者转移一项负债所需支付的价格。

由上述规定可以看出,即使在资产初始取得时,也可能是以公允价值计量的。这表明,在我国会计实务中,虽然历史成本依然是资产和负债计量的基本属性,但它不再是唯一的计量属性。在符合一定条件下,可以或应该采用其他计量属性,以使企业提供的会计信息更加准确。

(二) 划分收益性支出和资本性支出原则

企业的会计核算应当合理划分收益性支出与资本性支出的界限。凡支出效益仅及于本年度(或一个营业周期)的,为取得本期收益而发生的支出,应当作为收益性支出,会计处理上将其作为本期费用入账;凡支出效益及于几个会计年度(或几个营业周期)的,为取得本期及以后多期收入而发生的支出,应当作为资本性支出,会计处理上将其资本化。

这个原则要求在会计核算时应当严格区分收益性支出与资本性支出的界限。这对于正确计算企业的本期损益有着重要的意义。收益性支出是为了取得本期收益而发生的支出,应转化为本期费用,由本期收入来补偿并列入利润表。资本性支出则是与几个会计年度收益相关的支出，应先转化为资产的成本，并列于资产负债表，然后随着资产连续不断地在不同时期的使用，逐渐、分次地转化为不同时期的费用，由不同时期的收入补偿。如果把收益性支出当作资本性支出，就会虚减本期费用，虚增本期资产和利润；反之，如果把资本性支出当作收益性支出就会虚增本期费用，虚减本期资产和利润。因此，为了正确计算当期损益，必须贯彻划分收益性支出与资本性支出的原则。

（三）收入与费用配比原则

配比原则也称匹配原则，是指收入的确认与相关费用的确认应该相互匹配。企业在进行会计核算时，收入与其成本、费用应当相互配比，同一会计期间内的各项收入与其相关的成本、费用，应当在该会计期间内确认。这个原则要求在一个会计期间内所获得的收入与为了获得此收入所耗费的成本、费用相匹配，以求得本期的经营成果。

由于存在着会计分期前提条件，所以每个企业必须分期反映其经营成果。经营成果是企业收入与成本费用进行配合比较的结果。为了达到配比原则的要求，首先应根据各种收入与成本费用的不同性质，来确定某项收入与其成本费用的因果关系。其次应根据权责发生制来确定某项收入与其成本费用的时间关系。一个会计期间内的各项收入及与其相关的成本费用，应当在同一期间内确认、计量和记录，进行比较。既不能提前，也不许延后。对于预支款项的成本费用，要递延到有关收入取得时才能确认为费用；对于与本期收入有关的尚未支付的费用，则应在本期内预提，以便正确计算出企业在该会计期间的经营成果，即利润或亏损。

在会计实践中，配比其实具有相对性。这是因为有些费用很难说究竟与哪一项特定收入相关，某一特定会计期间发生的销售费用、管理费用和财务费用等期间费用，往往难以具体认定它们究竟与哪一项特定的收入相关，因此也就难以完全做到与相关收入互相匹配。所以，在会计实务中，对于这些期间费用，并不强调它们与具体收入项目的配比，而是要求它们在发生的期间加以确认，故被称为“期间费用”。此外，一些与当期营业不相关的成本，如果它们与未来期间的收入也不相关，那么就把这些成本作为当期费用处理。

自测题

一、单项选择题

1. 会计主体假设主要规定了会计工作的（　　）。

A. 空间范围　　B. 时间范围　　C. 主管单位　　D. 具体内容

2. 下列支出属于资本性支出的有（　　）。

A. 固定资产日常修理费　　B. 建造房屋的各项支出

C. 生产工人工资　　D. 产品销售费用

3. 划分各期收入和费用的原则是（　　）。

A. 权责发生制原则　　B. 历史成本原则

C. 配比性原则　　D. 划清收益性支出和资本性支出原则

4. 6月29日销售产品80 000元,7月13日收到货款存入银行,按收付实现制核算时,该项收入归属期应属于(　　)。

A. 6月　　B. 7月　　C. 本年　　D. 视情况而定

5. 在可预见的未来会计主体不会破产清算,所持有的资产将正常营运,所负有的债务将正常偿还。这属于(　　)假设。

A. 会计主体　　B. 持续经营　　C. 会计分期　　D. 货币计量

6. A企业在年初用银行存款支付本年租金120 000元,1月末仅将其中的10 000元计入本月费用,这符合(　　)。

A. 收付实现制　　B. 权责发生制

C. 谨慎性原则　　D. 历史成本计价原则

7. 某企业1月份发生下列支出:支付本年度负担的保险费2 400元;支付已预提的去年第四季度借款利息3 000元;支付本月办公开支800元。则本月费用为(　　)元。

A. 1 000　　B. 800　　C. 1 200　　D. 3 000

8. 下列对会计核算基本前提的表述中,恰当的是(　　)。

A. 持续经营和会计分期确定了会计核算的空间范围

B. 一个会计主体必然是一个法律主体

C. 货币计量为会计核算提供了必要的手段

D. 会计主体确立了会计核算的时间范围

9. 企业固定资产可以按照其价值和使用情况,确定采用某一方法计提折旧,它所依据的会计核算前提是(　　)

A. 会计主体　　B. 持续经营　　C. 会计分期　　D. 货币计量

10. 会计核算中,由于有了(　　)基本假设,才产生了本期与非本期的区别,才使不同类型的会计主体有了记账的基础。

A. 会计主体　　B. 持续经营　　C. 会计分期　　D. 货币计量

11. 下列关于权责发生制与收付实现制的说法中,正确的是(　　)。

A. 采用权责发生制,能更佳地反映特定期间的财务状况及经营成果

B. 收付实现制考虑了与现金收支行为相连的经济业务实质是否已经发生

C. 我国企业应该以收付实现制为基础进行会计核算

D. 我国事业单位会计核算一般采用权责发生制

12. 会计人员不得将投资者个人支出计入企业账户依据会计假设中的(　　)假设。

A. 会计主体　　B. 会计分期　　C. 持续经营　　D. 货币计量

二、多项选择题

1. 企业在组织会计核算时,应作为会计核算基本前提的是(　　)。

A. 会计主体　　B. 持续经营　　C. 货币计量　　D. 会计分期

2. 根据权责发生制原则,应记入本期的收入和费用有(　　)

A. 本期实现的收益已收款　　B. 本期的费用已付款

C. 本期实现的收益未收款　　D. 下期的费用已付款

3. 按照权责发生制的要求,不应作为本期收入的项目是(　　)。

A. 收到国家投资100 000元,存入银行

B. 销售商品一批计100 000元,货款尚未收到

C. 收到外单位还来的上月欠款550元,存入银行

D. 预收某单位的订货款50 000元,存入银行

4. 会计的计量属性包括( )。

A. 历史成本　B. 可变现净值　C. 现值　D. 公允价值

5. 下列说法正确的有( )。

A. 会计人员只能核算和监督所在主体的经济业务,不能核算和监督其他主体的经济业务

B. 会计主体可以是企业中的一个特定部分,也可以是几个企业组成的企业集团

C. 会计主体一定是法律主体

D. 会计主体假设界定了从事会计工作和提供会计信息的空间范围

6. 目前,我国事业单位会计可采用的会计基础有( )

A. 持续经营　B. 权责发生制　C. 货币计量　D. 收付实现制

7. 会计期间可以分为( )

A. 月度　B. 季度　C. 半年度　D. 年度

三、判断题

1. 收付实现制是以收取或支付的现金作为确认收入和费用的依据。( )

2. 由于有了持续经营这个核算的基本前提,才产生了当期与其他期间的区别,从而出现了权责发生制与收付实现制的区别。( )

3. 在历史成本计量下,资产按照购置时支付的现金或现金等价物的金额,或者按照购置时所付的公允价值计量。( )

4. 我国境内所有的单位应以人民币作为记账本位币。( )

5. 如果企业发生破产清算,所有以持续经营为前提的会计程序和方法就不再适用。( )

6. 会计基础是指会计确认、计量和报告的基础,包括权责发生制和收付实现制。( )

7. 业务收支以外币为主的单位,也可以选择某种外币作为记账本位币,并按照记账本位币编制财务会计报告。( )

8. 某企业2018年2月发生交通费支出20 000元并取得发票,经过企业内部审批程序,2018年4月完成报销。按权责发生制,则该笔交通费应确认为2018年2月的费用。( )

9. 根据收付实现制原则,凡是不属于当期的收入和费用,即使款项已在当期收付,也不应当作为当期的收入和费用。( )

四、计算题

资料:某企业12月份发生如下经济业务:

(1) 用银行存款预付明年财产保险费7 200元。

(2) 通过银行收到上月销货款60 000元。

(3) 销售商品18 000元,货款尚未收到。

(4) 收到购货单位预付货款30 000元,存入银行。

(5) 计算本月水电费共 1 800 元，因资金周转困难，暂未支付。
(6) 销售产品 40 000 元，款已存入银行。
(7) 支付上月房租费 1 500 元。
(8) 以银行存款支付本月广告费 2 000 元。
(9) 计算本月固定资产折旧费 3 000 元。
(10) 计提本月应负担的银行短期借款利息 600 元。
要求：分别采用权责发生制和收付实现制计算 12 月份的收入、费用和利润。

第六节　会计信息质量要求

企业基本会计准则中明确提出了对会计信息质量的要求，包括可靠性、相关性、明晰性、可比性、实质重于形式、重要性、谨慎性和及时性。

一、可靠性

“企业应当以实际发生的交易或者事项为依据进行会计确认、计量和报告，如实反映符合确认和计量要求的各项会计要素及其他相关信息，保证会计信息真实可靠、内容完整。”该原则要求会计核算应当以实际发生的交易或事项，如实反映企业的财务状况、经营成果和现金流量。可靠的会计信息是客观的，存在可靠的凭据记录，可以揭示经济活动的本来面目。可靠的会计信息也是可以验证的，对于同一经济业务，具有专业胜任能力的会计人员会得到相同的会计处理结果。但可靠性并不意味着会计信息必须绝对肯定或者绝对精确，这是由于企业所处的经济环境的不确定性、会计计量属性本身的缺陷以及会计计量方法选择的主观性等因素的影响。使用虚假的会计信息进行决策会导致决策失误，最终会损害投资者和债权人的经济利益，如美国的“安然事件”“世界通讯事件”，我国上市公司“银广厦”“郑百文”丑闻等。

二、相关性

“企业提供的会计信息应当与财务会计报告使用者的经济决策需要相关，有助于财务会计报告使用者对企业过去、现在或者未来的情况做出评价或者预测。”会计信息是否具有相关性，有两个基本的判断标准：一是会计信息能否帮助会计信息使用者对过去、现在或将来的经济事项进行评价，并影响信息使用者的相关决策行为；二是证实或纠正会计信息使用者过去已经做出的判断或评价，并影响会计信息使用者的相关决策行为。显然，这是与会计目标相一致的原则。

三、明晰性

明晰性原则(也称可理解性)是指企业提供会计记录和会计报表应当清晰明了，便于理解和运用。也就是会计记录应当准确、清晰,填制会计凭证和登记账簿做到依法、合理,账户对应关系清楚,文字叙述完整,会计报表的数字钩稽关系清楚、数字准确。明晰性原则要求会计核算提供的信息简明易懂,可读性强,满足不同层次报表使用者的信息需要,使其迅速、准确、完整地了解企业财务状况和经营成果。

随着我国经济的不断发展,会计信息的使用者越来越广泛,这在客观上对会计信息的简明和通俗易懂提出了越来越高的要求。如果企业提供的会计信息不能清晰明了地反映企业的财务状况、经营成果和现金流量,就会影响会计信息的功效。

四、可比性

会计可比性原则要求企业的会计信息应在以下两个方面做到相互可比。

第一,同一企业不同时期发生的相同或者相似的交易或者事项,应当采用一致的会计政策,不得随意变更。如有必要变更,应当将变更的内容和理由、变更的累计影响数,以及影响数不能合理确定的理由等,在会计报表附注中予以说明。这个原则也称"一致性原则"或"一贯性原则"。这一原则的目的是使得同一单位的各期会计信息具有可比性,有利于决策,同时防止某些单位或个人利用会计核算方法的变动,人为操纵成本、利润等指标,粉饰企业的财务状况或财务成果。这是一种纵向的历史比较。

第二,不同企业发生的相同或者相似的交易或者事项,应当采用规定的会计政策、确保会计信息口径一致、相互可比。由于各个企业所处的经济环境的情况是千差万别的,要做到不同企业会计信息的完全可比是不可能的。因此,在利用会计信息分析时,应先确定信息的可比性,然后对不可比的信息通过调整口径,使之可比。这是一种横向的比较。要保证会计核算资料横向可比、可加,就要求各个企业会计核算必须严格按照国家统一的会计制度规定的会计处理方法进行,提供相互可比的会计核算资料。

五、实质重于形式

"企业应当按照交易或者事项的经济实质进行会计确认、计量和报告,不应仅以交易或者事项的法律形式为依据。"也就是企业应当按照交易或事项的经济实质进行会计核算,而不应当仅仅按照它们的法律形式作为会计核算的依据。其目的在于确保会计信息真实、准确地反映企业的财务状况、经营成果和现金流量的情况。

在企业会计核算过程中,可能会碰到一些经济实质与法律形式不一致的经济业务或事项。例如,融资租入的固定资产,在租期未满以前,从法律形式上来讲,所有权并没有转移给承租人,但是从经济实质上讲,与该项租入固定资产相关的收益和风险已经转移给承租人,承租人实际上也能行使对该项固定资产的控制权,因此,承租人应该将其视同自有固定资产进行管理和核算,计提固定资产折旧和修理费用。这就是实质重于形式的原则的体现。

遵循实质重于形式原则,体现了对经济实质的尊重,能够保证会计核算信息与客观事实相符。

六、重要性

“企业提供的会计信息应当反映与企业财务状况、经营成果和现金流量等有关的所有重要交易或者事项。”重要性原则是指会计核算中，应对经济业务的重要程度进行区别而采用不同的核算形式。即对重要的经济业务应分项反映，单独核算；对于相对次要的经济业务，则在不影响会计信息真实性的前提下，适当简化核算，以简单明了的方法处理。采用重要性原则，有助于简化会计处理手续，节约核算费用，提高会计信息质量。这里就涉及一个重要事项的问题。重要的会计事项是被错误或漏报后能够导致决策者做出错误判断的会计事项。

会计事项是否重要应该怎么确定呢？通常可以采取定量或定性两种方法。定量方法一般以某个金额或企业的资产总额或利润总额的某个百分比确定。需要注意的是，重要性是相对的。比如同样的金额对小企业可能是重要的，但对大企业可能就是不重要的项目。定性的方法应该根据会计信息对信息使用者进行决策时的影响程度来确定，进而确定该核算项目的精确程度。对于某一会计事项是否重要，除了严格按照有关的会计法规的规定之外，更重要的是依赖于会计人员结合本企业具体情况所做出的专业判断。

七、谨慎性

“企业对交易或者事项进行会计确认、计量和报告应当保持应有的谨慎，不应高估资产或者收益，低估负债或者费用。”也就是企业面对经济环境的不确定性因素，在使用专业判断、计量和披露会计信息时应当持谨慎（或稳健）的态度，必须选择避免高估资产和收益的会计处理。谨慎性原则也称“稳健性原则”或“审慎性原则”。

市场经济总是与风险相伴。为增强企业抗风险能力，避免风险一旦发生对企业正常生产经营造成严重影响，应对可能发生的损失和费用做出合理的预计，并提前在损益中予以确认。谨慎性原则的总体要求是：预计可能的费用和损失，不预计可能的收入。目前我国对应收账款计提坏账准备、对固定资产采用加速折旧法等，都是谨慎性原则的体现。如某一经济业务有多种处理方法可供选择时，应采取不导致夸大资产，虚增利润的方法。

谨慎性原则的目的在于避免虚夸资产和收益，抑制由此给企业带来的风险。谨慎性原则并不能与蓄意隐瞒利润、逃避纳税画上等号，因此，谨慎性会计方法的运用应当受到相应的规范。

八、及时性

“企业对于已经发生的交易或者事项，应当及时进行会计确认、计量和报告，不得提前或者延后。”会计核算工作要讲求实效，及时处理各项经济业务事项，以便于会计信息的及时利用。时过境迁的会计信息对决策者是无用的。

在市场经济条件下，企业竞争日趋激烈，各方面对会计信息的及时性要求越来越高，因而就要求企业要及时收集、加工和传递会计信息。如果会计核算不及时，就很难准确地反映企业在某一时点上的财务状况和一定时期的经营成果及现金流量。如果企业要通过提前或延后确认收入、费用,来人为地调节利润,会造成会计信息失真,这是绝对不允许的。各国对于财务会计报告的提供周期和报告时间都有规定。例如,我国要求上市公司定期进行信息披露,应在会计年度前3个月、9个月结束后的30日内编制并披露季度报告,在会计年度上半年结束后的2个月内编制半年度报告,在会计年度结束后的4个月内编制并报送年度报告。

自测题

一、单项选择题

1. 下列各项中,不属于反映会计信息质量要求的是(　　)。

A. 会计核算方法一经确定不得随意变更

B. 会计核算应当注重交易和事项的实质

C. 会计核算应当以权责发生制为基础

D. 会计核算应当以实际发生的交易或事项为依据

2. 对某一会计事项有多种不同方法可供选择时,应尽可能选择可以避免虚增企业利润的会计处理方法,这样做所遵循的原则是(　　)。

A. 重要性原则　B. 谨慎性原则　C. 权责发生制原则　D. 配比原则

3. (　　)原则是指会计处理方法前后各期应当保持一致,不得随意变更。

A. 可靠性　B. 相关性　C. 可比性　D. 重要性

4. 下列各项中,要求企业应当按照交易或者事项的经济实质进行会计确认、计量和报告,不应仅以交易或者事项的法律形式为依据的会计质量要求的是(　　)。

A. 及时性　B. 重要性　C. 可靠性　D. 实质重于形式

5. 下列各项中,要求企业提供的会计信息应当反映与企业财务状况、经营成果和现金流量有关的所有重要交易或者事项的会计信息质量要求是(　　)。

A. 重要性　B. 及时性　C. 相关性　D. 可理解性

6. 会计核算应该按照规定的会计处理方法进行,会计指标应当口径一致,这是会计信息质量的(　　)要求。

A. 客观性　B. 相关性　C. 可比性　D. 稳健性

7. 企业应当以实际发生的交易或者事项为依据进行确认、计量和报告,如实反映符合确认和计量要求的各项会计要素及其他相关信息,保证会计信息真实可靠、内容完整、体现的是会计信息质量要求的(　　)。

A. 可靠性　B. 相关性　C. 可理解性　D. 可比性

8. 下列各项中,要求企业合理核算可能发生的费用和损失的会计信息质量要求是(　　)。

A. 可比性　B. 及时性　C. 重要性　D. 谨慎性

9. 要求企业提供的会计信息应当相互可比,保证同一企业不同时期可比,不同企业相同会计期间可比,以上描述的是会计信息质量要求的(　　)。

A. 及时性　B. 可比性　C. 实质重于形式　D. 重要性

10. 企业将采用融资租赁方式租入的固定资产作为自有资产入账，主要体现的信息质量要求是(　　)。

A. 及时性　　B. 谨慎性　　C. 实质重于形式　　D. 可靠性

11. 将本年全额计提坏账准备计入当期损益，当下一年收回账款作为收益，违背了下列(　　)原则。

A. 实质重于形式　　B. 重要性　　C. 谨慎性　　D. 可比性

12. 某企业8月份购入一台不需要安装的设备，因暂时不需用，截至当年年底该企业会计人员尚未将其入账，这违背了(　　)要求。

A. 重要性　　B. 客观性　　C. 及时性　　D. 明晰性

二、多项选择题

1. 下列不属于会计信息质量要求的有(　　)。

A. 货币计量　　B. 谨慎性　　C. 可比性　　D. 权责发生制

2. 下列各项中，体现谨慎性原则的有(　　)。

A. 对应收账款计提坏账准备

B. 在物价上涨时对发出存货采用先进先出法

C. 对固定资产采用加速折旧法

D. 在物价上涨时对发出存货采用加权平均法计价

3. 可靠性要求做到(　　)

A. 内容完整　　B. 数字准确　　C. 资料可靠　　D. 对应关系清楚

4. 下列会计处理方法体现谨慎性要求的有(　　)

A. 对周转材料的摊销采用一次摊销法

B. 无形资产计提减值准备

C. 固定资产采用加速折旧法计提折旧

D. 存货期末计价采用成本与可变现净值孰低法

5. 会计核算中，及时性原则是指(　　)

A. 及时收集会计信息　　B. 及时处理会计信息

C. 及时传递会计信息　　D. 及时调整会计政策

6. 下列各项中，属于会计信息质量的可比性要求的有(　　)

A. 同一企业不同时期可比　　B. 不同企业相同会计期间可比

C. 不同企业不同会计期间可比　　D. 不同企业相同经济业务可比

三、判断题

1. 可靠性要求企业提供的会计信息应当反映与企业财务状况、经营成果和现金流量有关的所有重要交易或者事项。(　　)

2. 谨慎性要求企业对交易或事项进行会计确认、计量和报告时保持应有的谨慎，不应高估资产或者收益、低估负债或者费用。(　　)

3. 为了满足会计信息可比性要求，企业不得变更会计政策。(　　)

4. 相关性要求企业的会计信息应当清晰明了，简明扼要，数据记录和文字说明能一目了然地反映出经济活动的来龙去脉。(　　)

5. 对于次要的会计信息，在不影响会计信息真实性和不至于误导使用者作出正确判

断的前提下，可以适当合并，简化处理。（ ）

6. 及时性意味着企业可以提前进行确认、计量和报告。（ ）

7. 企业为减少本年度亏损而调减资产减值准备金额，体现了会计信息质量谨慎性要求。（ ）

第七节 借贷记账法

一、借贷记账法的含义

借贷记账法是以“借”和“贷”为记账符号，按照“有借必有贷，借贷必相等”的记账规则，对每一笔经济业务，都必须在两个或两个以上相互联系的账户中以相等的金额进行记录的一种复式记账法。

借贷记账法的科学性在于它可以全面地、相互联系地反映会计要素的增减变化情况，并根据会计要素中客观存在的恒等关系，检查账户记录的正确性。其理论依据是“资产＋费用＝负债＋所有者权益＋收入”会计方程式所包含的经济内容和数学上的恒等关系。

二、借贷记账法的符号

借贷记账法是以“借”“贷”为记账符号，用“借”“贷”来表明经济业务应记入有关账户的方向。

“借”“贷”两字的原始含义最初是从借贷资本家的角度来解释的，分别表示债权（应收款）和债务（应付款）的增减变动。借贷资本家对收进的存款记在贷主的名下，表示债务，对付出的放款记在借主的名下，表示债权，这时候“借”“贷”两字表示债权、债务的变化。随着社会经济的发展，经济活动的内容日益复杂，记录的经济业务已不再局限于货币资金的借贷业务，而逐渐扩展到财产物资、经营损益等等。为了求得账户记录的统一，对非货币资金借贷业务，也以“借”“贷”两字记录其增减变动情况。

因此，现在讲的“借”“贷”已失去原来的字面含义，只作为记账符号使用，用以标明记账的方向。在借贷记账法下，它只是两个抽象的符号，而且在不同性质的账户中“借”“贷”所反映的经济业务变化结果是不同的。

三、借贷记账法下账户的结构

在借贷记账法下，账户按会计要素分设资产、负债、所有者权益、收入、费用和利润等六大类，各类账户的左方统一称为“借方”，右方统一称为“贷方”。借贷记账法账户的结构是指账户的借方登记什么内容，贷方登记什么内容，余额应在哪一方。但哪一方登记增加，哪一方登记减少，则要根据账户所反映的经济内容决定，即由账户的性质决定登记的方法。下面就不同性质的账户结构，分别予以说明。

（一）资产类账户

资产类账户的借方记录资产的增加数，贷方记录资产的减少数，余额一般在账户的借方，表明期末资产的结存数。

（二）负债类账户

负债类账户的贷方记录负债的增加数，借方记录负债的减少数，余额一般在账户的贷方，表示期末负债的净额。

（三）所有者权益类账户

所有者权益类账户的贷方记录所有者权益的增加数，借方记录所有者权益的减少数，余额一般在账户的贷方，表示所有者权益的余额。

（四）收入类账户

收入的增加视同所有者权益的增加，因此，收入类账户的结构与所有者权益类账户的结构相似，但又有区别，收入类账户没有期初余额和期末余额，只有本期发生额。其贷方记录收入的增加数，借方记录收入的减少数或转销数，期末结转后没有余额。

（五）费用类账户

费用的增加视同所有者权益的减少，因此，费用类账户的结构与所有者权益类账户的结构相反，即费用的增加记录在账户的借方，费用的减少或转销记录在账户的贷方，期末一般没有余额。

（六）利润类账户

利润账户属于所有者权益账户，其贷方登记增加利润的各项收入，借方登记减少利润的各项费用和成本，期末余额在借方表示亏损总额，期末余额在贷方表示利润净额。

以上六类账户的结构及其“借”“贷”的含义、余额的方向如图 1-5 所示。

资产类账户

借方	贷方
期初余额	
本期增加数	本期减少数
本期发生额	本期发生额
期末余额	

负债类账户

借方	贷方
	期初余额
本期减少数	本期增加数
本期发生额	本期发生额
	期末余额

所有者权益类账户

借方	贷方
	期初余额
本期减少数	本期增加数
本期发生额	本期发生额
	期末余额

收入类账户

借方	贷方
本期减少数	本期增加数
本期发生额	本期发生额

费用类账户

借方	贷方
本期增加数	本期减少数
本期发生额	本期发生额

利润类账户

借方	贷方
	期初余额
本期减少数	本期增加数
本期发生额	本期发生额
	期末余额

图 1-5　六类账户的基本结构

四、借贷记账法的记账规则

借贷记账法的记账规则是"有借必有贷，借贷必相等"。"有借必有贷"是指发生任何一项经济业务，都必须在两个或两个以上的账户中同时做出登记，即在一个(或一个以上)的账户中做借方记录，在另一个(或一个以上)的账户中做贷方记录。"借贷必相等"是指同一项经济业务在有关账户中记录时，记录借方账户的金额必然等于记入贷方账户的金额。借贷记账法的记账规则是根据资金运动的规律加以确定的。

假设 12 月 3 日，企业从银行借入短期借款 20 000 元，存入银行。

该项经济业务的发生，一方面使资产中的"银行存款"增加了 20 000 元，另一方面使负债中的"短期借款"也增加了 20 000 元，企业的资产和负债总额同时增加了 20 000 元。该例中涉及"银行存款"和"短期借款"两个账户，按借贷记账法的记账规则，对该项经济业务应该在账户中做如图 1-6 所示记录。

短期借款

借方	贷方
	期初余额　100 000
	20 000

银行存款

借方	贷方
期初余额　80 000	
20 000	

图 1-6　借贷记账法记账规则

在运用借贷记账法确定记账方向和进行会计记录时，应考虑三个问题：

(1) 经济业务的发生对哪些会计要素产生影响；

(2) 确定经济业务涉及哪些会计科目，会计科目的性质；

(3) 根据会计科目反映内容的增减，确定应记入的方向及金额。

五、会计分录和账户的对应关系

会计分录是运用复式记账法把经济业务所涉及的会计科目、借贷方向及金额按一定的格式所做的记录，也就是经济业务发生后应记入什么账户，是记入借方还是贷方以及记入多少金额的一种文字记录。

会计分录的书写格式是：先借后贷，借贷错开；上借下贷，借贷平衡。在实际工作中，通常采用会计分录将发生的经济业务简明扼要地记录下来，一般是通过编制记账凭证来完成这项工作的。

以亿优公司 2019 年 3 月发生的经济业务为例，运用借贷记账法的记账规则说明会计分录的编制方法。

亿优公司 3 月 1 日资产负债表情况如表 1－12 所示。

表 1－12　资产负债表

单位名称：亿优有限责任公司　　2019 年 3 月 1 日　　单位：元

资　产	金　额	负债及所有者权益	金　额
库存现金	5 000	应付账款	30 000
银行存款	75 000	应付职工薪酬	2 000
原材料	64 000	实收资本	240 000
库存商品	150 000	利润分配	52 000
固定资产	30 000		
总　计	324 000	总　计	324 000

【例 1－11】　3 月 1 日，收到投资者追加投资现金 100 000 元，存入银行。

该项经济业务的发生涉及资产类的“银行存款”增加，所有者权益类的“实收资本”增加。按照资产类账户的结构，“银行存款”的增加记入借方，按照所有者权益类账户的结构，“实收资本”的增加记入贷方。编制会计分录如下：

借：银行存款　　100 000

　　贷：实收资本　　100 000

【例 1－12】　3 月 4 日，采购生产用材料一批，价值 50 000 元，货款以银行存款支付。

该项经济业务的发生涉及资产类的“原材料”增加，资产类的“银行存款”减少。按照资产类账户的结构，“原材料”的增加记入借方；按照资产类账户的结构，“银行存款”的减少记入贷方。编制会计分录如下：

借：原材料　　50 000

　　贷：银行存款　　50 000

【例 1－13】　3 月 7 日，以现金 2 000 元支付员工工资。

该项经济业务的发生涉及资产类的“库存现金”减少，负债类的“应付职工薪酬”减少。按照资产类账户的结构，“库存现金”的减少记入贷方；按照负债类账户的结构，“应付职工薪酬”的减少记入借方。编制会计分录如下：

借:应付职工薪酬　　2 000

　　贷:库存现金　　2 000

【例 1-14】 3 月 10 日,采购原材料一批,价值 120 000 元,其中,以银行存款付款 80 000 元,其余 40 000 元货款尚未支付。

该项经济业务的发生涉及资产类的"原材料"增加,资产类的"银行存款"减少,负债类的"应付账款"增加。按照资产类账户的结构,"原材料"的增加记入借方;按照资产类账户的结构,"银行存款"的减少记入贷方;按照负债类账户的结构,"应付账款"的增加记入贷方。编制会计分录如下:

借:原材料　　120 000

　　贷:银行存款　　80 000

　　　　应付账款　　40 000

【例 1-15】 3 月 13 日,将销售产品的收入 160 000 元,存入银行。

该项经济业务的发生涉及资产类的"银行存款"增加,收入类的"主营业务收入"增加。按照资产类账户的结构,"银行存款"的增加记入借方;按照收入类账户的结构,"主营业务收入"的增加记入贷方。编制会计分录如下:

借:银行存款　　160 000

　　贷:主营业务收入　　160 000

【例 1-16】 3 月 16 日,以银行存款归还前欠购材料的货款 30 000 元。

该项经济业务的发生涉及资产类的"银行存款"减少,负债类的"应付账款"减少。按照资产类账户的结构,"银行存款"的减少记入贷方;按照负债类账户的结构,"应付账款"的减少记入借方。编制会计分录如下:

借:应付账款　　30 000

　　贷:银行存款　　30 000

【例 1-17】 3 月 30 日,结转本月已销产品的生产成本 100 000 元。

该项经济业务的发生涉及资产类的"库存商品"减少,费用类的"主营业务成本"增加。按照资产类账户的结构,"库存商品"的减少记入贷方;按照费用类账户的结构,"主营业务成本"的增加记入借方。编制会计分录如下:

借:主营业务成本　　100 000

　　贷:库存商品　　100 000

【例 1-18】 3 月 30 日,计算本月应付销售部门职工工资 2 500 元。

该项经济业务的发生涉及费用类的"销售费用"增加,负债类的"应付职工薪酬"增加。按照费用类账户的结构,"销售费用"的增加记入借方;按照负债类账户的结构,"应付职工薪酬"的增加记入贷方。编制会计分录如下:

借:销售费用　　2 500

　　贷:应付职工薪酬　　2 500

在借贷记账法下,要求对每一项经济业务都要在两个或两个以上的相互联系的账户中进行登记。这样,所记账户之间就形成了一定的对应关系,账户之间的这种相互对应的关系,称为账户的对应关系。发生对应关系的账户,称为对应账户。该例中"银行存款"账户与"原材料"账户是对应账户,"原材料"账户与"应付账款"账户是对应账户。通过账户的对应关系，可以对每笔经济业务的内容及其来龙去脉一目了然。

根据以上举例，分别记入有关账户，进一步说明复式记账法的具体运用和不同性质账户的结构。这一过程，会计实务称为过账。根据 3 月份发生的经济业务编制的会计分录过入有关账户，如图 1-7 所示。

库存现金

借方		贷方	
期初余额	5 000		
		(3)	2 000
发生额	0	发生额	2 000
期末余额	3 000		

银行存款

借方		贷方	
期初余额	75 000		
(1)	100 000	(2)	50 000
(5)	160 000	(4)	80 000
		(6)	30 000
发生额	260 000	发生额	160 000
期末余额	175 000		

原材料

借方		贷方	
期初余额	64 000		
(2)	50 000		
(4)	120 000		
发生额	170 000	发生额	0
期末余额	234 000		

固定资产

借方		贷方	
期初余额	30 000		
发生额	0	发生额	0
期末余额	30 000		

库存商品

借方		贷方	
期初余额	150 000		
		(7)	100 000
发生额	0	发生额	100 000
期末余额	50 000		

应付账款

借方		贷方	
		期初余额	30 000
(6)	30 000	(4)	40 000
发生额	30 000	发生额	40 000
		期末余额	40 000

应付职工薪酬

借方		贷方	
		期初余额	2 000
(3)	2 000	(8)	2 500
发生额	2 000	发生额	2 500
		期末余额	2 500

实收资本

借方	贷方
	期初余额 240 000
	(1) 100 000
发生额 0	发生额 100 000
	期末余额 340 000

利润分配

借方	贷方
	期初余额 52 000
发生额 0	发生额 0
	期末余额 52 000

主营业务成本

借方	贷方
(7) 100 000	
发生额 100 000	发生额 0
期末余额 100 000	

主营业务收入

借方	贷方
	(5) 160 000
发生额 0	发生额 160 000
	期末余额 160 000

图 1-7　借贷记账法账户结构

六、借贷记账法的试算平衡

试算平衡是根据各会计要素间的平衡关系来检查各类账户的记录是否正确的一种验证方法。借贷记账法对全部经济业务记录的试算，是一种借贷直接平衡。

借贷直接平衡包括两个方面：一是全部账户的借方发生额合计与全部账户的贷方发生额合计相等，即发生额平衡法；二是全部账户的期末借方余额合计与全部账户的期末贷方余额合计相等，即余额平衡法。因此，有两种方法编制试算平衡表。

（一）本期发生额试算平衡法

采用这种方法是根据借贷记账法的“有借必有贷，借贷必相等”的记账规则进行的。因为发生的每笔经济业务在账户中的记录都是借方发生额等于贷方发生额，全部经济业务在账户中的记录，也必然是借方发生额合计等于贷方发生额合计。用公式表示如下：

$$\sum \text{全部账户借方本期发生额} = \sum \text{全部账户贷方本期发生额}$$

（二）期末余额试算平衡法

采用这种方法是根据会计平衡公式“资产＝负债＋所有者权益”的原理进行的。因为账户的借方余额表示资产性质，账户的贷方余额表示负债或所有者权益性质，因此，全部账户的期末借方余额合计等于全部账户的期末贷方余额合计，实质上就是资产等于负债加所有者权益。用公式表示如下：

$$\sum \text{全部账户的借方余额} = \sum \text{全部账户的贷方余额}$$

根据前表 1-12 和【例 1-11】至【例 1-18】举例，编制试算平衡表如表 1-13 所示。

表 1-13　账户发生额及余额试算平衡表

单位名称：亿优有限责任公司　　　2019 年 3 月 31 日　　　单位：元

账户名称	期初余额		本期发生额		期末余额	
	借方	贷方	借方	贷方	借方	贷方
库存现金	5 000			2 000	3 000	
银行存款	75 000		260 000	160 000	175 000	
原材料	64 000		170 000		234 000	
库存商品	150 000			100 000	50 000	
固定资产	30 000				30 000	
应付账款		30 000	30 000	40 000		40 000
应付职工薪酬		2 000	2 000	2 500		2 500
实收资本		240 000		100 000		340 000
利润分配		52 000				52 000
主营业务收入				160 000		160 000
主营业务成本			100 000		100 000	
销售费用			2 500		2 500	
合　　计	324 000	324 000	564 500	564 500	594 500	594 500

总分类账户发生额及余额试算平衡表中的数字根据登记的每一个总账账户的期初余额、借方发生额、贷方发生额、期末余额抄列。其中，期初余额根据上月末的资产负债表的期末数抄列，本期发生额的借贷方金额根据本期发生的金额汇总填列，汇总时按会计科目的借方和贷方分别汇总，期末余额根据各总分类账的期末余额填列。

应当指出，通过试算平衡表的编制可以检查出账户记录的错误，但并非所有账户记录中的错误都能利用试算平衡的方法予以揭露，如经济业务漏记、会计科目用错、经济业务重复记账等就不能揭示。为了纠正账簿记录中的这些错误，还必须定期或不定期地进行其他会计检查，以保证账簿记录的正确性。

自测题

一、单项选择题

1. 复式记账法对每项经济业务都以相等的金额在(　　)账户中进行登记。

A. 一个　　　　B. 两个或两个以上

C. 两个　　　　D. 有关

2. 根据(　　)的原理，对账户记录进行试算平衡。

A. 会计要素划分的类别　　　　B. 所发生经济业务的内容

C. 账户结构　　　　　　　　　　　　D. 会计等式

3. 借:银行存款　　20 000

　　贷:短期借款　　20 000

该会计分录体现的经济业务的内容是(　　)。

A. 以银行存款20 000元偿还短期借款

B. 收到某企业前欠货款20 000元

C. 向银行取得短期借款20 000元

D. 收到某企业投入货币资金20 000元

4. 下列关于借贷记账法的说法中,错误的是(　　)。

A. 以"借"和"贷"为记账符号

B. 以"资产=负债+所用者权益"为记账原理

C. 以"有借必有贷,借贷必相等"为记账规则

D. 无论哪种账户,借方表示增加,贷方表示减少

二、多项选择题

1. 在借贷记账法下,账户的借方登记(　　)。

A. 资产的增加　　　　　　　　　　B. 费用的增加

C. 收入的减少　　　　　　　　　　D. 所有者权益的增加

2. 在借贷记账法下,账户的贷方登记(　　)。

A. 资产的减少　　　　　　　　　　B. 收入的减少

C. 费用的减少　　　　　　　　　　D. 所有者权益的减少

3. 下列有关借贷记账法记账规则的说法中,正确的有(　　)。

A. 对任何类型的经济业务,都一律采用"有借必有贷,借贷必相等"的规则

B. 不论是一借多贷、一贷多借,还是多借多贷,借贷双方的金额必须相等

C. 运用借贷记账法记账,在有关账户之间都会形成应借、应贷的相互关系

D. 按照这一记账规则登账的结果是,账户的借方发生额合计与贷方发生额合计必然相等

4. 编制会计分录时必须考虑(　　)。

A. 经济业务发生涉及的会计要素是增加还是减少

B. 在账簿中登记借方还是贷方

C. 登记在账户的借方还是贷方

D. 账户的余额是在借方还是贷方

5. 借贷记账法的试算平衡方法有(　　)。

A. 发生额平衡　　B. 余额平衡　　C. 会计要素平衡　　D. 借贷平衡

三、会计实务题

1. 某企业12月发生如下经济业务:

(1) 收到长林公司投资的设备一台,价值3 000 000元。

(2) 行政管理部门以现金购买办公用品一批,价值500元。

(3) 向中发公司采购D材料一批,货款为100 000元,以银行存款支付,材料已到达企业。

(4) 生产车间为生产 A 产品领用材料一批 9 400 元。
(5) 向大兴公司销售 A 产品一批，售价为 200 000 元。商品已发出，款项暂未收到。
(6) 结转上述 A 产品的销售成本 150 000 元。
(7) 以银行存款支付广告费 1 800 元。
(8) 收到违约罚款收入 6 400 元。
(9) 预提应由本月负担的短期借款利息 3 500 元。
(10) 企业销售积压的原材料，价款 5 400 元，款项均已收存银行。
(11) 以银行存款归还短期借款本金 100 000 元。
(12) 企业计算应交纳的所得税为 90 000 元。
要求：运用借贷记账法原理编制会计分录。
2. 某企业 3 月份发生如下经济业务，请用借贷记账法编制会计分录：
(1) 从银行存款提取现金 2 000 元，以备零用。
(2) 收到投资者投入的资金 50 000 元，存入银行。
(3) 以银行存款 2 000 元，缴纳所得税。
(4) 购买材料一批，价款 5 000 元，材料已入库，款未付。
(5) 收到购货单位偿还的前欠货款 5 000 元，存入银行。
(6) 从银行取得半年期的借款 20 000 元，存入银行。
(7) 用银行存款 10 000 元，购买一台设备。
(8) 将资本公积 4 000 元转增资本。
(9) 销售产品一批，价款 6 000 元，收到款项存入银行。
(10) 将多余现金 1 000 元存入银行。

第二章

资金筹集业务的核算

企业的经济活动离不开资产要素，业务活动的流程也就是企业资产不断流转的过程，而企业的成立并独立的运营首先需要的就是资本的投入，即资金筹集业务。

企业资金筹集业务按其资金的来源通常分为投资者权益资金筹集业务和债权人权益资金筹集业务。投资者权益资金的筹集为投资者对企业的投资及其增值，此部分资本的所有者既享有企业的经营收益，也承担企业的经营风险；债权人权益资金的筹集为企业向债权人借入的资金和结算形成的负债资金等，此部分资本的所有者享有按照合同或者协议收回本金和利息的权利。投资者将资金投入企业进而对企业资产所形成的要求权为企业的所有者权益，债权人将资金借给企业进而对企业资产所形成的要求权为企业的负债，二者统称为权益。

第一节　所有者投入资金的核算

一、投入资本的性质

企业要进行经营，必须要有一定的“本钱”。投资者设立企业，首先必须投入资本。投入资本是指投资者投入到企业中的各种资产的价值，包括实收资本（或股本）和资本公积。

（一）实收资本（或股本）

实收资本（或股本）是指企业的投资者按照企业章程、合同或协议的约定，实际投入企业的资本金以及按照相关规定由资本公积、盈余公积等转增资本的资金，以此形成企业的注册资本（或股本）。实收资本（股本）的构成比例，即投资者的出资比例或股东的股份比例，通常是确定所有者在企业所有者权益中所占份额和参与企业经营决策的基础，也是企业进行利润分配或股利分配的主要依据，同时还是企业清算时确定所有者对企业净资产要求权的主要依据。

所有者投入的资本按照投资主体的不同可以分为国家资本金、法人资本金、个人资本金和外商资本金等。

（二）资本公积

资本公积是企业收到投资者投入的超出其在企业注册资本（或股本）中所占份额的投资，以及直接计入所有者权益的利得和损失等。资本公积包括资本溢价（股本溢价）和其他资本公积。资本公积作为企业所有者权益的重要组成部分，主要用于转增资本。

在两个以上投资者合资经营的企业（不含股份有限公司）中，投资者通常依其出资额对企业承担有限责任，在企业创立时，投资者认缴的出资额一般与注册资本一致，不会产生资本公积。但在企业重组或有新的投资者加入时，为了维护原投资者的权益，新加入的投资者的出资额，并不一定全部作为实收资本处理。这是因为在企业正常生产经营后，其资本利润率通常要高于企业初创阶段。另外，企业可能有内部积累，如从净利润中提取的盈余公积、未分配利润等，新投资者加入企业后，对这些积累也要分享，所以新加入的投资者往往要付出大于原投资者的出资额，才能取得与原投资者相同的出资比例。投资者多缴的部分就形成了资本溢价。投资者投入的按其在注册资本中所占份额计算的出资额计入“实收资本”科目，差额部分应计入“资本公积——资本溢价”科目。

此外，其他资本公积是指除资本溢价（或股本溢价）、净损益、其他综合收益和利润分配以外所有者权益的其他变动。比如，企业长期股权投资采用权益法核算时，因被投资单位除净损益、其他综合收益和利润分配以外所有者权益的其他变动，投资企业按应享有份额而增加或减少的资本公积，直接计入投资方所有者权益“资本公积——其他资本公积”。

二、账户设置

企业通常设置以下账户对所有者权益筹资业务进行核算。

（一）“实收资本”或“股本”账户

“实收资本”账户（股份有限公司一般设置“股本”账户）属于所有者权益类账户，用以核算企业接受投资者投入的实收资本。该账户贷方登记所有者投入企业资本的增加额，借方登记所有者投入企业资本的减少额。期末余额在贷方，反映企业期末实收资本（或股本）的总额。该账户可按投资者的不同设置明细账户，进行明细核算。当企业收到投资者作为资本投入的货币资金、有形资产和无形资产时，借记“银行存款”“原材料”“固定资产”“无形资产”等账户，贷记“实收资本（或股本）”；按照规定减少注册资本时，借记“实收资本（或股本）”账户，贷记“银行存款”等账户。

（二）“资本公积”账户

“资本公积”账户属于所有者权益类账户，用以核算企业收到投资者出资额超出其在注册资本或股本中所占份额的部分，以及直接计入所有者权益的利得和损失等。该账户贷方登记资本公积的增加额，借方登记资本公积的减少额。期末余额在贷方，反映企业期末资本公积的结余数额。该账户可按资本公积的来源不同，分为“资本溢价（或股本溢价）”与“其他资本公积”进行明细核算。当企业接受投资者投入的资本等形成资本公积时，借记有关账户，贷记“实收资本”和“资本公积——资本溢价（或股本溢价）”；当资本公积转增资本时，借记“资本公积”，贷记“实收资本”账户。

（三）“库存股”账户

“库存股”账户属于所有者权益类账户，用以核算股份有限公司采用回购本公司股票方式减少股本的业务。该账户借方登记回购本公司股票所付出的代价，贷方登记转让或注销本公司股票的面值总额。期末余额在借方，反映收购后尚未处理的本公司股份当初的收购代价。“库存股”属于“股本”的备抵账户。

三、账务处理

（一）收到投资者投入资本

企业对收到的投入资本应按实际投资额入账，以货币资金投资的，应按企业实际收到的款项作为投资者的投资额入账；以固定资产、存货、无形资产等非货币性资产投资的，应按双方认可的评估价值作为实际投资额入账。对于实际收到的货币资金或投资各方确认的资产价值超过其在注册资本中所占份额的部分，应记入资本公积。

需要注意的是，企业的组织形式不同，则所有者投入资本的会计处理方法也不同。

1. 有限责任公司收到投入资本

【例 2-1】 2019 年 1 月 1 日，亿优公司收到国家投资 100 000 元，存入银行。

编制会计分录如下：

借：银行存款	100 000	
贷：实收资本——国家投资		100 000

【例 2-2】 1 月 13 日，亿优公司收到美佳公司投入生产设备一台，双方协商按照设备的评估价值 200 000 元作为投入资本入账。

编制会计分录如下：

借：固定资产——设备	200 000	
贷：实收资本——美佳公司		200 000

【例 2-3】 1 月 20 日，亿优公司收到蓝天公司投入专利权一项，评估价为 60 000 元，该项投资占注册资本的份额为 50 000 元。

编制会计分录如下：

借：无形资产——专利权	60 000	
贷：实收资本——蓝天公司		50 000
资本公积——资本溢价		10 000

【例 2-4】 甲、乙、丙共同投资设立 A 有限责任公司，注册资本为 3 000 000 元，甲、乙、丙持股比例分别为 60%、25% 和 15%。按照章程规定，甲、乙、丙投入资本分别为 1 800 000元、750 000 和 450 000 元。A 有限责任公司已如期收到各投资者一次缴足的款项。

编制会计分录如下：

借：银行存款	3 000 000	
贷：实收资本——甲		1 800 000

　　——乙　　750 000

　　——丙　　450 000

2. 股份有限公司收到投入资本

【例 2－5】 A 股份有限公司发行普通股 10 000 000 股，每股面值 1 元，每股发行价格 5 元。假定股票发行成功，款项 50 000 000 元已全部收到，不考虑发行过程中的税费等因素。

编制会计分录如下：

借：银行存款　　50 000 000

　贷：股本　　10 000 000

　　资本公积——股本溢价　　40 000 000

【例 2－6】 B 股份有限公司对外发行股票 10 000 000 股，每股面值 1 元，发行价为每股 10 元，发行费用为 5 000 000 元，发行股票的款项已通过划转到账。

编制会计分录如下：

借：银行存款　　9 5 000 000

　贷：股本　　10 000 000

　　资本公积——股本溢价　　85 000 000

（二）减少实收资本

有限责任公司按法定程序报经批准减少注册资本的，账务处理比较简单，借记“实收资本”账户，贷记“库存现金”“银行存款”等账户。

【例 2－7】 A 有限责任公司拟与 B 有限责任公司合并，在合并协议达成时，A 公司股东甲表示强烈反对，但其他股东无人愿意接受其股权。甲要求公司收购其股权。一个月后，公司开出支票支付 300 万收购甲的股权(其出资额为 300 万)。

编制会计分录如下：

借：实收资本——甲　　3 000 000

　贷：银行存款　　3 000 000

股份有限公司采用回购本公司股票方式减资的，通过“库存股”账户核算回购股份的金额。因减少注册资本而回购本公司股票时，按实际支付的金额，借记“库存股”账户，贷记“银行存款”等账户。注销库存股时，应按股票面值和注销股数计算的股票面值总额，借记“股本”账户，按注销库存股的账面余额，贷记“库存股”账户，按其差额，借记“资本公积——股本溢价”账户。股本溢价不足冲减的，应依次借记“盈余公积”“利润分配——未分配利润”账户。如果购回股票支付的价款低于面值总额的，应按股票面值总额，借记“股本”账户，按所注销的库存股账面余额，贷记“库存股”账户，按其差额，贷记“资本公积——股本溢价”账户。

【例 2－8】 A 上市公司 2018 年 12 月 31 日的股本为 100 000 000 股，面值为 1 元，资本公积(股本溢价)30 000 000 元，盈余公积 40 000 000 元。经股东大会批准，A 上市公司以银行存款回购本公司股票 20 000 000 股并注销。假定 A 上市公司按每股 2 元回购股票，不考虑其他因素，A 上市公司应编制会计分录如下：

(1) 回购本公司股份时:

借:库存股　　40 000 000

　贷:银行存款　　40 000 000

(2) 注销本公司股票时:

借:股本　　20 000 000

　资本公积——股本溢价　　20 000 000

　贷:库存股　　40 000 000

【例2-9】 承【例2-8】,假定A上市公司按每股3元回购股票,其他条件不变,A上市公司应编制会计分录如下:

(1) 回购本公司股票时:

借:库存股　　60 000 000

　贷:银行存款　　60 000 000

(2) 注销本公司股票时:

借:股本　　20 000 000

　资本公积——股本溢价　　30 000 000

　盈余公积　　10 000 000

　贷:库存股　　60 000 000

(三) 资本公积转增资本

经股东大会或类似机构决议,用资本公积转增资本时,应冲减资本公积,同时按照转增资本前的实收资本(或股本)的结构或比例,将转增的金额记入"实收资本(或股本)"账户下各所有者的明细分类账。

【例2-10】 承【例2-4】,因扩大经营规模需要,经批准,A有限责任公司按原出资比例将资本公积1 000 000元转增资本。

编制会计分录如下:

借:资本公积　　1 000 000

　贷:实收资本——甲　　600 000

　　　　　　——乙　　250 000

　　　　　　——丙　　150 000

第二节　企业借入资金的核算

一、短期借款

(一) 短期借款概述

短期借款是指企业为了满足其生产经营活动对资金的临时需要而向银行或其他金融

机构等借入的期限在1年以内(含1年)的各种借款。一般情况下,企业取得短期借款是为了维持正常的生产经营活动或为了抵偿某项债务。短期借款必须按期归还本金并按时支付利息。短期借款的利息支出属于企业在理财活动过程中为筹集资金而发生的一项耗费,在会计核算中,企业应将其作为期间费用(财务费用)加以确认。

(二)账户设置

在进行短期借款本金和利息的核算时,需要设置"短期借款""财务费用"和"应付利息"等账户。

1."短期借款"账户

"短期借款"账户属于负债类账户。该账户贷方记录从银行或其他金融机构取得的短期借款本金数,借方记录短期借款本金的偿还数,本账户余额在贷方,表示期末尚未偿还的短期借款本金数。当企业借入各种短期借款时,借记"银行存款"账户,贷记本账户;当企业归还借款时,借记本账户,贷记"银行存款"账户。该账户可按借款种类、贷款人设置明细账户,进行明细核算。

2."财务费用"账户

"财务费用"账户属于损益类账户。该账户用来核算企业为了筹集生产经营所需资金等而发生的各项筹资费用,包括利息支出(减利息收入)、佣金、汇兑损失(减汇兑收益)以及相关的手续费、企业发生的现金折扣或收到的现金折扣等。该账户借方记录企业发生的各项财务费用,贷方记录会计期末结转至"本年利润"账户的当期全部财务费用。结转后,该账户期末一般没有余额。"财务费用"账户应按费用项目设置明细账户,进行明细分类核算。

3."应付利息"账户

"应付利息"账户属于负债类账户。该账户用来核算企业已经发生但尚未实际支付的利息费用。该账户的贷方登记预先按照一定的标准提取的应由本期负担的利息费用,借方登记实际支付的利息费用。期末余额在贷方,表示已经预提但尚未支付的利息费用。该账户可按照对方单位设置明细账户,进行明细分类核算。

(三)账务处理

1.短期借款取得时的账务处理

企业取得借款时,按照借款本金数,借记"银行存款"账户,贷记"短期借款"账户。

【例2-11】 亿优公司于2019年2月1日向银行借款120 000元,期限6个月,年利率为4.2%,款项已存入银行。

编制会计分录如下:

借:银行存款　　120 000

　　贷:短期借款　　120 000

2.计提和支付短期借款利息的账务处理

由于短期借款利息的支付方式和支付时间不同,会计处理的方法也有一些区别。如果银行对企业的短期借款按月计收利息,或者随着借款到期收回本金时一并收回利息,但利息数额不大,企业可以在收到银行计息通知或在实际支付利息时,直接将发生的利息费用计入当期损益;如果银行对企业的短期借款采取按季或半年等较长期间计收利息,或者是在借款到期收回本金时一并计收利息且利息数额较大,为了正确地计算各期损益,保持各个期间损益额的均衡性,企业通常按权责发生制核算要求,采取预提的方式按月预提借款利息,计入预提期间损益(财务费用),待季度或半年等结息期终了或到期支付利息时,再冲销应付利息这项负债。

期末计算借款利息时,借记"财务费用"账户,贷记"银行存款"或"应付利息"账户。偿还本金或利息时,借记"短期借款""应付利息"账户,贷记"银行存款"账户。采取预提方法核算短期借款利息费用时,如果实际支付的利息与预提的利息之间有差额,按已预提的利息金额,借记"应付利息"账户,按实际支付的利息金额与预提的金额的差额,借记"财务费用"账户,按实际支付的利息金额,贷记"银行存款"账户。

【例 2-12】 承【例 2-11】,假设上述借款每月末支付利息 420 元。

各月月末支付利息时,编制会计分录如下:

借:财务费用	420	
贷:银行存款		420

【例 2-13】 承【例 2-11】,假设上述借款利息分月预提,按季支付。

2 月末、3 月末分别编制会计分录如下:

借:财务费用	420	
贷:应付利息		420

另外,4 月末编制会计分录如下:

借:财务费用	420	
应付利息	840	
贷:银行存款		1 260

3. 短期借款归还的账务处理

企业归还短期借款时,应编制与借入短期借款相反的会计分录,即借记"短期借款"账户,贷记"银行存款"账户。

【例 2-14】 承【例 2-11】,7 月 31 日,短期借款到期,归还本金 120 000 元。

编制会计分录如下:

借:短期借款	120 000	
贷:银行存款		120 000

二、长期借款

(一) 长期借款概述

长期借款是指企业向银行及其他金融机构借入的偿还期限在 1 年以上或超过 1 年的一个营业周期以上的各种借款。一般来说,举借长期借款主要是为了满足构建固定资产、改扩建工程、大修理工程等需求。

（二）账户设置

长期借款按照实际收到的借款数额进行确认和计量。对于长期借款的利息可以进行利息费用化和利息资本化。为了核算长期借款本金和利息的取得和偿还情况，需要设置“长期借款”账户。

“长期借款”账户属于负债类账户。该账户的贷方记录从银行或其他金融机构取得的长期贷款，借方记录长期贷款的偿还数。本账户余额在贷方，表示期末尚未偿还的长期借款数额。该账户应分别设置“本金”“利息调整”等明细账户，进行明细分类核算。

（三）账务处理

长期借款的核算包括借款取得、期末计息和到期还本三个环节。

企业借入长期借款时，借记“银行存款”账户，贷记“长期借款”账户。

资产负债表日，按计算确定的长期借款的利息费用，借记“在建工程”“财务费用”等账户，贷记“应付利息”账户。

归还长期借款本金时，借记“长期借款”账户，贷记“银行存款”账户。

【例 2－15】 亿优公司为建造一幢厂房，于 2017 年 12 月 31 日借入期限为两年的长期借款 5 000 000 元，款项已存入银行。借款合同利率为 9%，实际利率与合同利率相同。每年付息一次，期满后一次还清本金。2018 年 1 月 1 日，以银行存款支付工程价款 3 000 000元；2019 年 1 月 1 日，又以银行存款支付工程款 2 000 000 元。该厂房于 2019 年 6 月 30 日完工，达到预定可使用状态。

假定不考虑其他因素，甲公司账务处理如下：

(1) 2017 年 12 月 31 日，取得借款时：

借：银行存款　　5 000 000

　贷：长期借款　　5 000 000

(2) 2018 年 1 月 1 日，支付工程款时：

借：在建工程　　3 000 000

　贷：银行存款　　3 000 000

(3) 2018 年 12 月 31 日，计算当年应计入工程成本的利息时：

应付利息＝5 000 000×9%＝450 000(元)

借：在建工程　　450 000

　贷：应付利息　　450 000

(4) 2018 年 12 月 31 日，支付借款利息时：

借：应付利息　　450 000

　贷：银行存款　　450 000

(5) 2019 年 1 月 1 日，支付工程款时：

借：在建工程　　2 000 000

　贷：银行存款　　2 000 000

(6) 2019 年 6 月 30 日，工程达到预定可使用状态时：

应付利息＝5 000 000×9%×6/12＝225 000(元)

借:在建工程　225 000

　　贷:应付利息　225 000

同时,

借:固定资产　5 675 000

　　贷:在建工程　5 675 000

(7) 2019 年 12 月 31 日,计算 2019 年 7—12 月利息时:

借:财务费用　225 000

　　贷:应付利息　225 000

(8) 2019 年 12 月 31 日,支付利息时:

借:应付利息　450 000

　　贷:银行存款　450 000

(9) 2019 年 12 月 31 日,偿还本金时:

借:长期借款　5 000 000

　　贷:银行存款　5 000 000

第三节　公司债券

公司债券是指企业为筹集资金而依照法定程序发行、约定在一定日期还本付息的有价证券。企业根据国家有关规定,在符合条件的前提下,经批准可以发行公司债券、可转换公司债券、认股权和债券分离交易的可转换公司债券等金融工具。本章以一般公司债券为例说明应付债券的账务处理。

应付债券的核算包括公司债券的发行、利息调整的摊销和债券的偿还三个环节。

一、公司债券的发行

公司债券的发行方式有三种,即溢价发行、折价发行、面值发行。假设不考虑其他条件,债券的票面利率高于市场利率时,可按超过债券票面价值的价格发行,称为溢价发行。溢价是企业以后各期多付利息而事先得到的补偿。如果债券的票面利率低于市场利率,可按低于债券票面价值的价格发行,称为折价发行。折价是企业以后各期少付利息而预先给投资者的补偿。如果债券的票面利率与市场利率相同,可按票面价值的价格发行,称为面值发行。溢价或折价实质上是发行债券企业在债券存续期内对利息费用的一种调整。

无论是按面值发行,还是溢价发行或折价发行。企业发行债券时,按实际收到的款项,借记“银行存款”等科目,按债券票面价值,贷记“应付债券——面值”科目,按实际收到的款项与票面价值之间的差额,贷记或借记“应付债券——利息调整”科目。

二、利息调整的摊销

利息调整应在债券存续期间内采用实际利率法进行摊销。

企业发行的债券通常分为到期一次还本付息和分期付息、一次还本两种。在资产负债表日，对于分期付息、一次还本的债券，企业应按应付债券的摊余成本和实际利率计算确定的债券利息费用，借记“在建工程”“制造费用”“财务费用”等科目，按票面利率计算确定的应付未付利息，贷记“应付利息”科目，按其差额，借记或贷记“应付债券——利息调整”科目。

对于一次还本付息的债券，企业应于资产负债表日按摊余成本和实际利率计算确定的债券利息费用，借记“在建工程”“制造费用”“财务费用”等科目，按票面利率计算确定的应付未付利息，贷记“应付债券——应计利息”科目，按其差额，借记或贷记“应付债券——利息调整”科目。

三、债券的偿还

采用一次还本付息方式的，企业应于债券到期支付债券本息时，借记“应付债券——面值”“应付债券——应计利息”科目，贷记“银行存款”科目。采用一次还本、分期付息方式的，在每期支付利息时，借记“应付利息”科目，贷记“银行存款”科目；债券到期偿还本金并支付最后一期利息时，借记“应付债券——面值”“在建工程”“财务费用”“制造费用”等科目，贷记“银行存款”科目，按其差额，借记或贷记“应付债券——利息调整”科目。

【例 2-16】 2014 年 1 月 1 日，亿优公司经批准发行 5 年期分期付息、一次还本的公司债券 60 000 000 元，债券利息在每年 12 月 31 日支付，票面利率为年利率 6%。假定债券发行时的市场利率为 5%。

甲公司该批债券实际发行价格为：60 000 000×(P/S,5%,5)+60 000 000×6%×(P/A,5%,5)=60 000 000×0.783 5+60 000 000×6%×4.329 5=62 596 200(元)

亿优公司采用实际利率法和摊余成本计算确定的利息费用如表 2-1 所示。

表 2-1　利息费用计算表

单位：元

日　期	现金流出 (a)	实际利息费用 (b)=期初(d)×5%	已偿还的本金 (c)=(a)-(b)	摊余成本余额 (d)=期初(d)-(c)
2014 年 1 月 1 日				62 596 200
2014 年 12 月 31 日	3 600 000	3 129 810	470 190	62 126 010
2015 年 12 月 31 日	3 600 000	3 106 300.50	493 699.50	61 632 310.50
2016 年 12 月 31 日	3 600 000	3 081 615.53	518 384.47	61 113 926.03
2017 年 12 月 31 日	3 600 000	3 055 696.30	544 303.70	60 569 622.33
2018 年 12 月 31 日	3 600 000	3 030 377.67*	569 622.33	60 000 000
小　计	18 000 000	15 403 800	2 596 200	60 000 000
2018 年 12 月 31 日	60 000 000	—	60 000 000	0
合　计	78 000 000	15 403 800	62 596 200	—

注：* 尾数调整 60 000 000+3 600 000-60 569 622.33=3 030 377.67(元)

根据表 2-1 的资料，亿优公司的账务处理如下：

(1) 2014年1月1日,发行债券时:

借:银行存款　　62 596 200

　贷:应付债券——面值　　60 000 000

　　　　　　——利息调整　　2 596 200

(2) 2014年12月31日,计算利息费用时:

借:财务费用(或在建工程)　　3 129 810

　应付债券——利息调整　　470 190

　贷:应付利息　　3 600 000

(3) 2014年12月31日,支付利息时:

借:应付利息　　3 600 000

　贷:银行存款　　3 600 000

2015年、2016年、2017年确认利息费用的会计分录与2014年相同,金额与利息费用与表2-1中的对应金额一致。

(4) 2018年12月31日,归还债券本金及最后一期利息费用时:

借:财务费用(或在建工程)　　3 030 377.67

　应付债券——面值　　60 000 000

　　　　　——利息调整　　569 622.33

　贷:银行存款　　63 600 000

自测题

一、单项选择题

1. 某股份有限公司首次公开发行普通股6 000万股,每股面值1元,每股发行价3元,发行手续费、佣金等500万元,该项业务应计入资本公积的金额为(　　)万元。

A. 11 500　　B. 12 000　　C. 12 500　　D. 17 500

2. 某公司7月1日向银行借入资金60万元,期限6个月,年利率为6%,到期还本,按月计提利息,按季付息。该企业7月31日应计提的利息为(　　)万元。

A. 0.3　　B. 0.6　　C. 0.9　　D. 3.6

3. 下列各项中,属于核算短期借款利息时不会涉及的账户的是(　　)。

A. 银行存款　　B. 短期借款　　C. 应付利息　　D. 财务费用

4. 某企业接受货币资金投资10 000元,存入银行(假定不产生资本溢价),则应编制会计分录(　　)。

A. 借:银行存款 10 000
　　贷:短期借款 10 000

B. 借:银行存款 10 000
　　贷:长期借款 10 000

C. 借:银行存款 10 000
　　贷:实收资本 10 000

D. 借:实收资本 10 000
　　贷:银行存款 10 000

5. 某企业以银行存款偿还到期的短期借款5 000元,同时支付本期借款利息300元。正确的会计分录是(　　)。

A. 借:短期借款 5 300
贷:银行存款 5 300

B. 借:应付账款 5 300
贷:银行存款 5 300

C. 借:短期借款 5 000
应付账款 300
贷:银行存款 5 300

D. 借:短期借款 5 000
财务费用 300
贷:银行存款 5 300

6. 实际支付短期借款利息时,如果支付的是尚未计提的利息,则会计处理为( )。

A. 借:短期借款
贷:银行存款

B. 借:应付利息
贷:银行存款

C. 借:财务费用
贷:银行存款

D. 借:财务费用
贷:应付利息

二、多项选择题

1. 下列各项中,属于资本公积来源的有( )。

A. 盈余公积转入

B. 其他资本公积(直接计入所有者权益的利得)

C. 资本溢价或股本溢价

D. 从企业实现的净利润提取

2. 企业接受投入不需要安装设备一台,价值50万元。该笔业务应当( )。

A. 借记“材料采购”50万元 B. 借记“固定资产”50万元

C. 贷记“资本公积”50万元 D. 贷记“实收资本”50万元

3. 所有者投入资本按照投资主体的不同可以分为( )。

A. 国家资本金 B. 法人资本金 C. 个人资本金 D. 外商资本金

4. 计提长期借款计息的账务处理中,借方可能涉及的账户有( )。

A. 管理费用 B. 财务费用 C. 在建工程 D. 长期借款

5. 企业偿还长期借款本息时,可能涉及的科目有( )。

A. 长期借款——应计利息 B. 财务费用

C. 银行存款 D. 应付利息

三、判断题

1. “实收资本”科目借方登记实收资本的增加额,贷方登记实收资本的减少额。 ( )

2. 实收资本与资本公积都是所有者共同享有的资本。 ( )

3. 短期借款是指企业为了满足其生产经营对资金的临时性需要而向银行或其他金融机构等借入的偿还期限在一年以内(不含一年)的各种借款。 ( )

四、会计实务题

1. 甲、乙、丙共同投资设立A有限责任公司,注册资本为2 000 000元,甲、乙、丙持股比例分别为60%、25%和15%。按照章程规定,甲、乙、丙投入资本分别为1 200 000元、500 000和300 000元。A有限责任公司已如期收到各投资者一次缴足的款项。

要求:根据上述资料编制有关的会计分录。

2. 某股份有限公司发行普通股10 000 000股,每股面值1元,每股发行价格6元。假定股票发行成功,股款60 000 000元已全部收到,不考虑发行过程中的税费等因素。

要求:根据上述资料编制有关的会计分录。

3. 甲上市公司2018年至2019年发生与其股票有关的业务如下(单位:万元):

(1) 2018年1月4日,经股东大会决议,并报有关部门核准,增发普通股40 000万股,每股面值1元,每股发行价格5元,股款已全部收到并存入银行。假定不考虑相关税费。

(2) 2018年6月20日,经股东大会决议,并报有关部门核准,以资本公积4 000万元转增股本。

(3) 2019年6月20日,经股东大会决议,并报有关部门核准,以银行存款回购本公司股票100万股,每股回购价格为3元。

(4) 2019年6月26日,经股东大会决议,并报有关部门核准,将回购的本公司股票100万股注销。

要求:根据上述资料编制有关的会计分录。

4. 2019年1月1日,甲公司向银行借入一笔生产经营用的短期借款,共计1 200 000元,期限为9个月,年利率为4%。根据与银行签署的借款协议,该项借款的本金到期后一次归还;利息按季支付。

要求:根据上述资料编制有关的会计分录。

5. 2019年1月1日,甲公司从银行借入资金2 700 000元,借款期限为2年,年利率为7%(每年末付息一次,到期还本),所借款项已存入银行;2019年1月20日,甲公司用该借款购买生产设备一台,价值2 000 000元,设备于当日投入使用。假设不考虑相关税费。

要求:

(1) 编制甲公司借入长期借款的会计分录;

(2) 编制甲公司购入的生产设备的会计分录;

(3) 编制甲公司按月计提长期借款利息的会计分录。

第三章

投资业务的核算

第一节　投资业务概述

投资，广义地讲，是指特定经济主体(包括政府、企业和个人)以本金回收并获利为基本目的，将货币、实物资产等作为资本投放于某一个具体对象，以在未来较长期间内获取预期经济利益的经济行为。企业投资，简言之，是企业为获取未来长期收益而向特定对象投放资金的经济行为。例如，购建厂房设备、研发专利技术、购买股票债券等经济行为，均属于投资行为。

一、企业投资的意义

(一) 投资是企业生存与发展的基本前提

企业的生产经营，就是企业资产的运用和资产形态的转换过程。投资是一种资本性支出的行为，通过投资支出，企业购建流动资产和长期资产，形成生产条件和生产能力。

(二) 投资是获取利润的基本前提

企业投资的目的，是要通过预先垫付一定数量的货币或实物形态的资本，购建和配置形成企业的各类资产，从事某类经营活动，获取未来的经济利益。通过投资形成了生产经营能力，企业才能开展具体的经营活动，获取经营利润。那些以购买股票、证券等有价证券方式向其他单位的投资，可以通过取得股利或债息来获取投资收益，也可以通过转让证券来获取资本利得。

(三) 投资是企业风险控制的重要手段

企业的经营面临着各种风险，有来自市场竞争的风险，有资金周转的风险，还有原材料涨价、费用居高不下等成本的风险。投资，是企业风险控制的重要手段。通过投资，可以将资金投向企业生产经营的薄弱环节，使企业的生产经营能力配套、平衡、协调。通过投资,可以实现多元化经营,将资金投放于经营相关程度较低的不同产品或不同行业,分散风险,稳定收益来源,降低资产的流动性风险、变现风险,增强资产的安全性。

二、企业投资的分类

(一)按投资活动与企业本身生产经营活动的关系分类划分为直接投资和间接投资

直接投资,是指将资金直接投放于形成生产经营能力的实体性资产,直接谋取经营利润的企业投资。通过直接投资,购买并配置劳动力、劳动资料和劳动对象等具体生产要素,开展生产经营活动。

间接投资,是指将资金投放于股票、债券等权益性资产上的企业投资。之所以称为间接投资,是因为股票、债券的发行方,在筹集到资金后,再把这些资金投放于形成生产经营能力的实体性资产,获取经营利润。而间接投资方不直接介入具体生产经营过程,通过股票、债券上所约定的收益分配权利,获取股利或利息收入,分享直接投资的经营利润。

(二)按投资对象分类划分为项目投资和证券投资

企业可以通过投资,购买具有实质内涵的经营资产,包括有形资产和无形资产,形成具体的生产经营能力,开展实质性的生产经营活动,谋取经营利润。这类投资,称为项目投资。项目投资的目的在于改善生产条件、扩大生产能力,以获取更多的经营利润。项目投资属于直接投资。

企业通过投资购买证券资产,通过证券资产上所赋予的权利,间接控制被投资企业的生产经营活动,获取投资收益。这类投资,称为证券投资。证券投资的目的,在于通过持有权益性证券,获取投资收益,或控制其他企业的财务或经营政策,并不直接从事具体生产经营过程。因此,证券投资属于间接投资。

(三)按投资资金投放方向分类划分为对内投资和对外投资

对内投资,是指在本企业范围内部的资金投放,用于购买和配置各种生产经营所需的经营性资产。

对外投资,是指向本企业范围以外的其他单位的资金投放。对外投资多以现金、有形资产、无形资产等资产形式,通过联合投资、合作经营、换取股权、购买证券资产等投资方式,向企业外部其他单位投放资金。对内投资都是直接投资,对外投资主要是间接投资,也可能是直接投资。

(四)按投资期限分类划分为短期投资和长期投资

短期投资是指能够随时变现并且持有时间不超过一年(含一年)的投资。投资者进行短期投资通常是以能上市流通的各种股票、债券以及基金等能够随时变现的有价证券为投资对象,如交易性金融资产。作为短期投资,应当符合以下条件:① 在公开市场交易并且有明确市价;② 持有投资作为剩余资金的存放形式,并保持其流动性和获利性,这一条件取决于投资者的主观意图。不符合这两个条件的投资为长期投资。

长期投资是指不满足短期投资条件的投资,即不准备在一年或短于一年的经营周期之内转变为现金的投资。企业管理层取得长期投资的目的在于持有而不在于出售，这是与短期投资的一个重要区别。长期投资包括金融资产中的债权投资和其他债权投资、长期股权投资以及其他长期投资（如固定资产、无形资产等）。

本章将对企业投资业务中的金融资产中债权投资、其他债权投资和交易性金融资产，以及固定资产和无形资产予以介绍，不对其他金融资产以及长期股权投资做介绍。

第二节 金融资产

企业的金融资产是指企业持有的现金、其他方的权益工具以及符合下列条件之一的资产：一是从其他方收取现金或其他金融资产的合同权利。二是在潜在有利条件下，与其他方交换金融资产或金融负债的合同权利。三是将来须用或可用企业自身权益工具进行结算的非衍生工具合同，且企业根据该合同将收到可变数量的自身权益工具。四是将来须用或可用企业自身权益工具进行结算的衍生工具合同，但以固定数量的自身权益工具交换固定金额的现金或其他金融资产的衍生工具合同除外。其中，企业自身权益工具不包括应当按照《企业会计准则第 37 号——金融工具列报》分类为权益工具的可回售工具和发行方仅在清算时才有义务向另一方按比例交付其净资产的金融工具，也不包括本身就要求在未来收取或交付企业自身权益工具的合同。

一、金融资产的分类

企业应当根据其管理金融资产的业务模式和金融资产的合同现金流量特征，将金融资产划分为以下三类：

（1）以摊余成本计量的金融资产；

（2）以公允价值计量且其变动计入其他综合收益的金融资产；

（3）以公允价值计量且其变动计入当期损益的金融资产。

二、金融资产核算的账户设置

（一）“债权投资”账户

资产类账户，用来核算企业债权投资的摊余成本。借方登记企业取得的债权投资的成本，资产负债表日预计利息时借记或贷记该账户；贷方登记出售或到期收回债权投资结转的账面余额，期末余额反映债权投资的摊余成本。本账户可按债权投资的类别和品种，分别设置“成本”“利息调整”“应计利息”进行明细核算。

（二）“其他债权投资”账户

资产类账户，该账户用来核算分类为以公允价值计量且其变动计入其他综合收益的金融资产。“其他债权投资”账户核算企业持有的其他债权投资的公允价值，按其他债权投资的类别和品种，分别设置“成本”“利息调整”“应计利息”“公允价值变动”等进行明细核算。其他债权投资发生减值通过“其他综合收益”账户核算。

（三）“其他权益工具投资”账户

资产类账户，该账户用来核算指定为以公允价值计量且其变动计入其他综合收益的非交易性权益工具投资。该账户核算企业持有的其他权益工具投资的公允价值，按其他权益工具投资的类别和品种，分别设置“成本”“公允价值变动”等进行明细核算。

（四）“其他综合收益”账户

所有者权益类账户，反映企业根据企业会计准则规定未在损益中确认的各项利得和损失扣除所得税影响后的净额，反映直接计入所有者权益的利得和损失，分为以后会计期间重分类计入损益和以后会计期间不能重分类计入损益两类。

（五）“交易性金融资产”账户

资产类账户，用来核算企业为交易目的所持有的债券投资、股票投资、基金投资等交易性金融资产的公允价值。该账户的借方登记交易性金融资产的取得成本、资产负债表日其公允价值高于账面余额的差额，以及出售交易性金融资产时结转公允价值低于账面余额的变动金额；贷方登记资产负债表日其公允价值低于账面余额的差额，以及企业出售交易性金融资产时结转的成本和公允价值高于账面余额的变动金额。企业应当按照交易性金融资产的类别和品种，分别设置“成本”“公允价值变动”等明细科目进行核算。

（六）“公允价值变动损益”账户

损益类账户，用来核算企业交易性金融资产等的公允价值变动而形成的应计入当期损益的利得或损失。该账户的借方登记资产负债表日企业持有的交易性金融资产等的公允价值低于账面余额的差额；贷方登记资产负债表日企业持有的交易性金融资产等的公允价值高于账面余额的差额。

三、以摊余成本计量的金融资产

金融资产同时满足下列条件的，应当分类为以摊余成本计量的金融资产：

(1) 企业管理该金融资产的业务模式是以收取合同现金流量为目标。

(2) 该金融资产的合同条款规定，在特定日期产生的现金流量，仅为收回的本金和以未偿付本金金额为基础收取的利息。

以摊余成本计量的金融资产，本章节不介绍其中货币资金、应收款项与贷款，仅介绍债权投资的相关核算。

（一）债权投资的取得

债权投资初始确认时，应当按照购买价格和相关交易费用之和作为初始入账金额。实际支付的价款中包括的已到付息期但尚未领取的债券利息，应单独确认为应收项目。企业取得债权投资时，应按其面值，借记“债权投资——成本”账户；按支付的价款中包含的已到付息期但尚未领取的利息，借记“应收利息”账户；按实际支付的金额，贷记“银行存款”或“其他货币资金”账户；按其差额，借记或贷记“债权投资——利息调整”账户。

【例 3-1】 2019 年 1 月 1 日，亿优公司自证券市场购入面值总额为 20 000 元的债券。购入时实际支付价款 20 800 元，另支付相关交易费用 100 元。该债券发行日为 2019 年 1 月 1 日，系分期付息、到期还本债券，期限为 5 年，票面年利率为 5%，实际年利率为 4%，每年 12 月 31 日支付当年利息。亿优公司将该债券作为债权投资核算，账务处理如下：

借：债权投资——成本　　20 000
　　　　　　——利息调整　　900
　贷：银行存款　　20 900

（二）债权投资持有期间的核算

债权投资在持有期间应按照摊余成本和实际利率计算确认利息收入，计入投资收益。

1. 实际利率

实际利率是指将金融资产或金融负债在预期存续期间或适用的更短期间内的未来现金流量折现为该金融资产或金融负债当前账面价值所使用的利率。

2. 摊余成本

摊余成本是指该金融资产的初始确认金额经下列调整后的结果：① 扣除已偿还的本金；② 加上或减去采用实际利率法将该初始确认金额与到期日金额之间的差额进行摊销形成的累计摊销额；③ 扣除已发生的减值损失。

实际利率应当在债权投资初始确认时确定，并在该债权投资预期存续期间或适用的更短期间内保持不变。实际利率与票面利率差别较小的，也可按票面利率计算利息收入，计入投资收益。

资产负债表日，债权投资为分期付息、一次还本债券投资的，应按票面利率计算确定的应收未收利息，借记“应收利息”账户。按债权投资摊余成本和实际利率计算确定的利息收入，贷记“投资收益”账户，按其差额，贷记或借记“债权投资——利息调整”账户；债权投资为一次还本付息债券投资的，应按票面利率计算确定的应收未收利息，借记“债权投资——应计利息”账户。按债权投资摊余成本和实际利率计算确定的利息收入，贷记“投资收益”账户，按其差额，贷记或借记“债权投资——利息调整”账户。

【例 3-2】 2017 年 1 月 1 日，亿优公司以银行存款 1 800 万元购入甲公司发行的 5 年期公司债券，作为债权投资核算。该债券面值总额为 2 000 万元，票面年利率为 5%，每年年末支付当年利息，到期一次偿还本金，但不得提前赎回。该债券投资的实际年利率为 7.47%。2017 年 12 月 31 日，亿优公司收到甲公司支付的债券利息 100 万元。

2017 年 12 月 31 日，亿优公司的账务处理如下：

借：应收利息　　1 000 000
　　债权投资——利息调整　　344 600
　贷：投资收益　　1 344 600

借：银行存款　　1 000 000
　贷：应收利息　　1 000 000

（三）债权投资的处置

债权投资在终止确认、发生减值或摊销时，应当将取得的价款与该投资账面价值之间的差额计入当期损益。其中，投资的账面价值是指投资的账面余额减除已经计提的减值准备后的差额。

处置债权投资时，应按实际收到的金额，借记“银行存款”账户；按债权投资账面余额，贷记“债权投资——成本”“债权投资——应计利息”账户，贷记或借记“债权投资——利息调整”账户；按其差额，贷记或借记“投资收益”账户。已计提减值准备的，还应同时结转减值准备。

【例 3-3】 承【例 3-2】，2019 年 1 月 1 日，亿优公司以 1 800 万元的价格将持有的甲公司债券全部售出，款项收到已存入银行。亿优公司出售债券应做账务处理如下：

亿优公司 2018 年 12 月 31 日债权投资摊余成本为 1 871.49 万元[＝1 834.46×(1＋7.47%)－2 000×5%]。

借：银行存款	18 000 000	
投资收益	714 900	
债权投资——利息调整	1 285 100	
贷：债权投资——成本		20 000 000

四、以公允价值计量且其变动计入其他综合收益的金融资产

金融资产同时满足下列条件的，应当分类为以公允价值计量且其变动计入其他综合收益的金融资产：

(1) 企业管理该金融资产的业务模式既以收取合同现金流量为目标，又以出售该金融资产为目标。

(2) 该金融资产的合同条款规定，在特定日期产生的现金流量，仅为收回的本金和以未偿付本金金额为基础收取的利息。

企业应当设置“其他债权投资”账户核算企业购买债券形成的以公允价值计量且其变动计入其他综合收益的金融资产；设置“其他权益工具投资”账户核算企业购买股票形成的以公允价值计量且其变动计入其他综合收益的金融资产。

（一）其他债权投资(其他权益工具投资)的取得

企业取得的其他债权投资，应按债券的面值，借记“其他债权投资——成本”账户，按已到付息期但尚未领取的利息，借记“应收利息”账户，按实际支付的金额，贷记“银行存款”账户，按其差额借记或贷记“其他债权投资——利息调整”账户。

企业取得的其他权益工具投资，应按其公允价值与相关交易费用之和，借记“其他权益工具投资——成本”账户，按已宣告但尚未发放的现金股利，借记“应收股利”账户，按实际支付的金额，贷记“银行存款”账户。

（二）其他债权投资（其他权益工具投资）持有期间的核算

1. 其他债权投资持有期间的核算

其他债权投资持有期间，企业收到买价中包含的已到付息期但尚未领取的利息，借记“银行存款”账户，贷记“应收利息”账户。资产负债表日，应按债券面值和票面利率计算债券利息，借记“应收利息”或“其他债权投资——应计利息”账户，按其他债权投资的摊余成本和实际利率计算确定利息收入，贷记“投资收益”账户，差额借记或贷记“其他债权投资——利息调整”账户。

资产负债表日，其他债权投资的公允价值与其账面余额的差额，借记或贷记“其他债权投资——公允价值变动”账户，同时，贷记或借记“其他综合收益”账户。

2. 其他权益工具投资持有期间的核算

其他权益工具投资持有期间，企业收到买价中包含的已宣告但尚未发放的现金股利，借记“银行存款”账户，贷记“应收股利”账户。持有期间被投资单位宣告发放现金股利时，应首先借记“应收股利”账户，贷记“投资收益”账户；收到时再借记“银行存款”账户，贷记“应收股利”账户。

资产负债表日，其他权益工具投资的公允价值与其账面余额的差额，借记或贷记“其他权益工具投资——公允价值变动”账户，同时，贷记或借记“其他综合收益”账户。

（三）其他债权投资（其他权益工具投资）出售的核算

企业出售其他债权投资时，应按实际收到的金额，借记“银行存款”账户，按其他债权投资的账面余额，贷记“其他债权投资——成本、应计利息、利息调整”账户，借记或贷记“其他债权投资——公允价值变动”账户，差额贷记或借记“投资收益”账户。同时，按应从所有者权益中转出的公允价值累计变动额，借记或贷记“其他综合收益”账户，贷记或借记“投资收益”账户。

其他权益工具投资终止确认时，之前计入其他综合收益的累计利得或损失应当从其他综合收益中转出，计入留存收益。

【例 3－4】　2017 年 1 月 1 日，亿优公司支付价款 1 000 万元（含交易费用）购入 A 公司同日发行的 5 年期公司债券，票面价值金额为 1 250 万元，票面年利率为 4.72%，实际利率 10%。每年年末支付利息 59 万元，本金到期偿还。亿优公司根据其管理该债券的业务模式和该债券的合同现金流量特征，将该债券分类为以公允价值计量且其变动计入其他综合收益的金融资产。2017 年 12 月 31 日，A 公司债券的公允价值为 1 200 万元（不含利息）。2018 年 12 月 31 日，A 公司债券的公允价值为 1 300 万元（不含利息）。2019 年 1 月 20 日，出售 A 公司债券，取得价款 1 260 万元。亿优公司的有关账务处理如下：

（1）2017 年 1 月 1 日，购入 A 公司债券：

借：其他债权投资——成本	12 500 000	
贷：银行存款		10 000 000
其他债权投资——利息调整		2 500 000

（2）2017 年 12 月 31 日，确认 A 公司债券实际利息收入和公允价值变动：

借:应收利息　590 000
　其他债权投资——利息调整　410 000
　贷:投资收益　1 000 000
借:其他债权投资——公允价值变动　1 590 000
　贷:其他综合收益　1 590 000
(3) 2018 年 12 月 31 日,确认 A 公司债券实际利息收入和公允价值变动:
借:应收利息　590 000
　其他债权投资——利息调整　451 000
　贷:投资收益　1 041 000
借:其他债权投资——公允价值变动　549 000
　贷:其他综合收益　549 000
(4) 2019 年 1 月 20 日,确认出售 A 公司债券实现的损益:
借:银行存款　12 600 000
　投资收益　400 000
　其他债权投资——利息调整　1 639 000
　贷:其他债权投资——成本　12 500 000
　　　　　　　——公允价值变动　2 139 000
借:其他综合收益　2 139 000
　贷:投资收益　2 139 000

【例 3-5】 2017 年 1 月 2 日,亿优公司从股票二级市场以每股 15 元(含已宣告但尚未发放的现金股利 0.2 元)的价格购入 D 公司发行的股票 200 万股,指定为以公允价值计量且其变动计入其他综合收益的金融资产。2017 年 1 月 10 日,亿优公司收到 D 公司发放的上年现金股利 400 000 元。2017 年 12 月 31 日,该股票的市场价格为每股 16 元。2018 年 12 月 31 日,该股票的市场价格下跌到每股 10 元。2019 年 1 月 20 日,将该股票售出,售价为每股 12 元,另支付相关税费 40 000 元。不考虑其他因素,则亿优公司有关的账务处理如下:

(1) 2017 年 1 月 2 日,购入股票:
借:其他权益工具投资——成本　29 600 000
　应收股利　400 000
　贷:银行存款　30 000 000
(2) 2017 年 1 月,收到现金股利:
借:银行存款　400 000
　贷:应收股利　400 000
(3) 2017 年 12 月 31 日,确认股票公允价值变动:
借:其他权益工具投资——公允价值变动　2 400 000
　贷:其他综合收益　2 400 000
(4) 2018 年 12 月 31 日,确认股票公允价值变动:
借:其他综合收益　12 000 000
　贷:其他权益工具投资——公允价值变动　12 000 000

(5) 2019 年 1 月 20 日，出售股票：

借：银行存款　　23 960 000

　　盈余公积——法定盈余公积　　564 000

　　利润分配——未分配利润　　5 076 000

　　其他权益工具投资——公允价值变动　　9 600 000

　　贷：其他权益工具投资——成本　　29 600 000

　　　　其他综合收益　　9 600 000

五、以公允价值计量且其变动计入当期损益的金融资产

以公允价值计量且其变动计入当期损益的金融资产，可以进一步分为交易性金融资产和直接指定为以公允价值计量且其变动计入当期损益的金融资产。本节只介绍交易性金融资产的内容和账务处理。

交易性金融资产主要是指企业为了近期内出售而持有的金融资产，如企业以赚取差价为目的从二级市场购入的股票、债券、基金等。

（一）交易性金融资产的取得

企业取得交易性金融资产时，应当按照该金融资产取得时的公允价值作为其初始入账金额。企业取得交易性金融资产所支付价款中包含了已宣告但尚未发放的现金股利或已到付息期但尚未领取的债券利息的，应单独确认为应收项目，计入“应收股利”或“应收利息”账户。

企业取得交易性金融资产所发生的相关交易费用应在发生时计入当期损益，作为投资收益进行会计处理，发生交易费用取得增值税专用发票的，进项税额经认证后可从当月销项税额中扣除。交易费用是指可直接归属于购买、发行或处置金融工具的增量费用。

企业取得交易性金融资产，应当按照该金融资产取得时的公允价值，借记“交易性金融资产——成本”账户，按照发生的交易费用，借记“投资收益”账户，发生交易费用取得增值税专用发票的，按其注明的增值税进项税额，借记“应交税费——应交增值税（进项税额）”账户，按照实际支付的金额，贷记“其他货币资金”等账户。

【例 3－6】 2019 年 4 月 1 日，亿优公司从上海证券交易所购入 A 上市公司股票 1 000 000股，该笔股票投资在购买日的公允价值为 10 000 000 元，另支付相关交易费用 25 000 元，取得的增值专用发票上注明的增值税税额为 1 500 元。亿优公司将其划分为交易性金融资产进行管理和核算。亿优公司应编制如下会计分录：

(1) 2019 年 4 月 1 日，购买 A 上市公司股票时：

借：交易性金融资产——A 上市公司股票——成本　　9 400 000

　　应收股利　　600 000

　　贷：其他货币资金——存出投资款　　10 000 000

(2) 2019 年 4 月 1 日，支付相关交易费用时：

借：投资收益——A 上市公司股票　　25 000

　　应交税费——应交增值税（进项税额）　　1 500

　　贷：其他货币资金——存出投资款　　26 500

【例 3-7】 承【例 3-6】，假定 2019 年 4 月 1 日，亿优公司从上海证券交易所购入 A 上市公司股票 1 000 000 股，支付价款 10 000 000 元(其中包含已宣告但尚未发放的现金股利 600 000 元)，另支付相关交易费用 25 000 元，取得的增值税专用发票上注明的增值税税额为 1 500 元。亿优公司将其划分为交易性金融资产进行管理和核算。亿优公司应编制如下会计分录：

(1) 2019 年 4 月 1 日，购买 A 上市公司股票时：

借：交易性金融资产——A 上市公司股票——成本	9 400 000	
应收股利	600 000	
贷：银行存款		10 000 000

(2) 2019 年 4 月 1 日，支付相关交易费用时：

借：投资收益——A 上市公司股票	25 000	
应交税费——应交增值税(进项税额)	1 500	
贷：银行存款		26 500

(二) 交易性金融资产持有期间的核算

企业持有交易性金融资产期间对于被投资单位宣告发放的现金股利，或企业在资产负债表日按分期付息、一次还本债券投资的票面利率计算的利息收入，应当确认为应收项目，并计入投资收益。

【例 3-8】 承【例 3-7】，假定 2019 年 5 月 20 日，亿优公司收到 A 上市公司向其发放的现金股利 600 000 元，并存入银行。假定不考虑相关税费。亿优公司应编制如下会计分录：

借：银行存款	600 000	
贷：应收股利		600 000

【例 3-9】 承【例 3-6】，假定 2019 年 5 月 20 日，A 上市公司宣布发放 2018 年现金股利，亿优公司按其持有该上市公司股份计算确定的应分得的现金股利为 800 000 元。假定不考虑相关税费，亿优公司应编制如下会计分录：

借：应收股利——A 上市公司	800 000	
贷：投资收益——A 上市公司股票		800 000

资产负债表日，交易性金融资产应当按照公允价值计量，公允价值与账面余额之间的差额计入当期损益。

企业应当在资产负债表日按照交易性金融资产公允价值高于其账面余额的差额，借记“交易性金融资产——公允价值变动”科目，贷记“公允价值变动损益”科目；公允价值低于其账面余额的差额做相反的会计分录，借记“公允价值变动损益”科目，贷记“交易性金融资产——公允价值变动”科目。

【例 3-10】 承【例 3-6】，假定 2019 年 6 月 30 日，亿优公司持有 A 上市公司股票的公允价值为 9 800 000 元；2019 年 12 月 31 日，亿优公司持有 A 上市公司股票的公允价值为 12 000 000 元。亿优公司应编制如下会计分录：

(1) 2019 年 6 月 30 日，确认 A 上市公司股票的公允价值变动损益时：

借：公允价值变动损益——A 上市公司股票	200 000	

贷:交易性金融资产——A上市公司股票——公允价值变动　　200 000

(2) 2019年12月31日,确认A上市公司股票的公允价值变动损益时:

借:交易性金融资产——A上市公司股票——公允价值变动　　2 200 000

　贷:公允价值变动损益——A上市公司股票　　2 200 000

(三) 交易性金融资产出售的核算

企业出售交易性金融资产时,应当将该金融资产出售时的公允价值与其账面余额之间的差额作为投资收益进行会计处理,同时,将原计入公允价值变动损益的该金融资产的公允价值变动转出,由公允价值变动损益转为投资收益。

企业出售交易性金融资产,应当按照实际收到的金额,借记"其他货币资金"等科目,按照该金融资产的账面余额的成本部分,贷记"交易性金融资产——成本"科目,按照该金融资产的账面余额的公允价值变动部分,贷记或借记"交易性金融资产——公允价值变动"科目,按照其差额,贷记或借记"投资收益"科目。同时,将原计入公允价值变动损益的该金融资产的公允价值变动转出,借记或贷记"公允价值变动损益"科目,贷记或借记"投资收益"科目。

【例3-11】 承【例3-10】,假定2020年5月30日,亿优公司出售了所持有的全部A上市公司股票,价款为11 100 000元。亿优公司应编制会计分录如下:

借:银行存款　　11 100 000

　投资收益——A上市公司股票　　900 000

　贷:交易性金融资产——A上市公司股票——成本　　10 000 000

　　　　——公允价值变动　　2 000 000

同时,

借:公允价值变动损益——A上市公司股票　　2 000 000

　贷:投资收益　　2 000 000

第三节　固定资产

一、固定资产概述

(一) 固定资产的概念

固定资产是指同时具有以下特征的有形资产:① 为生产商品、提供劳务、出租或经营管理而持有;② 使用寿命超过一个会计年度。

从固定资产的概念可以看出,固定资产具有以下几个特征:

首先,企业持有固定资产的目的是用于生产商品、提供劳务、出租或经营管理,而不是直接用于出售。其中,出租是指以经营租赁方式出租的机器设备等,以经营租赁方式出租的建筑物属于企业的投资性房地产。

其次,固定资产的使用寿命超过一个会计年度。该特征使固定资产明显区别于流动资产。使用寿命超过一个会计年度，意味着固定资产属于长期资产。固定资产的使用寿命，是指企业使用固定资产的预计期间，或者该固定资产所能生产产品或提供劳务的数量。通常情况下，固定资产的使用寿命是指使用固定资产的预计使用期间，某些机器设备或运输设备等固定资产的使用寿命，也可以以该固定资产所能生产产品或提供劳务的数量来表示。例如，发电设备可按其预计发电量估计使用寿命。

最后，固定资产必须是有形资产。该特征将固定资产与无形资产区别开来。有些无形资产可能同时符合固定资产的其他特征，如无形资产是为生产商品、提供劳务而持有，使用寿命超过一个会计年度，但是，由于其没有实物形态，所以不属于固定资产。

（二）固定资产的分类

企业的固定资产种类繁多，用途各异，为加强管理和核算，必须对固定资产进行科学合理的分类。根据不同的需要，可以按下列不同标准进行分类。

1. 按经济用途分类

按固定资产的经济用途分类，可以分为生产经营用固定资产和非生产经营用固定资产。

(1) 生产经营用固定资产，是指直接服务于企业生产经营活动的各种固定资产。例如，生产经营用的房屋、建筑物、机器设备、工具器具等。

(2) 非生产经营用固定资产，是指不直接服务于生产经营活动但又必不可少的各种固定资产。例如，职工宿舍、食堂、浴室等使用的房屋、设备等。

2. 按使用情况分类

按固定资产的使用情况分类，可以分为使用中的固定资产、未使用的固定资产和不需用的固定资产。

(1) 使用中的固定资产，是指正在使用中的生产经营性和非生产经营性固定资产。季节性停用、大修理停用以及经营租出的固定资产也属于使用中的固定资产。

(2) 未使用的固定资产，是指已经完工或构建的尚未交付使用的新增固定资产以及因改扩建而暂停使用的固定资产。

(3) 不需用的固定资产，是指企业多余或不适用而准备调配处理的固定资产。

3. 综合分类

按固定资产的经济用途和使用情况进行综合分类，可以分为七类：

(1) 生产经营用固定资产。

(2) 非生产经营用固定资产。

(3) 经营租出固定资产，指企业在经营租赁方式下出租给外单位使用的固定资产。

(4) 不需用固定资产。

(5) 未使用固定资产。

(6) 土地，是指过去已经估价单独入账的土地。因征地而支付的补偿费，应计入与土地有关的房屋、建筑物的价值内，不单独作为土地价值入账。企业取得的土地使用权不能作为固定资产，应作为无形资产管理。

(7) 融资租入的固定资产，是指以融资租赁方式租入的固定资产，在租赁期间，应视同自有固定资产管理。

由于企业的经营性质不同，经营规模各异，对固定资产的分类不可能完全一致。但实际工作中，企业大多采用综合分类的方法作为编制固定资产目录、进行固定资产核算的依据。

二、固定资产核算的账户设置

为了反映和监督固定资产的取得、计提折旧和处置等情况，企业一般需要设置"固定资产""累计折旧""在建工程""工程物资""固定资产清理"等账户。

（一）"固定资产"账户

"固定资产"账户总括反映固定资产原值的增减变动和结存情况。该账户借方登记增加的固定资产原值，贷方登记减少的固定资产原值，借方余额表示期末实有固定资产的原值。企业应当设置"固定资产登记簿"和"固定资产卡片"，按固定资产类别、使用部门进行明细核算。

（二）"累计折旧"账户

"累计折旧"账户属于"固定资产"账户的抵减账户。该账户贷方登记计提的固定资产折旧，借方登记处置固定资产转出的累计折旧，贷方余额表示全部固定资产已提折旧的累计数。

（三）"在建工程"账户

"在建工程"账户核算企业基建、更新改造等在建工程发生的支出，借方登记企业各项在建工程的实际支出，贷方登记完工工程转出的成本，期末借方余额反映企业尚未达到预定可使用状态的在建工程的成本。

（四）"工程物资"账户

"工程物资"账户核算企业为在建工程而准备的各种物资的实际成本，借方登记企业购入工程物资的成本，贷方登记领用工程物资的成本，期末借方余额反映企业为在建工程准备的各种物资的成本。

（五）"固定资产清理"账户

"固定资产清理"账户核算企业因出售、报废、毁损、对外投资、非货币性资产交换、债务重组等原因转入清理的固定资产价值以及在清理过程中发生的清理费用和清理收益，借方登记转出的固定资产账面价值、清理过程中应支付的相关税费及其他费用，贷方登记出售固定资产取得的价款、残料价值和变价收入。期末借方余额，反映企业尚未清理完毕的固定资产清理净损失。期末如为贷方余额，则反映企业尚未清理完毕的固定资产清理净收益。固定资产清理完成时，借方登记转出的清理净收益，贷方登记转出的清理净损失，结转清理净收益、净损失后，该账户无余额。企业应当按照被清理的固定资产项目设置明细账，进行明细核算。

此外，企业固定资产、在建工程、工程物资发生减值的，还应当设置“固定资产减值准备”“在建工程减值准备”“工程物资减值准备”等账户进行核算。

三、固定资产取得业务的核算

企业取得固定资产的方式一般包括购买、自行建造、接受投资等，取得方式不同，初始计量的方法也各不相同。

（一）外购固定资产

外购固定资产的成本，包括购买价款、相关税费、使固定资产达到预定可使用状态前所发生的可归属于该项资产的运输费、装卸费、安装费和专业人员服务费等。

外购固定资产是否达到预定可使用状态，需要根据具体情况进行分析判断。如果购入不需安装的固定资产，购入后即可发挥作用，则购入后即可达到预定可使用状态。如果购入需要安装的固定资产，只有在安装调试后达到设计要求或合同规定的标准，才能达到预定可使用状态。

1. 购入不需要安装的固定资产

企业购入不需要安装的固定资产，原始价值应根据实际支付的买价、运输费、装卸费、专业人员服务费和其他相关税费等计算，借记“固定资产”账户，按可以抵扣的增值税进项税额，借记“应交税费——应交增值税(进项税额)”账户，贷记“银行存款”“应付账款”“应付票据”等账户。

【例 3-12】 2019 年 1 月 1 日，亿优公司购入一台不需要安装即可投入使用的设备，取得的增值税专用发票上注明的价款为 30 000 元，增值税税额为 4 800 元，款项以银行存款支付。亿优公司应编制如下会计分录：

借：固定资产	30 000	
应交税费——应交增值税(进项税额)	4 800	
贷：银行存款		34 800

【例 3-13】 2019 年 3 月 3 日，亿优公司购入一台不需要安装的设备，取得的增值税专用发票上注明的设备价款为 80 000 元，增值税额为 12 800 元，另支付运杂费 1 400 元，以上款项均以银行存款支付。亿优公司应编制如下会计分录：

借：固定资产	81 400	
应交税费——应交增值税(进项税额)	12 800	
贷：银行存款		94 200

2. 购入需要安装的固定资产

企业购入需要安装的固定资产时，应在购入的固定资产取得成本的基础上加上安装调试成本，作为入账成本。按照购入需安装的固定资产的取得成本，借记“在建工程”科目，按购入固定资产时可抵扣的增值税进项税额，借记“应交税费——应交增值税(进项税额)”科目，贷记“银行存款”“应付账款”等科目；按照发生的安装调试成本，借记“在建工程”科目，按取得的外部单位提供的增值税专用发票上注明的增值税进项税额，借记“应交税费——应交增值税(进项税额)”科目，贷记“银行存款”等科目；耗用了本单位的材料或人工的，按应承担的成本金额，借记“在建工程”科目，贷记“原材料”“应付职工薪酬”等科目。安装完成达到预定可使用状态时，由“在建工程”科目转入“固定资产”科目，借记“固定资产”科目，贷记“在建工程”科目。

【例 3-14】 2019 年 4 月 8 日，亿优公司用银行存款购入一台需要安装的设备，取得的增值税专用发票上注明的价款为 200 000 元，增值税税额为 32 000 元，支付安装费并取得增值税专用发票，注明安装费 40 000 元，税率 16%，增值税税额 6 400 元。亿优公司应编制如下会计分录：

(1) 购入进行安装时：

借：在建工程	200 000	
应交税费——应交增值税(进项税额)	32 000	
贷：银行存款		232 000

(2) 支付安装费时：

借：在建工程	40 000	
应交税费——应交增值税(进项税额)	6 400	
贷：银行存款		46 400

(3) 设备安装完毕交付使用时：

借：固定资产	240 000	
贷：在建工程		240 000

企业以一笔款项购入多项没有单独标价的固定资产，应将各项资产单独确认为固定资产，并按各项固定资产公允价值的比例对总成本进行分配，分别确定各项固定资产的成本。

【例 3-15】 亿优公司一次购入 3 套不同型号且有不同生产能力的设备 A、B 和 C，共支付价款 5 000 000 元，增值税进项税额 800 000 元，保险费 17 000 元，装卸费 3 000 元，全部通过银行转账支付；假定 A、B 和 C 设备都满足固定资产确认条件，公允价值分别为1 560 000元、2 340 000 元和 1 300 000 元。假定不考虑其他相关税费，甲公司的账务处理如下：

(1) 确定应计入固定资产成本的金额，包括购买价款、保险费、装卸费等，即：

5 000 000＋17 000＋3 000＝5 020 000(元)

(2) 确定 A、B 和 C 设备的价值分配比例：

A 设备应分配的固定资产价值比例为：

1 560 000÷(1 560 000＋2 340 000＋1 300 000)×100%＝30%

B 设备应分配的固定资产价值比例为：

2 340 000÷(1 560 000＋2 340 000＋1 300 000)×100%＝45%

C 设备应分配的固定资产价值比例为：

1 300 000÷(1 560 000＋2 340 000＋1 300 000)×100%＝25%

(3) 确定 A、B 和 C 设备各自的成本：

A 设备的成本＝5 020 000×30%＝1 506 000(元)

B 设备的成本＝5 020 000×45%＝2 259 000(元)

C 设备的成本＝5 020 000×25%＝1 255 000(元)

(4) 会计分录

借:固定资产——A　　1 506 000

——B　　2 259 000

——C　　1 255 000

应交税费——应交增值税(进项税额)　　800 000

贷:银行存款　　5 820 000

(二) 自行建造的固定资产

企业自行建造的固定资产,其成本由建造该项资产达到预定可使用状态前所发生的必要支出构成。企业自行建造固定资产,应先通过"在建工程"账户核算,工程达到预定可使用状态时,再从"在建工程"转入"固定资产"账户。企业自行建造固定资产包括自营建造和出包建造两种方式。

1. 自营工程

自营工程,是指企业自行组织工程物资采购、自行组织施工人员施工的建筑工程和安装工程。企业自行采购的工程物资应先记入"工程物资"账户,领用工程物资时,借记"在建工程"科目,贷记"工程物资"科目。在建工程领用本企业原材料时,借记"在建工程"科目,贷记"原材料"等科目。在建工程领用本企业生产的商品时,借记"在建工程"科目,贷记"库存商品"科目。自营工程发生的其他费用(如分配工程人员薪酬等),借记"在建工程"科目,贷记"银行存款""应付职工薪酬"等科目。自营工程达到预定可使用状态时,按其成本,借记"固定资产"科目,贷记"在建工程"科目。

【例3-16】 亿优公司为增值税一般纳税人,2019年2月25日自建生产线一台,购入为工程准备的各种物资500 000元,支付的增值税额为80 000元,全部用于工程建设。领用本企业生产的水泥一批80 000元。领用生产用原材料10 000元。工程人员应计工资100 000元,支付的其他费用30 000元。工程完工并达到预定可使用状态。亿优公司应编制如下会计分录:

(1) 购入工程物资时:

借:工程物资　　500 000

应交税费——应交增值税(进项税额)　　80 000

贷:银行存款　　580 000

(2) 工程领用工程物资时:

借:在建工程　　500 000

贷:工程物资　　500 000

(3) 工程领用本企业生产的水泥时:

借:在建工程　　80 000

贷:库存商品　　80 000

(4) 领用原材料时:

借:在建工程　　10 000

贷:原材料　　10 000

(5) 分配工程人员工资、发生的其他费用时：

借：在建工程 130 000

贷：应付职工薪酬 100 000

银行存款 30 000

(6) 工程完工转入固定资产成本：

生产线成本＝500 000＋80 000＋10 000＋130 000＝720 000(元)

借：固定资产 720 000

贷：在建工程 720 000

2. 出包工程

出包工程是指企业通过招标方式将工程项目发包给建造承包商，由建造承包商组织施工的建筑工程和安装工程。企业采用出包方式进行的固定资产工程，其工程的具体支出主要由建造承包商核算，在这种方式下，"在建工程"科目主要是反映企业与建造承包商办理工程价款结算的情况，企业支付给建造承包商的工程价款作为工程成本，通过"在建工程"科目核算。

企业按合理估计的发包工程进度和合同规定向建造承包商结算的进度款，并由对方开具增值税专用发票，按增值税专用发票上注明的价款，借记"在建工程"科目；按增值税专用发票上注明的增值税进项税额，借记"应交税费——应交增值税(进项税额)"科目，贷记"银行存款"科目。工程达到预定可使用状态时，按其成本，借记"固定资产"科目，贷记"在建工程"科目。

【例 3－17】 亿优公司为增值税一般纳税人，2019 年 5 月 1 日，将一厂房的建造工程出包给甲公司(增值税一般纳税人)承建，按合理估计的发包工程进度和合同规定向甲公司结算进度款并取得甲公司开具的增值税专用发票，注明工程款 500 000 元，税率 10%，增值税额 50 000 元。2019 年 12 月 31 日，工程完工后，收到甲公司有关工程结算单据和增值税专用发票，补付工程款并取得甲公司开具的增值税专用发票，注明工程款 400 000 元，税率 10%，增值税税额 40 000 元。工程完工并达到预定可使用状态，亿优公司应编制如下会计分录：

(1) 按合理估计的发包工程进度和合同规定向甲公司结算进度款时

借：在建工程 500 000

应交税费——应交增值税(进项税额) 50 000

贷：银行存款 550 000

(2) 补付工程款时

借：在建工程 400 000

应交税费——应交增值税(进项税额) 40 000

贷：银行存款 440 000

(3) 工程完工并达到预定可使用状态时

借：固定资产 900 000

贷：在建工程 900 000

四、对固定资产计提折旧

（一）固定资产折旧的概念

固定资产折旧是指在固定资产的使用寿命内，按照确定的方法对应计折旧额进行系统分摊。应计折旧额是指应当计提折旧的固定资产的原价扣除其预计净残值后的金额。已计提减值准备的固定资产，还应当扣除已计提的固定资产减值准备累计金额。预计净残值，是指假定固定资产预计使用寿命已满并处于使用寿命终了时的预期状态，企业从该项资产处置中获得的扣除预计处置费用后的金额。

企业应当根据固定资产的性质和使用情况，合理确定固定资产的使用寿命和预计净残值。固定资产的使用寿命、预计净残值一经确定，不得随意变更。

（二）固定资产折旧的范围

按现行会计准则规定，除下列情况外，企业应对所有固定资产计提折旧：

(1) 已提足折旧仍继续使用的固定资产；

(2) 按规定单独估价作为固定资产入账的土地。

在确定固定资产折旧范围时，还应注意以下几点：

(1) 固定资产应当按月计提折旧，当月增加的固定资产，当月不计提折旧，从下月起计提折旧；当月减少的固定资产，当月仍计提折旧，从下月起停止计提折旧。

(2) 固定资产提足折旧后，不论能否继续使用，均不再计提折旧；提前报废的固定资产，也不再补提折旧。

(3) 已达到预定可使用状态但尚未办理竣工决算手续的固定资产，应当按照估计价值确定其成本入账，并计提折旧，待办理竣工决算手续后，再按实际成本调整原暂估成本，但不需要调整原已计提的折旧额。

(4) 因更新改造而停止使用的固定资产，应将其账面价值转入在建工程，不再计提折旧，待改造达到预定可使用状态转为固定资产后，再按重新确定的使用寿命和折旧方法计提折旧。

(5) 因进行大修理而停用的固定资产，应当照提折旧，计提的折旧计入相关资产成本或当期损益。

（三）固定资产折旧的影响因素

影响固定资产折旧的因素主要有以下几个方面。

1. 固定资产原价

固定资产原价是固定资产的成本，是计提折旧的基数。

2. 预计净残值

预计净残值，是指假定固定资产预计使用寿命已满并处于使用寿命终了时的预期状态，企业从该项资产处置中获得的扣除预计处置费用后的金额。因为这部分残值是预计可以收回的价值，所以应该从固定资产原价中扣除后再计算折旧额。

3. 固定资产减值准备

按现行会计准则规定，当企业有迹象表明，固定资产的预计可收回金额低于账面价值的，可预先计提减值准备。这部分准备金可以弥补固定资产的价值损失，应从应计折旧额中扣除。

4. 固定资产的使用寿命

固定资产使用寿命的长短直接影响各期应提取的折旧额，在确定使用寿命时，除应充分考虑该项资产的有形损耗和无形损耗外，还应考虑该项资产的预计生产能力及法律对该项资产的使用限制。

（四）固定资产折旧方法

固定资产折旧方法有年限平均法、工作量法、双倍余额递减法和年数总和法等。企业应当根据与固定资产有关的经济利益的预期实现方式，合理选择折旧方法。固定资产的折旧方法一经确定，不得随意变更。

1. 年限平均法

年限平均法，又称直线法，是指将固定资产的应计折旧额均衡地分摊到固定资产预计使用寿命内的一种方法。采用这种方法计算的每期折旧额相等。

计算公式如下：

$$\text{年折旧额}=\frac{\text{固定资产原价}-\text{预计净残值}}{\text{预计使用寿命(年)}}$$

$$\text{月折旧额}=\text{年折旧额}\div 12$$

为了简便计算，可以合理确定预计净残值率，再计算年折旧率和月折旧率，每月用固定资产原价乘以月折旧率即可求得月折旧额。预计净残值率，是指预计净残值占固定资产原价的比率。

$$\text{年折旧率}=\frac{1-\text{预计净残值率}}{\text{预计使用寿命(年)}}\times 100\%$$

$$\text{月折旧率}=\text{年折旧率}\div 12$$

$$\text{月折旧额}=\text{固定资产原价}\times\text{月折旧率}$$

由于采用年限平均法计算各期的折旧额是相等的，因此，它能将固定资产的应计折旧额均衡地分摊到固定资产的预计使用寿命内，有利于折旧费用的均衡负担。

【例 3-18】 某企业某项固定资产原值为 1 000 000 元，预计净残值率为 4%，预计使用年限为 8 年，采用年限平均法计提折旧。其折旧率和月折旧额计算如下：

$\text{年折旧率}=\frac{1-4\%}{8}\times 100\%=12\%$

$\text{月折旧率}=12\%\div 12=1\%$

$\text{月折旧额}=1\,000\,000\times 1\%=10\,000\text{(元)}$

2. 工作量法

工作量法，是指按照固定资产预计完成的工作总量平均计提折旧的方法，它是以每单位工作量耗费的固定资产价值相等为前提的。

计算公式如下：

$$单位工作量折旧额=\frac{固定资产原价\times(1-预计净残值率)}{预计总工作量}$$

$$某项固定资产月折旧额=该项固定资产当月实际工作量\times单位工作量折旧额$$

采用工作量法计算折旧能较准确地反映固定资产的使用状况和实物磨损程度。

【例3-19】 某企业一辆运输汽车原价为400 000元，预计净残值率为4%，预计总行驶里程为600 000公里，本月实际行驶8 000公里。

$$每公里折旧额=\frac{400\,000\times(1-4\%)}{600\,000}=0.64(元)$$

本月折旧额＝8 000×0.64＝5 120(元)

3. 双倍余额递减法

双倍余额递减法，是指在不考虑固定资产预计净残值的情况下，根据每期期初固定资产原价减去累计折旧后的金额和双倍的直线法折旧率计算固定资产折旧的一种方法。

由于双倍余额递减法计算折旧率时，并不考虑固定资产的预计净残值，这样会导致使用寿命结束时已提折旧总额不等于应计折旧总额，为解决这一问题，采用本方法计提折旧时，应当在固定资产使用到期的前两年内，将固定资产账面净值减去预计净残值后的金额平均摊销。计算公式如下：

$$年折旧率=\frac{2}{预计使用寿命(年)}\times100\%$$

$$月折旧率=年折旧率\div12$$

$$月折旧额=固定资产年初账面净额\times月折旧率$$

【例3-20】 某企业一栋厂房原价为100 000元，预计使用寿命为5年，预计净残值为4 000元，则各年折旧额为：

年折旧率＝2/5×100%＝40%

第一年的年折旧额＝100 000×40%＝40 000(元)

第二年的年折旧额＝(100 000－40 000)×40%＝24 000(元)

第三年的年折旧额＝(100 000－40 000－24 000)×40%＝14 400(元)

从第四年起改为年限平均法计提折旧：

$$第四、五年的折旧额=\frac{21\,600-4\,000}{2}=8\,800(元)$$

各年内的月折旧额用各年的年折旧额除以12即可求得。

4. 年数总和法

年数总和法又称年限合计法，是以固定资产的应计折旧总额(固定资产原价减去预计净残值)作为折旧基数，以一个逐年递减的分数作为折旧率来计提各期折旧额的一种方法。其中逐年递减的分数中分子为固定资产尚可使用的年数，分母则为使用寿命的逐年数字之总和。计算公式如下：

$$年折旧率=\frac{预计使用寿命-已使用年数}{预计使用寿命\times(预计使用寿命+1)\div 2}\times 100\%$$

或

$$=\frac{尚可使用的年限}{预计使用寿命的年数总和}\times 100\%$$

$$年折旧额=(固定资产原价-预计净残值)\times 年折旧率$$

$$月折旧额=年折旧额\div 12$$

【例 3-21】 仍以【例 3-20】的资料为例，采用年数总和法计算年折旧额如表 3-1 所示。

表 3-1 资产折旧计算表

年份	固定资产原价——预计净残值	年折旧率	年折旧额	资产折余价值
1	96 000	5/15	32 000	68 000
2	96 000	4/15	25 600	42 400
3	96 000	3/15	19 200	23 200
4	96 000	2/15	12 800	10 400
5	96 000	1/15	6 400	4 000

双倍余额递减法和年数总和法属于加速折旧法。很明显，采用这两种方法计提折旧，在固定资产使用前期能创造较高经济效益的情况下，计提的折旧额大，转移的折旧费用多；而在固定资产使用后期经济效益可能会逐渐降低的情况下，计提的折旧额小，转移的折旧费用少。这既能反映收支配比要求，体现会计核算的谨慎性原则，又能尽快收回投资，实现固定资产快速更新。

（五）固定资产折旧的账务处理

企业计提的固定资产折旧，应根据固定资产用途，分别计入相关资产的生产成本或当期费用。具体来说，企业在实际计提固定资产折旧时，根据用途，借记“在建工程”“制造费用”“销售费用”“管理费用”“其他业务成本”等账户，贷记“累计折旧”账户。

【例 3-22】 亿优公司编制“固定资产折旧计算表”，计算出各部门所使用的固定资产折旧额如下：基本生产车间用固定资产折旧 60 000 元，行政管理部门用固定资产折旧 40 000 元，销售部门用固定资产折旧 20 000 元，经营租出固定资产折旧 10 000 元。账务处理如下：

借：制造费用	60 000	
管理费用	40 000	
销售费用	20 000	
其他业务成本	10 000	
贷：累计折旧		130 000

五、固定资产的后续支出

固定资产的后续支出，是指固定资产在使用过程中发生的更新改造支出、修理费用等支出。企业的固定资产在投入使用后，为了适用新技术发展的需要，或者为维护或提高固定资产的使用效能，往往需要对现有固定资产进行维护、改建、扩建或者改良。

固定资产发生的后续支出，若满足固定资产确认条件的应资本化，计入固定资产成本；若不能满足固定资产确认条件的应费用化，计入当期损益。

（一）资本化的后续支出

企业对固定资产进行更新改造或改良，通常可以满足固定资产确认条件，因此，其支出应予以资本化。固定资产发生的可资本化的后续支出，应当通过“在建工程”科目核算。固定资产发生可资本化的后续支出时，企业应将该固定资产的原价、已计提的累计折旧和减值准备转销，将固定资产的账面价值转入在建工程，借记“在建工程”“累计折旧”“固定资产减值准备”等科目，贷记“固定资产”科目。发生的可资本化的后续支出，借记“在建工程”科目，发生后续支出取得增值税专用发票的，应按前述规定区分动产和不动产分别进行核算，如为动产，按增值税专用发票上注明的增值税进项税额，借记“应交税费——应交增值税（进项税额）”科目，如为不动产，增值税进项税额分别按照60%、40%的比例分两年抵扣，借记“应交税费——应交增值税（进项税额）”“应交税费——待抵扣进项税额”科目，按实际支付的金额，贷记“银行存款”等科目。在固定资产发生的后续支出完工并达到预定可使用状态时，借记“固定资产”科目，贷记“在建工程”科目。

【例3-23】 甲航空公司为增值税一般纳税人，2006年12月份，购入一架飞机总计花费8 000万元（含发动机），发动机当时的购价为500万元。公司未将发动机作为一项单独的固定资产进行核算。2019年年初，甲公司开辟新航线，航程增加。为延长飞机的空中飞行时间，公司决定更换一部性能更为先进的发动机。新发动机购价为700万元，增值税专用发票上注明的增值税税额为112万元，另需支付安装费并取得增值税专用发票，注明安装费10万元，税率16%，增值税税额1.6万元。假定飞机的年折旧率为3%，不考虑预计净残值的影响，替换下的老发动机报废且无残值收入。甲航空公司应编制如下会计分录：

（1）2019年年初飞机的累计折旧金额：

80 000 000×3%×12＝28 800 000（元）

将固定资产转入在建工程：

借：在建工程	51 200 000	
累计折旧	28 800 000	
贷：固定资产		80 000 000

（2）安装新发动机：

借：在建工程	7 000 000	
应交税费——应交增值税（进项税额）	1 120 000	
贷：工程物资		8 120 000

（3）支付安装费用时：

借：在建工程	100 000	
应交税费——应交增值税（进项税额）	16 000	
贷：银行存款		116 000

(4) 2019年年初老发动机的账面价值：

5 000 000－5 000 000×3%×12＝3 200 000(元)

终止确认老发动机的账面价值：

借：营业外支出——非流动资产处置损失　　3 200 000

　　贷：在建工程　　3 200 000

(5) 新发动机安装完毕，投入使用，固定资产的入账价值：

51 200 000＋7 000 000＋100 000－3 200 000＝55 100 000(元)

借：固定资产　　55 100 000

　　贷：在建工程　　55 100 000

(二) 费用化的后续支出

一般情况下，固定资产投入使用之后，由于固定资产的磨损、各组成部分耐用程度不同，可能导致固定资产的局部损坏，为了维护固定资产的正常运转和使用，充分发挥其使用效能，企业会对固定资产进行必要的维护。

固定资产的日常维护支出通常不满足固定资产的确认条件，应在发生时直接计入当期损益。企业生产车间和行政管理部门等发生的固定资产维修费用等后续支出计入管理费用；企业专设销售机构的，其发生的与专设销售机构相关的固定资产维修费用等后续支出，计入销售费用。固定资产更新改造支出不满足固定资产确认条件的，也应在发生时直接计入当期损益。

【例3-24】 亿优公司为增值税一般纳税人，2019年6月1日，对生产车间使用的设备进行日常修理，发生维修费并取得增值税专用发票，注明修理费20 000元，税率16%，增值税税额3 200元。亿优公司应编制如下会计分录：

借：管理费用　　20 000

　　应交税费——应交增值税(进项税额)　　3 200

　　贷：银行存款　　23 200

【例3-25】 亿优公司为增值税一般纳税人，2019年8月1日，自行对管理部门使用的设备进行日常修理，发生修理费并取得增值税专用发票，注明修理费5 000元，税率16%，增值税税额800元。亿优公司应编制如下会计分录：

借：管理费用　　5 000

　　应交税费——应交增值税(进项税额)　　800

　　贷：银行存款　　5 800

六、固定资产的处置

(一) 固定资产终止确认的条件

固定资产的处置，主要包括固定资产的出售、报废、毁损、对外投资、非货币性资产交换、债务重组等。

固定资产满足下列条件之一的，应当予以终止确认。

1. 该固定资产处于处置状态

处于处置状态的固定资产不再用于生产商品、提供劳务、出租或经营管理，因此不再符合固定资产的定义，应予终止确认。

2. 该固定资产预期通过使用或处置不能产生经济利益

固定资产的确认条件之一是“与该固定资产有关的经济利益很可能流入企业”，如果一项固定资产预期通过使用或处置不能产生经济利益，就不再符合固定资产的定义和确认条件，应予终止确认。

（二）固定资产的处置规则

企业出售、转让划归为持有待售类别的，按照持有待售非流动资产、处置组的相关内容进行会计处理；未划归为持有待售类别而出售、转让的，通过“固定资产清理”科目归集所发生的损益，其产生的利益或损失转入“资产处置损益”科目，计入当期损益；固定资产因报废毁损等原因而终止确认的，通过“固定资产清理”科目归集所发生的损益，其产生的利得或损失计入“营业外收入”或“营业外支出”。

（三）固定资产处置的账务处理

企业通过“固定资产清理”科目核算出售、转让、报废或毁损而处置的固定资产，其会计处理一般分为以下几个步骤。

1. 固定资产转入清理

固定资产转入清理时，按固定资产账面价值，借记“固定资产清理”账户，按已计提的累计折旧，借记“累计折旧”账户，按已计提的减值准备，借记“固定资产减值准备”账户，按固定资产原价，贷记“固定资产”账户。

2. 发生的清理费用等

固定资产清理过程中，应支付的清理费用及其可抵扣的增值税进项税额，借记“固定资产清理”“应交税费——应交增值税（进项税额）”科目，贷记“银行存款”等科目。

3. 收回出售固定资产的价款、残料价值和变价收入等

企业收回出售固定资产的价款和税款，借记“银行存款”科目，按增值税专用发票上注明的价款，贷记“固定资产清理”科目，按增值税专用发票上注明的增值税销项税额，贷记“应交税费——应交增值税（销项税额）”科目。残料入库，按残料价值，借记“原材料”等科目，贷记“固定资产清理”科目。

4. 保险赔偿等的处理

企业计算或收到应由保险公司或过失人赔偿的损失时，借记“银行存款”或“其他应收款”账户，贷记“固定资产清理”账户。

5. 清理净损益的处理

固定资产清理完成后的净损失，属于正常出售、转让所产生的利得或损失，借记或贷记“资产处置损益”科目，贷记或借记“固定资产清理”科目；属于已丧失使用功能正常报废所产生的利得或损失，借记或贷记“营业外支出——非流动资产报废”科目，贷记或借记

"固定资产清理"科目；属于自然灾害等非正常原因造成的，借记或贷记"营业外支出——非常损失"科目，贷记或借记"固定资产清理"科目。

【例3-26】 亿优公司2019年12月30日，出售一座建筑物（系2016年6月1日自建完工），原价（成本）为2 000 000元，已计提折旧1 500 000元，未计提减值准备，实际出售价格为1 200 000元，增值税税率为10%，增值税税额为120 000元，已通过银行收回价款。亿优公司应做如下会计处理：

(1) 将出售固定资产转入清理时：

借：固定资产清理　　500 000
　　累计折旧　　1 500 000
　　贷：固定资产　　2 000 000

(2) 收回出售固定资产的价款和税款时：

借：银行存款　　1 320 000
　　贷：固定资产清理　　1 200 000
　　　　应交税费——应交增值税（销项税额）　　120 000

(3) 结转出售固定资产实现的利得时：

借：固定资产清理　　700 000
　　贷：资产处置损益　　700 000

【例3-27】 亿优公司现有一台设备由于性能等原因决定提前报废，原价为500 000元，相关增值税税额为80 000元，已计提折旧450 000元，未计提减值准备。报废时的残值变价收入为20 000元，增值税税额为3 200元。报废清理过程中发生清理费用3 500元。有关收入、支出均通过银行办理结算。亿优公司应做如下会计处理：

(1) 将报废固定资产转入清理时：

借：固定资产清理　　50 000
　　累计折旧　　450 000
　　贷：固定资产　　500 000

(2) 收回残料变价收入时：

借：银行存款　　23 200
　　贷：固定资产清理　　20 000
　　　　应交税费——应交增值税（销项税额）　　3 200

(3) 支付清理费用时：

借：固定资产清理　　3 500
　　贷：银行存款　　3 500

(4) 结转报废固定资产发生的净损失时：

借：营业外支出——非流动资产报废　　33 500
　　贷：固定资产清理　　33 500

【例3-28】 亿优公司因遭受台风袭击而毁损一座仓库，该仓库原价4 000 000元，已计提折旧1 000 000元，未计提减值准备。其残料估计价值50 000元，残料已办理入库。发生的清理费用并取得增值税专用发票，注明的装卸费为20 000元，增值税税额为3 200元，以银行存款支付。经保险公司核定应赔偿损失1 500 000元，款项已存入银行。

亿优公司应做如下会计处理：

(1) 将毁损的仓库转入清理时：

借:固定资产清理　　3 000 000

　累计折旧　　1 000 000

　贷:固定资产　　4 000 000

(2) 残料入库时：

借:原材料　　50 000

　贷:固定资产清理　　50 000

(3) 支付清理费用时：

借:固定资产清理　　20 000

　应交税费——应交增值税(进项税额)　　3 200

　贷:银行存款　　23 200

(4) 收到保险公司理赔款项时：

借:银行存款　　1 500 000

　贷:固定资产清理　　1 500 000

(5) 结转毁损固定资产发生的损失时：

借:营业外支出——非常损失　　1 470 000

　贷:固定资产清理　　1 470 000

七、固定资产的减值

固定资产的初始入账价值是历史成本,由于固定资产使用年限较长,市场条件和经营环境的变化、科学技术的进步以及企业经营管理不善等原因,都可能导致固定资产创造未来经济利益的能力大大下降。因此,固定资产的真实价值有可能低于账面价值,在期末必须对固定资产减值损失进行确认。

固定资产在资产负债表日存在可能发生减值的迹象时,其可收回金额低于账面价值的,企业应当将该固定资产的账面价值减记至可收回金额,减记的金额确认为减值损失,计入当期损益,借记"资产减值损失——计提的固定资产减值准备"科目,同时,计提相应的资产减值准备,贷记"固定资产减值准备"科目。

需要强调的是,根据《企业会计准则第 8 号——资产减值》的规定,企业固定资产减值损失一经确认,在以后会计期间不得转回。

【例 3-29】 2019 年 12 月 31 日,亿优公司的某生产线存在可能发生减值的迹象。经计算,该机器的可收回金额合计为 1 300 000 元,账面价值为 1 400 000 元,以前年度未对该生产线计提过减值准备。由于该生产线的可收回金额为 1 300 000 元,账面价值为 1 400 000元,可收回金额低于账面价值,应按两者之间的差额 100 000 元(=1 400 000－1 300 000)计提固定资产减值准备。

亿优公司应编制如下会计分录：

借:资产减值损失——计提的固定资产减值准备　　100 000

　贷:固定资产减值准备　　100 000

八、固定资产清查

固定资产是一种价值较高、使用期限较长的有形资产，因此，对于管理规范的企业而言，盘盈、盘亏的固定资产较为少见。企业应当健全制度，加强管理，定期或者至少于每年年末对固定资产进行清查盘点，以保证固定资产核算的真实性和完整性。如果清查中发现固定资产损益的应及时查明原因，在期末结账前处理完毕。

企业应当定期或者至少于每年年末对固定资产进行清查盘点，以保证固定资产核算的真实性，充分挖掘企业现有固定资产的潜力。在固定资产清查过程中，如果发现盘盈、盘亏的固定资产，应当填制固定资产盘盈盘亏报告表。清查固定资产的损益，应当及时查明原因，并按照规定程序报批处理。

（一）固定资产盘盈的会计处理

企业在财产清查中盘盈的固定资产，作为前期差错处理。企业在财产清查中盘盈的固定资产，在按管理权限报经批准处理前应先通过“以前年度损益调整”科目核算。盘盈的固定资产，应按重置成本确定其入账价值，借记“固定资产”科目，贷记“以前年度损益调整”科目。

【例 3－30】 亿优公司 2019 年 1 月 5 日在财产清查过程中发现 2012 年 12 月购入的一台设备尚未入账，重置成本为 30 000 元。假定亿优公司按净利润的 10%计提法定盈余公积，不考虑相关税费的影响。亿优公司应编制如下会计分录：

（1）盘盈固定资产时：

借：固定资产	30 000	
贷：以前年度损益调整		30 000

（2）结转为留存收益时：

借：以前年度损益调整	30 000	
贷：盈余公积——法定盈余公积		3 000
利润分配——未分配利润		27 000

（二）固定资产盘亏的会计处理

固定资产盘亏造成的损失，应当计入当期损益。企业在财产清查中盘亏的固定资产，按盘亏固定资产的账面价值借记“待处理财产损溢——待处理固定资产损溢”科目，按已计提的累计折旧，借记“累计折旧”科目，按已计提的减值准备，借记“固定资产减值准备”科目，按固定资产原价，贷记“固定资产”科目。按管理权限报经批准后处理时，按可收回的保险赔偿或过失人赔偿，借记“其他应收款”科目，按应计入营业外支出的金额，借记“营业外支出——盘亏损失”科目，贷记“待处理财产损溢”科目。

【例 3－31】 亿优公司 2019 年 12 月 31 日进行财产清查时，发现短缺一台笔记本电脑，原价为 10 000 元，已计提折旧 7 000 元，购入时增值税税额为 1 600 元。亿优公司应做如下会计处理：

（1）盘亏固定资产时：

借：待处理财产损溢	3 000	

累计折旧 7 000

贷:固定资产 10 000

(2) 转出不可抵扣的进项税额时:

借:待处理财产损溢 1 600

贷:应交税费——应交增值税(进项税额转出) 1 600

(3) 报经批准转销时:

借:营业外支出——盘亏损失 4 600

贷:待处理财产损溢 4 600

第四节 无形资产

一、无形资产概述

(一) 无形资产的概念和特征

无形资产,是指企业拥有或者控制的没有实物形态的可辨认非货币性资产,通常包括专利权、非专利技术、商标权、著作权、特许权、土地使用权等。与其他资产相比,无形资产具有以下特征。

1. 由企业拥有或者控制并能为其带来未来经济利益的资源

无形资产作为一项资产,具有一般资产的本质特征,即由企业拥有或者控制并能为其带来未来经济利益。通常情况下,企业拥有或者控制的无形资产是指企业拥有该项无形资产的所有权,且该项无形资产能够为企业带来未来经济利益。但在某些情况下并不需要企业拥有其所有权,如果企业有权获得某项无形资产产生的未来经济利益,并能约束其他方获得这些经济利益,则表明企业控制了该无形资产,或者说控制了该无形资产产生的经济利益,并受法律的保护。比如,企业自行研制的技术通过申请依法取得专利权后,在一定期限内拥有了该专利技术的法定所有权。又比如,企业与其他企业签订合约转让商标权,由于合约的签订,使商标使用权转让方的相关权利受到法律的保护。

2. 无形资产不具有实物形态

无形资产通常表现为某种权利、某项技术或是某种获取超额利润的综合能力,它们不具有实物形态,比如,土地使用权、非专利技术等。需要指出的是,某些无形资产的存在有赖于实物载体,比如,计算机软件需要存储在介质中,但这并不改变无形资产本身不具有实物形态的特征。在确定一项包含无形和有形要素的资产是属于固定资产还是属于无形资产时,需要通过判断来加以确定,通常以哪个要素更重要作为判断的依据。例如,计算机控制的机械工具没有特定计算机软件就不能运行时,则说明该软件构成硬件部分不可缺少的组成部分,该软件应作为固定资产处理;如果计算机软件不是相关硬件不可缺少的组成部分,则该软件应作为无形资产核算。

3. 无形资产具有可辨认性

要作为无形资产核算，该资产必须是能够区别于其他资产可单独辨认的，如企业持有的专利权、非专利技术、商标权、土地使用权、特许权等。满足下列条件之一的，应当认定为其具有可辨认性：

(1) 能够从企业中分离或者划分出来，并能单独或者与相关合同、资产或负债一起，用于出售、转移、授予许可、租赁或交换。

(2) 源自合同性权利或其他法定权利，无论这些权利是否可以从企业或其他权利和义务中转移或者分离。例如，一方通过与另一方签订特许权合同而获得的特许使用权，通过法律程序申请获得的商标权、专利权等。

商誉通常是与企业整体价值联系在一起的，其存在无法与企业自身相分离，不具有可辨认性，不属于本节所指的无形资产。

4. 无形资产属于非货币性资产

非货币性资产是指企业持有的货币资金和将以固定或可确定的金额收取的资产以外的其他资产。无形资产在持有过程中为企业带来未来经济利益的情况不确定，不属于以固定或可确定的金额收取的资产，属于非货币性资产。

(二) 无形资产的分类

无形资产按照不同的标准，可以分为不同的类别。

1. 按经济内容分类

无形资产按其反映的经济内容，可以分为专利权、非专利技术、商标权、著作权、土地使用权和特许权等。

(1) 专利权。

专利权是指国家专利主管机关依法授予发明创造专利申请人，对其发明创造在法定期限内所享有的专有权利，包括发明专利权、实用新型专利权和外观设计专利权。

(2) 非专利技术。

非专利技术也称专有技术，是指不为外界所知、在生产经营活动中已采用了的、不享有法律保护的、可以带来经济利益的各种技术和诀窍。非专利技术一般包括工业专有技术、商业贸易专有技术、管理专有技术等。

(3) 商标权。

商标是用来辨认特定商品或劳务的标记。商标权是指企业专门在某类指定的商品或产品上使用特定的名称或图案的权利。

(4) 著作权。

著作权又称版权，指作者对其创作的文学、科学和艺术作品依法享有的某些特殊权利。著作权包括作品署名权、发表权、修改权和保护作品完整权，还包括复制权、发行权、出租权、展览权、表演权、放映权、广播权、信息网络传播权、摄制权、改编权、翻译权、汇编权以及应当由著作权人享有的其他权利。

(5) 土地使用权。

土地使用权是指经国家批准，企业在一定时期内对国有土地享有开发、利用和经营的权利。按照我国土地管理法的规定，我国土地实行公有制，任何单位和个人不得侵占、买卖或者以其他形式非法转让。企业取得土地使用权的方式大致有行政划拨取得、外购取得及投资者投资取得三种。

（6）特许权。

特许权又称经营特许权、专营权，指企业在某一地区经营或销售某种特定商品的权利，或是一家企业接受另一家企业使用其商标、商号、技术秘密等的权利。特许权通常有两种形式：一种是由政府机构授权、准许企业使用或在一定地区享有经营某种业务的特权，如水、电、邮电通信等的专营权、烟草专卖权等；另一种指企业间依照签订的合同，有限期或无限期地使用另一家企业的某些权利，如连锁分店使用总店的名称等。

2. 按来源途径分类

无形资产按其来源途径，可以分为外来无形资产和自创无形资产。

（1）外来无形资产。外来无形资产是指企业通过从国内外科研单位及其他企业购进、接受投资等方式从企业外部取得的无形资产。

（2）自创无形资产。自创无形资产是指企业自行开发、研制的无形资产。

3. 按经济寿命期限分类

无形资产按是否具备确定的经济寿命期限，可以分为期限确定的无形资产和期限不确定的无形资产。

（1）期限确定的无形资产。期限确定的无形资产是指在有关法律中规定有最长有效期限的无形资产，如专利权、商标权、著作权、土地使用权和特许权等。这些无形资产在法律规定的有效期内受法律保护；有效期满时，如果企业未继续办理有关手续，将不再受法律保护。

（2）期限不确定的无形资产。期限不确定的无形资产是指没有相应法律规定其有效期限，其经济寿命难以预先准确估计的无形资产，如非专利技术。这些无形资产的经济寿命取决于技术进步的快慢以及技术保密工作的好坏等因素。当新的可替代技术成果出现时，旧的非专利技术自然贬值；当技术不再是秘密时，也就无价值可言。

二、无形资产核算的账户设置

为了核算无形资产的取得、摊销和处置情况，企业应当设置“无形资产”“累计摊销”等账户。

（一）“无形资产”账户

“无形资产”账户属于资产类账户，用来核算企业持有的无形资产成本。借方登记取得无形资产的成本，贷方登记出售无形资产转出的无形资产账面余额，期末借方余额反映企业无形资产的成本。本账户可按无形资产项目设置明细账，进行明细核算。

（二）“累计摊销”账户

“累计摊销”账户属于“无形资产”账户的抵减账户。用来核算企业对使用寿命有限的无形资产计提的累计摊销。贷方登记企业计提的无形资产摊销，借方登记处置无形资产转出的累计摊销，期末贷方余额，反映企业无形资产的累计摊销额。

此外，企业无形资产发生减值的，还应当设置“无形资产减值准备”科目进行核算。

（三）“研发支出”账户

“研发支出”账户属于成本类账户。用来核算企业进行研究与开发无形资产过程中发生的各项支出。借方登记企业自行研发无形资产实际发生的各项支出，贷方登记转为无形资产和管理费用的金额，借方余额反映企业正在进行的研究开发项目中满足资本化条件的支出。按照研发项目，分为“费用化支出”和“资本化支出”进行明细核算。

三、无形资产的取得

企业取得的无形资产，只有在其产生的经济利益很可能流入企业且其成本能够可靠计量的情况下，才能加以确认。企业的无形资产，按其取得方式主要可以分为外购、自行研发等方式。

（一）外购的无形资产

外购的无形资产，其成本包括购买价款、相关税费以及直接归属于使该项资产达到预定用途所发生的其他支出。其中，相关税费不包括按照现行增值税制度规定，可以从销项税额中抵扣的增值税进项税额。外购无形资产，取得增值税专用发票的，按注明的增值税进项税额，借记“应交税费——应交增值税（进项税额）”科目；取得增值税普通发票的，按照注明的价税合计金额作为无形资产的成本，其进项税额不可抵扣。

【例 3－32】 亿优公司购入一项非专利技术，取得的增值税专用发票上注明的价款为 600 000 元，税率 6%，增值税税额为 36 000 元，以银行存款支付。账务处理如下：

借：无形资产	600 000	
应交税费——应交增值税（进项税额）	36 000	
贷：银行存款		636 000

（二）自行研究开发的无形资产

企业自行研究开发项目的支出，应当区分研究阶段的支出和开发阶段的支出。

1. 研究阶段的支出

研究是指为获取并理解新的科学或技术知识而进行的独创性的有计划的调查。研究活动的例子包括：意在获取知识而进行的活动；研究成果或其他知识的应用研究、评价和最终选择；材料、设备、产品、工序、系统或服务替代品的研究；新的或经改进的材料、设备、产品、工序、系统或服务的可能替代品的配置、设计、评价和最终选择等。

研究阶段基本上是探索性的，是为进一步的开发活动进行资料及有关方面的准备，已经进行的研究活动将来是否会转入开发、开发后是否会形成无形资产等均具有较大的不确定性。在这一阶段一般不会形成阶段性成果。为此，研究阶段发生的支出，应予以费用化，计入当期损益。

2. 开发阶段的支出

开发是指在进行商业性生产或使用前，将研究成果或其他知识应用于某项计划或设计，以生产出新的或具有实质性改进的材料、装置、产品等。开发活动的例子包括：生产前或使用前的原型和模型的设计、建造和测试；含新技术的工具、夹具、模具和冲模的设计；不具有商业性生产经济规模的试生产设施的设计、建造和运营；新的或经改造的材料、设备、产品、工序、系统或服务所选定的替代品的设计、建造和测试等。

开发阶段相对于研究阶段而言，应当是已完成研究阶段的工作，在很大程度上具备了形成一项新产品或新技术的基本条件。开发阶段的支出符合资本化条件的，确认为无形资产；不符合资本化条件的计入当期损益。

企业自行研究开发项目在开发阶段发生的支出，同时满足下列条件的，应当予以资本化：

(1) 完成该无形资产以使其能够使用或出售在技术上具有可行性。企业在判断无形资产的开发在技术上是否具有可行性时，应当以目前阶段的成果为基础，并提供相关证据和材料，证明企业进行开发所必需的技术条件等已经具备，不存在技术上的障碍或其他不确定性。例如，企业已经完成了全部计划、设计和测试活动，这些活动是使资产达到设计规划书中的功能、特征和技术所必需的活动，或经过专家鉴定等。

(2) 具有完成该无形资产并使用或出售的意图。企业研发项目形成成果以后，是对外出售，还是自己使用并从使用中获得经济利益，应当由企业管理层的意图确定。企业管理层应当能够说明其开发无形资产的目的，并具有完成该项无形资产开发并使其能够使用或出售的可能性。

(3) 无形资产产生经济利益的方式，包括能够证明运用该无形资产生产的产品存在市场或无形资产自身存在市场，无形资产将在内部使用的，应当证明其有用性。如果有关的无形资产在形成以后，主要是用于生产新产品，企业应当对运用该无形资产生产的产品的市场情况进行可靠预计，应当能够证明所生产的产品存在市场，并能够带来经济利益的流入；如果有关的无形资产开发以后主要是用于对外出售的，则企业应当能够证明市场上存在对该类无形资产的需求，其开发以后存在外在的市场可以出售并能够带来经济利益的流入；如果无形资产开发以后，不是用于生产产品，也不是用于对外出售，而是在企业内部使用的，则企业应能够证明其对企业的有用性。

(4) 有足够的技术、财务资源和其他资源支持，以完成该无形资产的开发，并有能力使用或出售该无形资产。这一条件主要包括：① 为完成该项无形资产的开发具有技术上的可靠性。开发无形资产并使其形成成果在技术上的可靠性，是继续开发活动的关键。因此，必须有确凿证据证明企业继续开发该项无形资产有足够的技术支持和技术能力。② 财务资源和其他资源支持。财务资源和其他资源支持是能够完成该项无形资产开发的经济基础。因此，企业必须能够证明可以取得无形资产开发所必需的财务和其他资源，以及获得这些资源的相关计划。③ 能够证明企业可以取得无形资产开发所必需的技术、财务和其他资源，以及获得这些资源的相关计划等。如企业自有资金不足以提供支持的，应当能够证明存在外部其他方面的资金支持，如银行等金融机构声明愿意为该无形资产的开发提供所需资金等。④ 有能力使用或出售该项无形资产以取得收益。

(5) 归属于该无形资产开发阶段的支出能够可靠地计量。企业对于开发活动所发生的支出应单独核算,如直接发生的开发人员薪酬、材料费以及相关设备折旧费等。在企业同时从事多项开发活动的情况下,所发生的支出同时用于支持多项开发活动的,应按照合理的标准在各项开发活动之间进行分配;无法合理分配的,应予以费用化计入当期损益,不计入开发活动的成本。

3. 无法区分研究阶段和开发阶段的支出

无法区分是研究阶段的支出还是开发阶段的支出,应当将其所发生的研发支出全部费用化,计入当期损益。

企业自行研究开发的无形资产,应设置"研发支出"账户核算研究开发过程中的相关支出。该账户应当按照研究开发项目,分别设置"费用化支出"与"资本化支出"进行明细核算。其研发支出不满足资本化条件的,借记"研发支出——费用化支出"账户,贷记"原材料""银行存款""应付职工薪酬"等账户;期末应将研发支出——费用化支出金额转入"管理费用"账户,借记"管理费用"账户,贷记"研发支出——费用化支出"账户。研发支出满足资本化条件的,应借记"研发支出——资本化支出"账户,贷记"原材料""银行存款""应付职工薪酬"等账户;在研究开发项目达到预定用途形成无形资产时,借记"无形资产"账户,贷记"研发支出——资本化支出"账户。

【例 3-33】 亿优公司自行研究、开发一项技术,截至 2018 年 12 月 31 日,发生研发支出合计 2 000 000 元,经测试,该项研发活动完成了研究阶段,从 2019 年 1 月 1 日开始进入开发阶段。2019 年发生开发支出 300 000 元,假定符合《企业会计准则第 6 号——无形资产》规定的开发支出资本化的条件,取得的增值税专用发票上注明的增值税税额为 48 000元。2019 年 6 月 30 日,该项研发活动结束,最终开发出一项非专利技术。

(1) 2018 年发生的研发支出:

借:研发支出——费用化支出	2 000 000	
贷:银行存款等		2 000 000

(2) 2018 年 12 月 31 日,发生的研发支出全部属于研究阶段的支出:

借:管理费用	2 000 000	
贷:研发支出——费用化支出		2 000 000

(3) 2019 年,发生开发支出并符合资本化确认条件:

借:研发支出——资本化支出	300 000	
应交税费——应交增值税(进项税额)	48 000	
贷:银行存款等		348 000

(4) 2019 年 6 月 30 日,该技术研发完成并形成无形资产:

借:无形资产	300 000	
贷:研发支出——资本化支出		300 000

四、无形资产的摊销

企业应当于取得无形资产时分析判断其使用寿命。使用寿命有限的无形资产应进行摊销。使用寿命不确定的无形资产不应摊销。

使用寿命有限的无形资产,通常其残值视为零。对于使用寿命有限的无形资产应当自可供使用(即其达到预定用途)当月起开始摊销,处置当月不再摊销。无形资产摊销方法包括年限平均法(即直线法)、生产总量法等。企业选择的无形资产摊销方法,应当反映与该项无形资产有关的经济利益的预期实现方式。无法可靠确定预期实现方式的,应当采用年限平均法(直线法)摊销。企业应当按月对无形资产进行摊销。

无形资产的摊销额一般应当计入当期损益。企业管理用的无形资产,其摊销金额计入管理费用;出租的无形资产,其摊销金额计入其他业务成本;某项无形资产包含的经济利益通过所生产的产品或其他资产实现的,其摊销金额应当计入相关资产成本。

企业对无形资产进行摊销时,借记"管理费用""其他业务成本""生产成本""制造费用"等科目,贷记"累计摊销"科目。

【例 3-34】 亿优公司 2019 年年初购入一项专利权,支付价款共计 600 000 元,摊销期为 10 年,采用年限平均法摊销,残值为 0。账务处理如下:

年摊销额=600 000÷10=60 000(元)

月摊销额=60 000÷12=5 000(元)

借:管理费用	5 000	
贷:累计摊销		5 000

企业至少应当于每年年度终了,对使用寿命有限的无形资产的使用寿命进行复核。无形资产的使用寿命与以前估计不同的,应当改变摊销期限。企业应当在每个会计期间对使用寿命不确定的无形资产的使用寿命进行复核。如果有证据表明无形资产的使用寿命是有限的,应当估计其使用寿命,并按使用寿命有限的无形资产的有关规定处理。

五、无形资产的处置

无形资产的处置,主要是指无形资产出售、对外出租、对外捐赠,或者是无法为企业带来未来经济利益时,应予终止确认并转销。

(一) 无形资产的出售

企业出售某项无形资产,表明企业放弃无形资产的所有权,应当将取得的价款扣除该无形资产账面价值以及应交税费的差额计入当期损益(资产处置损益)。

【例 3-35】 甲公司为增值税一般纳税人,将其购买的一项专利权转让给乙公司,开具增值税专用发票,注明价款 500 000,税率 6%,增值税税额 30 000 元,款项 530 000 元已存入银行。该专利权的成本为 600 000 元,已摊销 220 000 元。账务处理如下:

借:银行存款	530 000	
累计摊销	220 000	
贷:无形资产		600 000
应交税费——应交增值税(销项税额)		30 000
资产处置损益——无形资产处置收益		120 000

(二) 无形资产的出租

企业将所拥有的无形资产的使用权让渡给他人,并收取租金,属于与企业日常活动相关的其他经营活动取得的收入,在满足收入确认条件的情况下,应确认相关的收入及成本，并通过其他业务收支科目进行核算。让渡无形资产使用权而取得的租金收入，借记“银行存款”等科目，贷记“其他业务收入”等科目；摊销出租无形资产的成本并发生与出租有关的各种费用支出时，借记“其他业务成本”科目，贷记“累计摊销”科目。

【例 3-36】 2019 年 1 月 1 日，甲公司将某商标权出租给乙公司使用，租期为 4 年，每年收取租金 150 000 元，每年摊销额为 100 000 元。则甲公司的账务处理为：

借：银行存款　　150 000

　贷：其他业务收入　　150 000

借：其他业务成本　　100 000

　贷：累计摊销　　100 000

（三）无形资产的报废

如果无形资产预期不能为企业带来未来经济利益，如该无形资产已被其他新技术所取代或超过法律保护期，不能再为企业带来经济利益的，则不再符合无形资产的定义，应将其报废并予以转销，其账面价值转作当期损益。转销时，应按已计提的累计摊销，借记“累计摊销”科目；按其账面余额，贷记“无形资产”科目；按其差额，借记“营业外支出”科目。已计提减值准备的，还应同时结转减值准备。

【例 3-37】 甲企业原拥有一项非专利技术，采用年限平均法进行摊销，预计使用期限为 10 年。现该项非专利技术已被新技术所取代，并且根据市场调查，用该非专利技术生产的产品已没有市场，预期不能再为企业带来任何经济利益，故应当予以转销。转销时，该项非专利技术的成本为 800 000 元，已摊销 6 年，累计计提减值准备 250 000 元，该项非专利技术残值为 0。假定不考虑其他因素，甲公司的账务处理为：

借：累计摊销　　480 000

　无形资产减值准备　　250 000

　营业外支出　　70 000

　贷：无形资产——非专利技术　　800 000

六、无形资产的减值

无形资产在资产负债表日存在可能发生减值的迹象时，其可收回金额低于账面价值的，企业应当将该无形资产的账面价值减记至可收回金额，减记的金额确认为减值损失，计入当期损益，同时计提相应的资产减值准备。

企业按照应减记的金额，借记“资产减值损失——计提的无形资产减值准备”科目，贷记“无形资产减值准备”科目。

需要强调的是，根据《企业会计准则第 8 号——资产减值》的规定，企业无形资产减值损失一经确认，在以后会计期间不得转回。

【例 3-38】 亿优公司 2019 年 12 月 31 日对一项非专利技术进行减值测试，经测试表明其已发生减值，可收回金额为 1 800 000 元，账面余额为 2 000 000 元。账务处理如下：

借：资产减值损失——计提的无形资产减值准备　　200 000

　贷：无形资产减值准备　　200 000

自测题

一、单项选择题

1. 某企业购入 W 上市公司股票 180 万股，并划分为交易性金融资产，共支付款项 2 830 万元，其中包括已宣告但尚未发放的现金股利 126 万元，另支付相关交易费用 4 万元。该项交易性金融资产的入账价值为(　　)万元。

A. 2 700　　B. 2 704　　C. 2 830　　D. 2 834

2. A 公司于 2018 年 11 月 5 日从证券市场上购入 B 公司发行在外的股票 2 000 万股作为交易性金融资产核算，每股支付价款 5 元，另支付相关费用 10 万元，2018 年 12 月 31 日，该股票的公允价值为 10 500 万元，2019 年 12 月 31 日，该股票的公允价值为 10 300 万元，A 公司 2019 年 12 月 31 日应确认的公允价值变动损益为(　　)万元。

A. 损失 200　　B. 收益 500　　C. 损失 490　　D. 收益 300

3. 下列各项中，关于交易性金融资产表述不正确的是(　　)。

A. 取得交易性金融资产所发生的相关交易费用应当在发生时计入投资收益

B. 资产负债表日交易性金融资产公允价值与账面余额的差额计入当期损益

C. 收到交易性金融资产购买价款中已到付息期但尚未领取的债券利息不应计入当期损益

D. 出售交易性金融资产时应将其公允价值与账面余额之间的差额确认为投资收益

4. 甲公司将其持有的交易性金融资产全部出售，售价为 3 000 万元，出售前该金融资产的账面价值为 2 800 万元(其中成本 2 500 万元，公允价值变动 300 万元)。假定不考虑其他因素，甲公司对该交易应确认的投资收益为(　　)万元。

A. 200　　B. －200　　C. 500　　D. －500

5. 甲公司为增值税一般纳税人，2019 年 12 月 31 日购入不需安装的生产设备一台，当日投入使用。该设备价款为 360 万元，运杂费 2 万元，专业人员服务费 1 万元，员工培训费 2 万元，增值税税额为 57.6 万元，该设备的入账价值为(　　)万元。

A. 365　　B. 363　　C. 420.6　　D. 422.6

6. 2019 年 4 月 1 日，甲公司向乙公司一次购进了三套不同型号且有不同生产能力的设备 X、Y 和 Z。甲公司以银行存款支付货款 880 000 元、包装费 20 000 元。X 设备在安装过程中领用生产用原材料账面成本 20 000 元，支付安装费 30 000 元。假定设备 X、Y 和 Z 分别满足固定资产的定义及其确认条件，公允价值分别为 300 000 元、250 000 元、450 000 元。假设不考虑其他相关税费，则 X 设备的入账价值为(　　)元。

A. 320 000　　B. 324 590　　C. 350 000　　D. 327 990

7. 甲公司于 2018 年 7 月 1 日以每股 30 元的价格购入华山公司发行的股票 100 万股，指定为以公允价值计量且其变动计入其他综合收益的金融资产。2018 年 12 月 31 日，该股票的市场价格为每股 27.5 元。2019 年 12 月 31 日，该股票的市场价格为每股 26.25 元，则 2019 年 12 月 31 日，甲公司应作的会计处理为借记(　　)。

A. “资产减值损失”账户 125 万元

B. “公允价值变动损益”账户 125 万元

C. “其他权益工具投资”账户 125 万元

D. “其他综合收益”账户 125 万元

8. 2019 年 1 月 1 日，甲公司自证券市场购入面值总额为 2 000 万元的债券。购入时实际支付价款 2 078.98 万元，另外支付交易费用 10 万元。该债券发行日为 2019 年 1 月 1 日，系分期付息、到期还本债券，期限为 5 年，票面年利率为 5%，年实际利率为 4%，每年 12 月 31 日支付当年利息。甲公司将该债券投资分类为以摊余成本计量的金融资产。假定不考虑其他因素，该债权投资 2019 年 12 月 31 日的账面价值为(　　)万元。

A. 2 062.14　　B. 2 068.98　　C. 2 072.54　　D. 2 083.43

9. 2018 年 12 月 31 日，甲公司购入一台设备并投入使用，其成本为 25 万元，预计使用年限 5 年，预计净残值 1 万元，采用双倍余额递减法计提折旧。假定不考虑其他因素，2019 年度该设备应计提的折旧额为(　　)万元。

A. 4.8　　B. 8　　C. 9.6　　D. 10

10. 甲公司为增值税一般纳税人，2018 年 12 月 31 日购入不需要安装的生产设备一台，当日投入使用。该设备价款为 360 万元，增值税税额为 57.6 万元，预计使用寿命为 5 年，预计净残值为零，采用年数总和法计提折旧。该设备 2019 年应计提的折旧为(　　)万元。

A. 72　　B. 120　　C. 140.4　　D. 168.48

11. 下列各项中，不影响债权投资摊余成本因素的有(　　)。

A. 确认的减值准备　　B. 分期收回的本金

C. 利息调整的累计摊销额　　D. 对分期付息债券确认的票面利息

12. 某企业转让一台旧设备，取得价款 56 万元，发生清理费用 2 万元。该设备原值为 60 万元，已提折旧 10 万元。假定不考虑其他因素，出售该设备影响当期损益的金额为(　　)万元。

A. 4　　B. 6　　C. 54　　D. 56

13. 某企业 2018 年 12 月 31 日购入一台设备，入账价值为 200 万元，预计使用寿命为 10 年，预计净残值为 20 万元，采用年限平均法计提折旧。2019 年 12 月 31 日该设备存在减值迹象，经测试预计可收回金额为 120 万元。2019 年 12 月 31 日该设备账面价值应为(　　)万元。

A. 120　　B. 160　　C. 180　　D. 182

14. 甲公司 2019 年 1 月 10 日开始自行研究开发无形资产，12 月 31 日达到预定用途。其中，研究阶段发生职工薪酬 30 万元、计提专用设备折旧 40 万元；进入开发阶段后，相关支出符合资本化条件前发生的职工薪酬 30 万元、计提专用设备折旧 30 万元，符合资本化条件后发生职工薪酬 100 万元、计提专用设备折旧 200 万元。假定不考虑其他因素，甲公司 2019 年对上述研发支出进行的下列会计处理中，正确的是(　　)。

A. 确认管理费用 70 万元，确认无形资产 360 万元

B. 确认管理费用 30 万元，确认无形资产 400 万元

C. 确认管理费用 130 万元，确认无形资产 300 万元

D. 确认管理费用 100 万元，确认无形资产 330 万元

15. 下列各项中，关于无形资产摊销表述不正确的是(　　)。

A. 使用寿命不确定的无形资产不应摊销

B. 出租无形资产的摊销额应计入管理费用
C. 使用寿命有限的无形资产处置当月不再摊销
D. 无形资产的摊销方法主要有直线法和生产总量法

二、多项选择题

1. 下列各项中,应计提固定资产折旧的有(   )。
A. 经营租入的设备
B. 已投入使用但未办理竣工决算的厂房
C. 融资租入的办公楼
D. 已达到预定可使用状态但未投产的生产线
2. 企业计提固定资产折旧时,下列会计分录正确的有(   )。
A. 计提行政管理部门固定资产折旧:借记"管理费用"科目,贷记"累计折旧"科目
B. 计提生产车间固定资产折旧:借记"制造费用"科目,贷记"累计折旧"科目
C. 计提专设销售机构固定资产折旧:借记"销售费用"科目,贷记"累计折旧"科目
D. 计提自建工程使用的固定资产折旧:借记"在建工程"科目,贷记"累计折旧"科目
3. 下列各项固定资产,应当计提折旧的有(   )。
A. 闲置的固定资产　　B. 单独计价入账的土地
C. 经营租出的固定资产　　D. 已提足折旧仍继续使用的固定资产
4. 下列各项中,影响固定资产折旧的因素有(   )。
A. 固定资产原价　　B. 固定资产的预计使用寿命
C. 固定资产预计净残值　　D. 已计提的固定资产减值准备
5. 下列关于固定资产计提折旧的表述,正确的有(   )。
A. 提前报废的固定资产不再补提折旧
B. 固定资产折旧方法一经确定不得改变
C. 已提足折旧但仍继续使用的固定资产不再计提折旧
D. 自行建造的固定资产应自办理竣工决算时开始计提折旧
6. 下列各项中,影响固定资产清理净损益的有(   )。
A. 清理固定资产发生的税费　　B. 清理固定资产的变价收入
C. 清理固定资产的账面价值　　D. 清理固定资产耗用的材料成本
7. 企业结转固定资产清理净损益时,可能涉及的会计科目有(   )。
A. 管理费用　　B. 营业外收入　　C. 营业外支出　　D. 财务费用
8. 下列各项关于资产期末计量的表述中,正确的有(   )
A. 其他债权投资按照摊余成本后续计量
B. 其他权益工具投资按照摊余成本后续计量
C. 交易性金融资产按照公允价值后续计量
D. 债权投资按照摊余成本后续计量
9. 企业对使用寿命有限的无形资产进行摊销时,其摊销额应根据不同情况分别计入(   )。
A. 管理费用　　B. 主营业务成本　　C. 财务费用　　D. 其他业务成本
10. 下列各项中不会引起无形资产账面价值发生增减变动的有(   )。

A. 对无形资产计提减值准备
B. 企业内部研究开发支出项目研究阶段发生的支出
C. 摊销无形资产
D. 企业内部研究开发项目开发支出不满足无形资产确认条件

三、判断题

1. 企业为取得交易性金融资产发生的交易费用应计入交易性金融资产初始确认金额。（　）

2. 企业以一笔款项购入多项没有单独标价的固定资产时，应将多项固定资产合并入账。（　）

3. 研究开发支出中的开发支出，均应计入无形资产的成本。（　）

4. 企业无法可靠区分研究阶段和开发阶段支出的，应将其所发生的研发支出全部资本化计入无形资产成本。（　）

5. 使用寿命有限的无形资产应当自达到预定用途的下月起开始摊销。（　）

四、会计实务题

1. 2018 年 4 月 1 日，甲公司购入 A 上市公司的股票 4 000 万股，每股买入价为 9 元，其中 0.25 元为已宣告但尚未分派的现金股利。另支付相关税费 360 万元，企业作为交易性金融资产核算。2018 年 4 月 18 日，收到 A 公司分派的现金股利。2018 年 12 月 31 日，该股票的每股市价下跌至 8 元。2019 年 2 月 3 日，出售持有的 A 公司股票 1 000 万股，实得价款 7 000 万元，假设不考虑所得税。

要求：编制甲公司上述交易或事项的会计分录。

2. 甲公司 2014 年 1 月 1 日购买债券，价款 1 186 680 元（含已到付息期尚未领取利息 80 000 元），面值 1 000 000 元，票面利率 8%，剩余期限 4 年，按年付息，到期还本，实际利率 4.992%。企业将其划分为以摊余成本计量的金融资产。

要求：编制购买第一、第二年确认利息收入，第 4 年年末到期收回本息的会计分录。

3. 2018 年 1 月 1 日，甲公司购入 B 公司发行的公司债券，支付价款 26 000 000 元（其中包含已到付息期但尚未领取的债券利息 500 000 元），另支付交易费用 300 000 元，取得的增值税专用发票上注明的增值税税额为 18 000 元。该笔 B 公司债券于 2017 年 7 月 1 日发行，面值为 25 000 000 元，票面利率为 4%，上年债券利息于下年初支付。甲公司将其划分为交易性金融资产进行管理和核算。2018 年 1 月 31 日，甲公司收到该笔债券利息 500 000 元。2019 年年初，甲公司收到债券利息 1 000 000 元。假定债券利息不考虑相关税费。

要求：根据上述资料编制有关的会计分录。

4. 甲公司为增值税一般纳税人，2019 年 7 月 1 日购入一台需要安装的生产用设备，买价为 100 万元，进项税额为 16 万元，装卸费 8 万元，安装领用原材料 20 万元，领用成本为 30 万元的产品，2019 年 10 月 1 日设备达到预定可使用状态。

要求：根据上述资料编制有关的会计分录。

5. 某企业一项固定资产的原价为 1 000 000 元，预计使用年限为 5 年，预计净残值为 4 000 元。

要求：分别采用年限平均法、双倍余额递减法和年数总和法计提折旧，计算不同折旧方法下的每年折旧额。

6. 乙公司为增值税一般纳税人，2019 年 3 月份管理部门、销售部门应分配的固定资产折旧额为：管理部门房屋建筑物计提折旧 14 800 000 元，运输工具计提折旧 2 400 000 元；销售部门房屋建筑物计提折旧 3 200 000 元，运输工具计提折旧 2 630 000 元。当月新购置机器设备一台，价值为 5 400 000 元，预计使用寿命为 10 年，预计净残值为 4 000 元，该企业同类设备采用年限平均法计提折旧。

要求：根据上述资料编制有关企业计提折旧的会计分录。

7. 甲公司出售一台设备，开出增值税专用发票，价款为 300 万元，销项税额为 48 万元，实际收到款项 348 万元。出售时该设备原价为 460 万元，累计已计提折旧 50 万元，已计提减值准备 10 万元，账面价值为 400 万元。在清理的过程中，以银行存款支付清理费用 10 万元。假定不考虑其他税费。

要求：根据上述资料编制有关会计分录。

8. 某企业自行研究开发一项专利技术，获得国家专利权，该专利技术耗费研究费 100 000 元，符合资本化条件的开发费用 50 000 元，专利申请登记费 4 500 元，律师费及其他费用共 6 000 元，均以银行存款支付。

要求：根据上述资料编制该企业的会计分录。

9. 2019 年 1 月 1 日，甲公司将其自行开发完成的非专利技术出租给丁公司，该非专利技术成本为 3 600 000 元，双方约定的租赁期限为 10 年，甲公司采用年限平均法按月摊销。

要求：编制甲公司每月计提无形资产摊销时的会计分录。

第四章

供应及生产业务核算

第一节　材料采购业务核算

一、材料采购核算概述

企业采购业务是生产经营活动的准备环节，通过材料采购形成企业的储备资金。在采购活动中主要是取得原材料等生产物资。

企业储存备用的材料，通常都是向外单位采购而取得。在材料采购工程中，一方面是企业从供应单位购进各种材料，计算购进材料的采购成本；另一方面企业要按经济合同和约定的结算办法支付材料的买价和各种采购费用，并与供应单位发生货款结算关系。

企业购入的生产物资是企业的存货资产，按照准则规定，存货的成本包括采购成本、加工成本和其他成本。其中存货的采购成本包括买价（即发票价），以及使其处于可用状态前发生的相关支出，如材料等生产物资的运杂费（运输费、装卸费、包装费、仓储费、保险费等）、运输途中的合理损耗、入库前的挑选整理费、购入物资负担的税金（如进口关税），以及其他可归属于存货采购成本的费用。

不同方式取得的原材料，其成本确定方式不同，成本构成的内容也不一样。其中外购存货的实际采购成本由以下几项内容构成：① 购买价款，是指购货发票账单上所注明的货款金额，但不包括按规定可予抵扣的增值税税额；② 采购过程所发生的运杂费（包括运输费、包装费、装卸费、保险费、仓储费等，不包括按规定根据运输费的一定比例计算的可抵扣的增值税税额）；③ 材料在运输途中发生的合理损耗（不包括不合理损耗和意外损耗）；④ 材料在入库前发生的挑选整理费（包括挑选整理中发生的人工费支出和必要的损耗，并减去回收的下脚料价值）；⑤ 按照规定计入材料采购成本的各种税金，如为国外进口材料支付的关税等；⑥ 其他费用，如大宗材料的市内运杂费。以上第①项为直接费用，发生时直接计入材料采购成本，其余五项，凡能分清是某种材料直接负担的，可以直接计入材料的采购成本，不能分清的，应按材料的重量、体积等标准分配计入材料采购成本。

需要注意的是采购人员的差旅费、采购机构的经费、市内零星运杂费以及供应部门的经费等，一般不计入存货的采购成本，发生时直接计入当期损益。

二、材料采购业务设置的主要账户

当企业的生产规模较小，原材料种类不是很多，而且原材料收发业务又不是很频繁的情况下，企业可以按照实际成本计价方法组织原材料的收、发核算。原材料按实际成本计价方法进行日常收、发核算，其特点是从材料的收、发凭证到材料明细分类账和总分类账全部按实际成本计价。为了核算原材料在材料采购过程的增减变动情况，需要设置的基本账户有“在途物资”“原材料”“应付账款”“应交税费”“应付票据”“预付账款”等账户。

（一）“在途物资”账户

“在途物资”账户属于资产类账户，用来核算企业采用实际成本进行材料物资日常核算时外购材料的买价和各种费用，据以计算、确定购入材料的实际采购成本。该账户的借方登记购入材料的实际采购成本（买价和采购费用），贷方登记已验收入库材料的实际采购成本，即对已验收入库的外购材料，在确定采购成本后，按其成本从“在途物资”账户贷方转入“原材料”账户的借方。余额在借方，表示尚未运达企业或已运达企业但尚未验收入库的在途材料的实际成本。该账户按购入单位和材料品种或种类设置明细账，进行明细分类核算。

（二）“原材料”账户

“原材料”账户属于资产类账户，用来核算和监督企业库存材料的增减变动和结存情况。该账户借方登记已验收入库材料的实际采购成本；贷方登记发出材料的实际成本；期末余额在借方，表示库存材料的实际成本。该账户按材料的保管地点、类别、品种和规格设置明细分类账，进行明细分类核算。

（三）“应付账款”账户

“应付账款”账户属于负债类账户，用来核算和监督企业因采购材料等应付供应单位款项的增减变化。该账户贷方登记应付材料供应单位的款项；借方登记已偿还供应单位的款项；余额一般在贷方，表示尚未偿还的应付款项。该账户按供应单位设置明细账，进行明细分类核算。

（四）“应付票据”账户

“应付票据”账户属于负债类账户，用来核算和监督与供应单位采用商业汇票（商业承兑汇票和银行承兑汇票）结算债务的情况。该账户贷方登记企业开出并承兑的商业汇票数额；借方登记企业到期偿还的应付票据数额；余额在贷方，表示尚未到期的应付商业汇票金额。企业应设置“应付票据备查簿”，详细登记每一票据的种类、签发日期、票面金额、收款人、付款日期和金额等详细资料。该账户按票据种类、供应单位设置明细账，进行明细分类核算。

（五）“预付账款”账户

“预付账款”账户属于资产类账户，用来核算和监督企业因按照购货合同规定预付给供应单位款项而与供应单位发生的债权结算业务的情况。该账户借方登记企业向供应单位预付款项金额，表明企业债权的增加；贷方登记企业收到供应单位提供的材料后冲销应付款项的金额，表明企业债权的减少；如有借方余额，表示实际预付而尚未结算的款项；如为贷方余额，表示应付大于预付数，应向供应单位补付的货款。该账户应按供应单位设置明细账，进行明细分类核算。

（六）“应交税费”账户

“应交税费”账户属于负债类账户，用来核算企业按照税费规定应缴纳的各种税费（不包括印花税）的计算与实际缴纳情况。该账户贷方登记计算出的各种应交而未交税费的增加，包括增值税、消费税、城市维护建设税、所得税、资源税、房产税、土地使用税、车船使用税、教育费附加、矿产资源补偿费等，借方登记实际缴纳的各种税费。期末余额在贷方表示尚未缴纳税费的结余数；期末余额在借方表示多缴的税费。该账户应按照税种设置明细分类账，进行明细分类核算。

三、材料采购业务的会计核算

（一）材料采购按实际成本核算

企业外购的存货，由于距离采购地点远近不同、货款结算方式不同等原因，可能造成存货验收入库和货款结算并不总是同步完成；同时，外购存货还可能采用预付货款方式、赊购方式等。因此，企业外购的存货应根据具体情况分别进行会计处理。

1. *存货验收入库和货款结算同时完成*

在存货验收入库和货款结算同时完成的情况下，企业应于支付货款或开出承兑商业汇票并且存货验收入库后，按发票账单等结算凭证确定的存货成本，借记“原材料”“周转材料”“库存商品”等存货科目，按增值税专用发票注明的增值税税额，借记“应交税费——应交增值税（进项税额）”科目，按实际支付的款项或应付票据面值，贷记“银行存款”“应付票据”等科目。

【例 4－1】 2019 年 12 月 1 日，亿优公司从北方公司购入 A 材料 1 000 千克，单价 30 元，取得的增值税专用发票注明的材料价款 30 000 元，增值税税额 4 800 元，运费 700 元，运费增值税 77 元，装卸费 600 元，装卸费增值税 36 元，收到发票等结算凭证，货款以通过银行转账支付，材料已验收入库。

借：原材料——A 材料	31 300	
应交税费——应交增值税（进项税额）	4 913	
贷：银行存款		36 213

2. *货款已结算但存货尚在运输途中*

在已经支付货款或开出承兑商业汇票但此货尚在运输途中或虽已运达但尚未验收入

库的情况下，企业应于支付货款或开出承兑商业汇票时，按发票账单等结算凭证确定的存货成本，借记“在途物资”，按增值税专用发票注明的增值税税额，借记“应交税费——应交增值税(进项税额)”科目，按实际支付的款项或应付票据面值，贷记“银行存款”“应付票据”等科目。待存货运达企业并验收入库后，再根据有关验收凭证，借记“原材料”“周转材料”“库存商品”等存货科目，贷记“在途物资”科目。

【例 4-2】 2019 年 12 月 5 日，亿优公司从江北公司购入 B 材料 700 千克，每千克 60 元，C 材料 1 600 千克，每千克 200 元，取得的增值税专用发票注明的材料价款 362 000 元，增值税额 57 920 元。款项开出商业承兑汇票一张结算，材料尚在运输途中。

借：在途物资——B 材料	42 000	
——C 材料	320 000	
应交税费——应交增值税(进项税额)	57 920	
贷：应付票据——江北公司		419 920

【例 4-3】 2019 年 12 月 9 日根据结算单据以银行存款支付购入 B 材料和 C 材料的运费 11 500 元，运费增值税 1 265 元。按照 B、C 材料的重量比例进行分摊。B 材料、C 材料验收入库，结转入库材料实际采购成本。

采购费用进入采购成本有两种情况：一是为采购一种或一类材料而支付的采购费用，发生时直接计入该材料的采购成本，如【例 4-1】；二是采购两种以上材料而发生的共同采购费用，应该选择适当的标准在该批材料的各个品种之间进行分摊，以确定各种材料的实际采购成本如本例。采购费用的分配标准一般有重量、体积和买价等。

分配时先计算分配率，再根据分配率计算各种材料应负担的采购费用。分配程序如下：

(1) 计算共同采购费用的分配率。

$$\text{共同采购费用分配率}=\frac{\text{共同采购费用}}{\sum \text{各种材料的分配标准(重量、体积、价值等)}}$$

$$=\frac{11\,500}{700+1\,600}=5$$

(2) 分摊各材料应负担的采购费用。

某材料应分配的采购费用＝采购费用分配率×该材料的分配标准

B 材料应分配的采购费用＝700×5＝3 500(元)

C 材料应分配的采购费用＝1 600×5＝8 000(元)

(3) 根据计算结果，编制会计分录。

① 支付材料运费时：

借：在途物资——B 材料	3 500	
——C 材料	8 000	
应交税费——应交增值税(进项税额)	1 265	
贷：银行存款		12 765

② 材料验收入库时：

借：原材料——B 材料	45 500	
——C 材料	328 000	

贷:在途物资——B材料　　45 500
　　　　　——C材料　　328 000

3. 存货已验收入库但货款尚未结算

在存货已运达企业并验收入库,但发票账单等结算凭证尚未到达、货款尚未结算的情况下,企业在收到存货时可先不进行会计处理。

(1) 如果结算凭证在本月内能够到达企业,则应在支付货款或开出承兑商业汇票后,按发票账单等结算凭证确定的存货成本,借记"原材料""周转材料""库存商品"等存货科目,按照增值税专用发票上注明的增值税税额,借记"应交税费——应交增值税(进项税额)"科目,按照实际支付的款项或应付票据面值,贷记"银行存款""应付票据"等科目。

(2) 如果结算凭证月末仍未到达,为全面反映资产和负债情况,应对收到的存货按暂估价值入账,借记"原材料""周转材料""库存商品"等存货科目,贷记"应付账款——暂估应付款"科目,下月初,再编制相同的红字记账凭证予以冲回;待结算凭证到达企业付款或开出承兑商业汇票后,按发票账单等结算凭证确定的存货成本,借记"原材料""周转材料""库存商品"等存货科目,按照增值税专用发票上注明的增值税税额,借记"应交税费——应交增值税(进项税额)"科目,按照实际支付的款项或应付票据面值,贷记"银行存款""应付票据"等科目。

【例4-4】 2018年12月26日,亿优公司购入A材料1 500千克,材料已到达企业并已验收入库,但发票账单等结算凭证尚未到达。月末,该批存货的结算凭证仍未到达,公司对该批A材料估价46 500元入账。2019年1月10日,结算凭证到达企业,增值税专用发票上注明的原材料价款为48 000元,增值税税额为7 680元,货款通过银行转账支付。

(1) 12月26日,材料运达企业并验收入库,暂不做会计处理。

(2) 12月31日,结算凭证仍未到达,对该材料按暂估价入账。

借:原材料——A材料　　46 500
　贷:应付账款——暂估应付款　　46 500

(3) 2019年1月1日,编制红字记账凭证冲回估价入账分录(□表示红字或冲销)。

借:原材料——A材料　　[46 500]
　贷:应付账款——暂估应付款　　[46 500]

(4) 2019年1月10日,收到结算凭证并支付货款。

借:原材料——A材料　　48 000
　应交税费——应交增值税(进项税额)　　7 680
　贷:银行存款　　55 680

小知识　**存货的暂估入库与冲回**

存货的暂估入库是指存货已到企业,但是其发票没有取得,财务无法进行正常外购入库核算处理时而采用的一种方法。简单来说，这是由于会计分期造成的。

企业是持续经营的，其业务随着时间的自然顺序而发生，货到票到、货到票未到、票到货未到，在企业购销业务中都属于正常。但是，由于会计分期，根据权责发生制原则要求，为了尽可能真实地体现企业的资产负债情况，保证财务报表的真实性和完整性，必须对这种业务进行核算，即先进行暂估，待收到相应的发票后予以冲销。

在手工会计下，暂估入库有月初回冲、票到回冲和单到补差三种核算方式。

月初回冲是指在月底时进行一次性暂估，次月初对暂估存货一次性冲回的方式，且不管是否拿到发票。票到回冲是指在收到发票以后，先冲销原来的存货估价，待发票结算之后再以蓝字将存货入账的核算方式。单到补差是指即便拿到发票后，也不冲回原暂估价，而是根据实际发票金额与原有暂估价存货金额之差进行入账，存货金额多冲少补。

4. 采用预付货款方式购入存货

在采用预付货款方式购入存货的情况下，企业应在预付货款时，按照实际预付的金额，借记“预付账款”科目，贷记“银行存款”科目；购入的存货验收入库时，按发票账单等结算凭证确定的存货成本，借记“原材料”“周转材料”“库存商品”等科目，按增值税专用发票上注明的增值税税额，借记“应交税费——应交增值税（进项税额）”科目，按存货成本和增值税进项税额之和，贷记“预付账款”科目。预付的货款不足时，需要补付货款，按照补付的金额，借记“预付账款”科目，贷记“银行存款”科目；供货方退回多收的货款时，借记“银行存款”科目，贷记“预付账款”科目。

【例 4-5】 2019 年 12 月 5 日，按照购货合同规定，亿优公司向立成公司预付材料购货款 30 000 元，以银行存款支付。

借：预付账款——立成公司	30 000	
贷：银行存款		30 000

【例 4-6】 2019 年 12 月 20 日，亿优公司收到立成公司发来的 A 材料并验收入库。A 材料 950 千克，每千克 30 元，合计 28 500 元，增值税进项税额 4 560 元，运费 700 元，运费增值税 77 元。12 月 23 日，公司用银行存款支付剩余货款 3 837 元。

(1) 12 月 20 日，材料验收入库：

借：原材料——A 材料	29 200	
应交税费——应交增值税（进项税额）	4 637	
贷：预付账款——立成公司		33 837

(2) 12 月 23 日，补付货款：

借：预付账款——立成公司	3 837	
贷：银行存款		3 837

5. 采用赊购方式购入存货

在采用赊购方式购入存货的情况下，企业应于存货验收入库后，按发票账单等凭证确定的存货成本，借记“原材料”“周转材料”“库存商品”等科目，按增值税专用发票上注明的增值税税额，借记“应交税费——应交增值税（进项税额）”科目，按应付而未付的款项，贷记“应付账款”科目。待支付款项或开出承兑商业汇票后，再根据实际支付的货款金额或应付票据面值，借记“应付账款”科目，贷记“银行存款”“应付票据”等科目。

【例 4－7】 2019 年 12 月 25 日，亿优公司从大华公司赊购 B 材料 1 000 千克，每千克 61 元，增值税专用发票注明的原材料价款为 61 000 元，增值税税额为 9 760 元。运费 1 000 元，运费增值税 110 元。材料已验收入库。根据合同规定公司应于 2020 年 3 月 31 日前支付货款。

(1) 2019 年 12 月 25 日赊购原材料：

借：原材料——B 材料	62 000	
应交税费——应交增值税(进项税额)	9 870	
贷：应付账款——大华公司		71 870

(2) 2020 年 3 月 31 日，支付货款：

借：应付账款——大华公司	71 870	
贷：银行存款		71 870

6. 外购存货发生短缺的会计处理

企业在存货采购过程中，如果发生了存货短缺、毁损等情况，应及时查明原因，区别情况进行会计处理。

(1) 属于运输途中合理损耗，应计入有关存货的采购成本。

(2) 属于供货单位或运输单位的责任造成的存货短缺，应由责任人补足存货或赔偿货款，不计入存货的采购成本。

(3) 属于自然灾害或意外事故等非常原因造成的存货毁损，先转入“待处理财产损溢”科目核算；待报经批准处理后，将扣除保险公司和过失人赔款后的净损失，计入“营业外支出”科目。

(4) 尚待查明原因的存货短缺，先转入“待处理财产损溢”科目核算；待查明原因后，再按上述要求进行会计处理。

(5) 上列短缺存货涉及的增值税，还应进行相应的处理。

【例 4－8】 2019 年 12 月 15 日亿优公司从华立公司购入 A 材料 3 000 千克，每千克 30 元，增值税专用发票上注明的增值税额为 14 400 元，款项已通过银行转账支付，材料在途。12 月 20 日材料运达企业，在验收入库时发现短缺 200 千克。后经查明短缺的存货中有 190 千克为供货单位少发，经与供货单位协商由其补发，其余 10 千克为运输途中合理损耗。

(1) 2019 年 12 月 15 日，支付材料货款，材料在途：

借：在途物资——A 材料	90 000	
应交税费——应交增值税(进项税额)	14 400	
贷：银行存款		104 400

(2) 2019 年 12 月 20 日，材料运达企业验收入库：

借：原材料——A 材料(2 800×30)	84 000	
待处理财产损溢——待处理流动资产损益	6 000	
贷：在途物资——A 材料		90 000

(3) 短缺原因查明，进行相应的账务处理：

借：原材料——A 材料(10×30)	300	

应收账款——华立公司(190×30)　　5 700
贷:待处理财产损溢——待处理流动资产损益　　6 000

(4) 收到购货单位补发材料,验收入库:

借:原材料——A材料　　57 000
贷:应收账款——华立公司　　57 000

(二) 材料采购按计划成本核算

材料采用实际成本进行日常核算,要求原材料的收入和发出凭证、明细分类账、总分类账全部按实际成本计价,这对于存货品种、规格、数量繁多以及收发频繁的企业来说,日常核算工作量很大,核算成本很高,也会影响会计信息的及时性。为了简化存货的核算,企业可以采用计划成本法对原材料的收入、发出及结存进行日常核算。

计划成本法是指材料的日常收入、发出和结存情况均按预先制定的计划成本价,并设置"材料成本差异"科目,登记实际成本与计划成本的差异;月末再通过对材料成本差异的分摊,将发出原材料的计划成本和结存材料的计划成本调整为实际成本的一种核算方法。采用计划成本法对材料进行日常核算首先要确定存货的计划成本目录,规定存货的分类以及各类存货的名称、规格、编号、计量单位和单位计划成本,其次需要设置"材料成本差异"和"材料采购"科目,最后,材料的日常收入与发出均按计划成本计价,月末,通过材料成本差异的分摊,将本月发出处理的计划成本和月末结存材料的计划成本调整为实际成本。

"材料成本差异"账户属于资产类账户。该账户用来登记存货实际成本和计划成本之间的差异,并分别"原材料""周转材料"等,按照类别或品种进行明细核算。取得存货并形成差异时,实际成本高于计划成本的超支差额,在该科目借方登记,实际成本低于计划成本的节约差额,在该科目贷方登记;发出存货并分摊差异时,超支差异从该科目的贷方用蓝字转出,节约差异从该科目的贷方用红字转出。企业也可以根据具体情况,在"原材料""周转材料"等科目下设置"材料成本差异"明细科目进行明细核算。

"材料采购"账户属于资产类账户。该账户对购入存货的实际成本与计划成本进行计价对比。该科目借方登记购入存货的实际成本,贷方登记购入存货的计划成本,并将计算的实际成本与计划成本的差额转入"材料成本差异"科目分类登记。

企业外购存货,需要专门设置"材料采购"科目进行计价对比,以确定外购存货实际成本与计划成本的差异。购进存货时,按确定的实际采购成本,借记"材料采购"科目,按增值税专用发票上注明的增值税税额,借记"应交税费——应交增值税(进项税额)"科目,按已支付或应支付的金额,贷记"银行存款""应付账款""应付票据"等科目。已购进的存货验收入库时,按计划成本,借记"原材料""周转材料"等科目,贷记"材料采购"科目。已购进并已验收入库的存货,按实际成本大于计划成本的超支差额,借记"材料成本差异"科目,贷记"材料采购"科目;按实际成本小于计划成本的超支差额,借记"材料采购"科目,贷记"材料成本差异"科目。月末,对已验收入库但尚未收到发票账单的存货,按计划成本暂估入账,借记"原材料"等存货科目,贷记"应付账款——暂估应付款"科目,下月初再用红字做相同的会计分录予以冲回;下月收到发票账单并结算时,按正常的程序进行会计处理。

第二节　生产业务核算

一、生产业务核算概述

产品生产阶段是劳动者利用劳动资料对劳动对象进行加工，使其成为产成品的过程。企业在生产经营过程中发生的各种耗费，是企业为活动收入而预先垫支并需要得到补偿的资金耗费，因而也是收入形成、实现的必要条件。产品的生产过程既是新产品的制造过程，也是物化劳动（如原材料消耗和机器设备等）和活劳动（如生产工人工资）的消耗过程。

企业在生产过程中发生的费用包括材料费用、人工费用、折旧费用、生产车间的共同耗费形成的制造费用、公司行政部门发生的各项费用形成的管理费用，还有财务费用和销售费用等。这些费用有的为直接费用，直接进入生产成本；有的为间接费用，通过分配进入生产成本；有的为期间费用，与产品生产没有关系而从当期的收入中扣除。由此可见，费用和成本有着密切的联系，费用的发生过程也是成本的形成过程，费用是产品成本形成的基础。但是，成本与费用也有一定的区别，费用是在一定期间为了进行生产经营活动而发生的各种耗费，费用与发生的期间有关，即费用强调“期间”，而成本则是为了生产某一产品或提供某一劳务所消耗的费用，成本与产品直接相关，即成本强调“对象”。

产品生产过程中生产费用的发生、归集和分配，以及完工产品的入库，是产品生产过程业务核算的主要内容。

二、账户的设置

（一）“生产成本”账户

“生产成本”账户属于成本类账户，用于归集产品生产过程中发生的一切费用，计算产品的实际生产成本。该账户借方登记应计入产品成本的各项生产费用，包括直接计入产品成本的材料费、人工费和期末分配转入的制造费用；贷方登记结转完工产品实际生产成本；余额在借方，表示生产过程中尚未完工的在产品的实际生产成本。该账户应按产品种类或类别设置明细账户，进行明细分类核算。

（二）“制造费用”账户

“制造费用”账户属于成本类账户，用于归集和分配企业在生产车间内为生产产品和提供劳务而发生的各种间接生产费用，包括生产车间管理人员的职工薪酬、机物料消耗、折旧费、办公费、修理费、水电费、发生季节性的停工损失等。该账户借方登记实际发生的各种制造费用；贷方登记分配转入“生产成本”账户借方的制造费用；月末一般无余额。该账户可按不同的车间部门和费用项目设置明细账户，进行明细核算。

（三）“应付职工薪酬”账户

“应付职工薪酬”账户属于负债类账户，用来核算企业根据有关规定应付给职工的各种薪酬，包括在应付职工薪酬总额内的工资、奖金、津贴和补贴、职工福利费、医疗、养老、失业、工伤、生育等社会保险费、住房公积金、工会经费、职工教育经费、解除职工劳动关系补偿、非货币性福利等。贷方登记月末计算的职工薪酬总额；借方登记本月结转的代扣款和实际发放应付职工薪酬数；该账户如果有借方余额，表示实际发放应付职工薪酬大于月末分配应付职工薪酬费用，即预付职工薪酬；该账户如果有贷方余额，表示实际发放应付职工薪酬小于月末分配应付职工薪酬费用，即应付职工薪酬。应付职工薪酬账户应当按照“工资”“职工福利”“社会保险费”“住房公积金”“工会经费”“职工教育经费”等项目进行明细分类核算。

三、生产业务核算的账务处理

（一）原材料耗费的核算

企业通过供应过程采购的各种原材料，经验收入库后就形成了生产产品的物资储备，生产产品及其他方面领用时，就形成了材料费。在确定材料费时，会计人员根据领料凭证区分车间、部门和材料的不同用途，根据材料发生的地点（部门）和用途进行归集，不同的地点（部门）和用途耗用的原材料分别计入“生产成本”“制造费用”“管理费用”“销售费用”等账户。对于基本生产车间生产某种产品耗用的原材料，计入该产品的生产成本明细账中的“直接材料”成本项目；为生产车间创造生产条件等需要而一般耗费的原材料先在“制造费用”账户归集，期终再与其他间接费用一起分配计入有关产品生产成本；而行政管理部门和销售部门耗费的原材料分别计入“管理费用”和“销售费用”账户中，从当期的收入中扣除。

领用原材料时，按计算确定的实际成本，借记“生产成本”“制造费用”“委托加工材料”“管理费用”“销售费用”等科目，贷记“原材料”科目。

【例 4-9】 亿优公司仓库本月发出原材料的实际成本 200 000 元。其中，基本生产车间生产产品领用 130 000 元，辅助生产车间领用 30 000 元，生产车间一般耗用 20 000 元，管理部门领用 20 000 元。

借：生产成本——基本生产成本	130 000	
——辅助生产成本	30 000	
制造费用	20 000	
管理费用	20 000	
贷：原材料		200 000

（二）人工费用的核算

职工薪酬是指企业为获得职工提供的服务或解除劳动关系而给予各种形式的报酬或补偿。企业提供给职工配偶、子女、受赡养人、已故员工遗属及其他受益人等的福利，也属于职工薪酬，即用人的代价都属于职工薪酬。这里的职工具体包括：① 与企业订立劳动合同的所有人员，含全职、兼职和临时工；② 未与企业订立劳动合同但由企业正式任命的人员，如部分董事会成员、监事会成员等；③ 在企业计划和控制下，尚未与企业订立劳动合同或未由其正式任命，但向企业所提供服务与职工所提供服务类似的人员，如提供企业与劳务中介公司签订用工合同而向企业提供服务的人员等。

职工薪酬分为短期薪酬、离职后福利、辞退福利和其他长期职工福利等四类。

短期薪酬是指企业在职工提供相关服务的年度报告期间结束后 12 个月内需要全部予以支付的职工薪酬(因解除与职工的劳动关系给予的补偿除外)，具体包括：职工工资、奖金、津贴和补贴，职工福利费，医疗保险费、工伤保险费和生育保险费等社会保险费，住房公积金，工会经费和职工教育经费，短期带薪缺勤(企业支付工资或提供补偿的职工缺勤，包括带薪的年休假、病假、短期伤残、婚假、产假、丧假、探亲假等)，短期利润分享计划(因职工提供服务而与职工达成的基于利润或其他经营成果提供薪酬的协议)，非货币性福利以及其他短期薪酬。

离职后福利是指企业为获得职工提供的服务而在职工退休或与企业解除劳动关系后，提供的各种形式的报酬和福利(如养老保险、失业保险)。

辞退福利是指企业在职工劳动合同到期之前解除与职工的劳动关系，或者为鼓励职工自愿接受裁减而给予职工的补偿。

其他长期职工福利是指除短期薪酬、离职后福利、辞退福利之外所有的职工薪酬，包括长期带薪缺勤、长期残疾福利、长期利润分享计划等。

企业应当在职工为其提供服务的会计期间，将应付给职工的货币性职工薪酬确认为负债，它构成了企业的现时义务。职工工资除因解除与职工的劳动关系给予的补偿外(辞退福利一律计入“管理费用”账户)，应当根据职工提供服务的受益对象，按照受益原则，谁用人谁负担，分别情况按照职工的工作部门和工作岗位分别处理：应由产品生产、提供劳务负担的职工薪酬，计入产品成本(计入“生产成本”账户)或劳务成本(计入“劳务成本”账户)；生产车间管理人员的职工薪酬为间接人工，应计入“制造费用”账户；应由在建工程、无形资产负担的职工薪酬，计入建造固定资产(计入“在建工程”账户)或无形资产(计入“无形资产”账户)的成本；企业管理人员的职工薪酬和专设销售机构的经费分别计入“管理费用”和“销售费用”账户，在发生的当期从收入中扣除。

【例 4－10】 2019 年 12 月，亿优公司当月应发工资 1 000 万元，其中生产车间生产工人工资 600 万元，生产部门管理人员工资 60 万元，公司管理部门人员工资 200 万元，公司专设销售机构人员工资 20 万元，基建人员工资 40 万元，内部开发存货管理系统人员工资 80 万元(该系统已处于开发阶段并符合资本化条件)。

根据规定，公司分别按职工工资总额的 10%、2%和 12%计提医疗保险费、失业保险费和住房公积金，缴纳给当地社会保险机构和住房公积金。公司按本月应发工资的 2%计提职工福利费，按职工工资总额的 2%和 1.5%计提工会经费和职工教育经费。

(1) 应计入生产成本的职工薪酬金额＝600＋600×(10%＋2%＋12%＋2%＋2%＋1.5%)

＝777(万元)

(2) 应计入制造费用的职工薪酬金额＝60＋60×(10%＋2%＋12%＋2%＋2%＋1.5%)

＝77.7(万元)

(3) 应计入管理费用的职工薪酬金额 =200+200×(10%+2%+12%+2%+2%+1.5%)
=259(万元)

(4) 应计入销售费用的职工薪酬金额 =20+20×(10%+2%+12%+2%+2%+1.5%)
=25.9(万元)

(5) 应计入在建工程成本的职工薪酬金额 =40+40×(10%+2%+12%+2%+2%+1.5%)
=51.8(万元)

(6) 应计入无形资产成本的职工薪酬金额 =80+80×(10%+2%+12%+2%+2%+1.5%)
=103.6(万元)

根据计算结果,会计处理如下:

借:生产成本——基本生产成本	7 770 000	
制造费用	777 000	
管理费用	2 590 000	
销售费用	259 000	
在建工程	518 000	
研发支出——资本化支出	1 036 000	
贷:应付职工薪酬——工资		10 000 000
——职工福利		200 000
——社会保险费		1 200 000
——住房公积金		1 200 000
——工会经费		200 000
——职工教育经费		150 000

(三) 制造费用的归集和分配的核算

1. 制造费用的内容

制造费用是指产品制造企业为了组织生产车间生产产品和提供劳务而发生的各种间接费用。其主要内容包括企业的生产部门为组织和管理生产活动以及为生产活动服务而发生的费用,如车间管理人员的工资及福利费、生产车间使用的照明费、运输费、劳动保护费、机器设备的折旧费、机物料消耗等费用。具体来说,包括三个方面:

第一,间接用于产品生产的费用。例如,机物料消耗费用、机器设备折旧费、修理费、保险费、车间生产的照明费、劳动保护费等。

第二,直接用于产品生产,但管理上不要求或者不便于独立核算,因而没有单独设置成本项目进行核算的某些费用。例如,生产工具的摊销费、设计制图费、试验费以及生产工艺用的动力费等。

第三,车间用于组织和管理生产的费用。例如,车间管理人员工资及福利费、车间管理用固定资产折旧费、修理费、车间管理用具的摊销费、车间管理用的水电费、办公费、差旅费等。

2. 制造费用的归集和结转

在实际工作中，制造费用的结转分两个步骤进行：首先，通过“制造费用”明细账户，按费用项目归集间接生产费用；其次，期末按照一定分配标准先计算分配率，然后再按受益对象分配给各受益产品。制造费用的分配标准主要有：生产工人工资、生产工人工时、机器工时、直接材料成本和直接总成本(包括直接材料和直接人工等直接生产成本)等。企业在选择制造费用的分配标准时应结合实际情况，选择与制造费用发生有直接关系的分配标准，以保证产品成本计算的正确性。例如，在一个现代化生产程度和机械化程度很高的企业，制造费用的分配标准应该首选机器工时等等。

【例 4－11】 亿优公司月末归集制造费用 2 400 000 元，并按照产品生产工时比例分配并结转本月制造费用。其中，甲产品生产工时 6 000 个，乙产品生产工时 4 000 个。

甲产品应分摊的制造费用＝6 000×[2 400 000÷(6 000＋4 000)]＝1 440 000(元)

乙产品应分摊的制造费用＝4 000×[2 400 000÷(6 000＋4 000)]＝960 000(元)

根据计算的结果，会计处理如下：

借：生产成本——基本生产成本——甲产品	1 440 000	
——乙产品	960 000	
贷：制造费用		2 400 000

(四) 产品生产成本的归集、分配及结转的核算

1. 产品生产成本的构成

计算产品生产成本一般要解决三个问题：一是确定成本计算期。在实际工作中一般是定期按月进行；二是确定成本计算对象。实际工作中可以按产品品种或产品批次确定成本计算对象；三是将生产过程发生的产品生产费用分配计入各相关产品，计算各产品的总成本和单位成本。各产品的生产费用进行归集时是按照产品的成本项目进行归集的，产品的成本项目一般由以下三个方面构成：

(1) 直接材料。直接材料是指企业为生产产品而耗用的原材料、辅助材料、外购半成品、燃料动力以及其他直接材料等。

(2) 直接人工。直接人工是指直接从事产品生产的生产工人工资及福利费用等。

(3) 制造费用。制造费用是指企业各生产单位为组织和管理生产所发生的各项间接费用，包括车间管理人员的工资及福利费、折旧费、修理费、机物料消耗、劳动保护费等等。

其中，直接材料和直接人工为直接生产费用，可以在费用发生时直接计入各种产品的生产成本；制造费用属于间接生产费用，发生后应该先按照车间汇总，然后采用一定的方法在各种产品之间进行分配。

2. 生产成本的计算

产品的生产费用是通过生产成本明细账进行归集的，在生产成本明细账中按照“成本项目”设置专栏。成本计算对象按产品的品种设置时，发生的生产费用也要按产品品种分别归集。

如果车间只生产一种产品，只需要为该产品开设一个明细账，明细账内按成本项目设立专栏。这时，车间内发生的所有生产费用都是直接生产费用，可以直接计入生产成本，不需要在不同的产品之间进行分配。

如果车间生产几种产品，在不能分清为哪种产品所消耗的生产费用时，需要将归集的生产费用在各种产品之间、完工产品和在产品之间进行分配。

企业自制并已验收入库的存货，按确定的实际成本，借记"周转材料""库存商品"等存货科目，贷记"生产成本"科目。

【例 4-12】 亿优公司生产车间生产甲产品、乙产品两种产品，2019 年 12 月，生产甲产品耗用原材料 600 000 元，生产乙产品耗用原材料 300 000 元。当月生产甲产品和乙产品分别发生直接人工耗用为 80 000 元和 70 000 元，该生产车间共发生制造费用 300 000 元。假设甲产品和乙产品均为本月投产本月全部完工。该公司生产车间的制造费用按生产工人工资比例进行分配。

甲产品应分摊的制造费用＝80 000×[300 000÷(80 000＋70 000)]＝160 000(元)

乙产品应分摊的制造费用＝70 000×[300 000÷(80 000＋70 000)]＝140 000(元)

甲产品完工产品成本＝600 000＋80 000＋160 000＝840 000(元)

乙产品完工产品成本＝300 000＋70 000＋140 000＝510 000(元)

根据计算结果，会计处理如下：

借：库存商品——甲产品	840 000	
——乙产品	510 000	
贷：生产成本——甲产品		840 000
——乙产品		510 000

第三节　发出存货和年末存货的计价

一、存货的概念

存货是指企业在日常活动中持有以备出售的产成品或商品、处在生产过程中的在产品以及在生产过程或提供劳务过程中耗用的材料、物料等。存货通常在 1 年或超过 1 年的一个营业周期内被消耗或经出售转换为库存现金、银行存款或应收账款等，具有明显的流动性，属于流动资产。在大多数企业中，存货在流动资产中占有很大比重，是流动资产的重要组成部分。

存货区别于固定资产等非流动资产的基本特征是，企业持有存货的最终目的是出售，不论是可供直接出售，如企业的产成品、商品等；还是需要经过进一步加工后才能出售，如原材料等。

二、发出存货的计价

（一）存货成本流转假设

企业取得存货的目的是满足生产和销售的需要。随着存货的取得，存货流入企业，而随着存货的销售或耗用，存货则从一个生产经营环节流向另一个生产经营环节，并最终流出企业。存货的这种不断流动，就形成了生产经营过程中的存货流转。

存货流转包括实物流转和成本流转两个方面。从理论上说，存货的成本流转应当与实物流转相一致，即取得存货时确定的各项存货入账成本应当随着各该存货的销售或耗用而同步结转。但在会计实务中，由于存货品种繁多，流进流出数量很大，且同一存货因不同时间、不同地点、不同方式取得而单位成本各异，很难保证存货的成本流转与实物流转完全一致。因此，会计上可行的处理方法是按照一个假定的成本流转方式来确定发出存货的成本，而不强求存货的成本流转与实物流转相一致，这就是存货成本流转假设。

采用不同的存货成本流转假设在期末结存存货与本期发出存货之间分配存货成本，就产生了不同的发出存货计价方法，如个别计价法、先进先出法、月末一次加权平均法、移动加权平均法和后进先出法等。

（二）发出存货计价方法

由于不同的存货计价方法得出的计价结果不相同，因此，存货计价方法的选择将对企业的财务状况和经营成果产生一定的影响。企业应当根据实际情况，综合考虑存货收发的特点和管理的要求以及财务报告目标、税收负担、现金流量、股票市价、经理人员业绩评价等各种因素，选择适当的存货计价方法，合理确定发出存货的实际成本。存货计价方法一经确定，前后各期应当保持一致，并在会计报表附注中予以披露。

我国企业会计准则规定，企业应当采用先进先出法、月末一次加权平均法、移动加权平均法和个别计价法确定发出存货的实际成本。对于性质和用途相似的存货应当采用相同的存货计价方法。

下面以原材料明细账为例，简要说明各种方法的运用。

假设某企业甲原材料12月收入、发出和结存情况如表4－1所示。下面分别采用个别计价法、先进先出法、月末一次加权平均法和移动加权平均法计算发出存货和结存存货的实际成本。

表4－1　原材料明细账

材料名称：甲材料　　　　　　　　　　　　　　　　　　　　计量单位：千克

××年		摘要	收入			发出			结余		
月	日		数量	单价	金额	数量	单价	金额	数量	单价	金额
12	1	结余							1 000	40.00	40 000
	5	入库	2 000	41.50	83 000				3 000		
	8	领用				800			2 200		
	15	入库	600	43.60	26 160				2 800		
	25	领用				700			2 100		

1. 个别计价法

个别计价法，也称个别认定法、具体辨认法或分批实际法，就是逐一辨认各批发出存货和期末存货所属的购进批别，分别按其购入时所确定的单位成本计算各批发出存货和期末存货的成本的方法。由于采用该方法要求各批发出的存货必须逐一辨认所属的购进或生产批次，因此需要对每一存货的品种规格、入账时间、单位成本、存放地点等做详细记录。个别计价法适用于对不能替代使用的存货、为特定项目专门购入的存货以及提供的劳务。个别计价法确定的存货成本最为准确。

在表 4-1 中，12 月 8 日发出 800 千克的甲材料，其中 600 千克为 12 月 1 日的存货，200 千克为 12 月 5 日的存货；12 月 25 日发出的 700 千克甲材料全部为 12 月 5 日购入的存货。发出存货成本和期末结存存货成本计算如下：

本期发出甲材料成本＝600×40＋200×41.5＋700×41.5＝61 350(元)

期末结存甲材料成本＝400×40＋1 100×41.5＋600×43.6＝87 810(元)

具体计算情况如表 4-2 所示。

表 4-2 原材料明细账

材料名称：甲材料　　　　计量单位：千克

××年		摘要	收入			发出			结余		
月	日		数量	单价	金额	数量	单价	金额	数量	单价	金额
12	1	结余							1 000	40.00	40 000
	5	入库	2 000	41.50	83 000				3 000		123 000
	8	领用				800		32 300	2 200		90 700
	15	入库	600	43.60	26 160				2 800		116 860
	25	领用				700		29 050	2 100		87 810
	31	期末	2 600		109 160	1 500		61 350	2 100		87 810

2. 先进先出法

先进先出法是指以先购入的存货先发出(耗用或销售)这样一种存货实物流动假设为前提，对发出存货进行计价。采用这种方法，先购入的存货成本在后购入存货成本之前转出，据此确定发出存货和期末存货的成本。仍以表 4-1 的数据为例。12 月 8 日发出的 800 千克的甲材料，均为 12 月 1 日的存货，12 月 25 日发出的 700 千克的甲材料，期中 200 千克为 12 月 1 日的存货，500 千克为 12 月 5 日的存货。发出存货成本和期末结存存货成本计算如下：

本期发出甲材料成本＝800×40.0＋200×40.0＋500×41.5＝60 750(元)

期末结存甲材料成本＝1 500×41.5＋600×43.6＝88 410(元)

具体计算情况见表 4-3 所示。

表 4-3 原材料明细账

材料名称:甲材料　　　　　　　　　　　　　　　　　　　　　　　　计量单位:千克

××年		摘要	收入			发出			结余		
月	日		数量	单价	金额	数量	单价	金额	数量	单价	金额
12	1	结余							1 000	40.00	40 000
	5	入库	2 000	41.50	83 000				1 000 2 000	40.00 41.50	40 000 83 000
	8	领用				800	40.00	32 000	200 2 000	40.00 41.50	8 000 83 000
	15	入库	600	43.60	26 160				200 2 000 600	40.00 41.50 43.60	8 000 83 000 26 160
	25	领用				200 500	40.00 41.50	8 000 20 750	1 500 600	41.50 43.60	62 250 26 160
	31	期末	2 600		109 160	1 500		60 750	2 100		87 810

采用先进先出法可以随时计算出每次发出存货的实际成本,在发出存货出现多种不同单位成本时比较麻烦。在物价上涨的情况下,期末存货的成本接近当期的实际成本水平,而发出的存货成本则相对较低。从该方法对财务报表的影响来看,在物价上涨期间,会高估当期利润和存货价值;反之,会低估当期利润和存货价值。

3. 月末一次加权平均法

月末一次加权平均法是指在期末将本期收入与期初结存的金额和数量加权计算的计价方法。即以本期收入存货的实际成本与期初结存存货的实际成本之和,除以本期收入存货的数量与期初结存存货的数量之和,求得平均单位成本。其计算公式如下:

$$\text{加权平均单位成本}=\frac{\text{月初结存存货金额}+\text{本月收入存货金额}}{\text{月初结存存货数量}+\text{本月收入存货数量}}$$

本月发出存货成本=本月发出存货数量×加权平均单位成本

月末存货成本=月末结存存货数量×加权平均单位成本

如果在计算加权平均法单位成本时不能整除,为了保证月末结存存货的数量、单位成本与总成本的一致性,实务中,应当按加权平均单位成本计算月末结存存货成本,然后倒挤按本月发出存货成本,将尾数差异计入发出存货成本。即:

$$\text{本期发出存货成本}=\text{期初结存存货成本}+\text{本期收入存货成本}-\text{期末结存存货成本}$$

根据表 4-1 提供的数据,采用加权平均法计算发出存货和库存存货的实际成本。

$$\text{加权平均单位成本}=\frac{1\,000\times40+2\,000\times41.5+600\times43.6}{1\,000+2\,000+600}=41.43$$

月末结存甲材料成本=2 100×41.43=87 003(元)

本月发出甲材料成本＝1 000×40＋2 000×41.5＋600×43.6－2 100×41.43＝62 157(元)

将计算结果填入表 4-4,就是本月甲材料的收入、发出和结存情况。

表 4-4　原材料明细账

材料名称:甲材料　　　　计量单位:千克

××年		摘要	收入			发出			结余		
月	日		数量	单价	金额	数量	单价	金额	数量	单价	金额
12	1	结余							1 000	40.00	40 000
	5	入库	2 000	41.50	83 000				3 000		
	8	领用				800			2 200		
	15	入库	600	43.60	26 160				2 800		
	25	领用				700			2 100		
	31	期末	2 600		109 160	1 500	41.43	62 157	2 100	41.43	87 003

采用月末一次加权平均法平时只登记存货收入情况,不登记发出存货的计价情况,因而日常核算工作量较小,简便易行,适用于存货收发数量频繁的企业。计算方法简单,但转账在月末进行会影响价值核算的及时性,不便于存货的管理。

4. *移动加权平均法*

移动加权平均法是指在每次购入存货后,根据库存存货的成本和数量,计算出新的平均单位成本,并据以计算发出存货和结存存货实际成本的计价方法。其计算公式如下:

$$\text{移动平均单位成本}=\frac{\text{上次结存存货金额}+\text{本次收入存货金额}}{\text{上次结存存货数量}+\text{本次收入存货数量}}$$

$$\text{发出(结存)存货的成本}=\text{发出(结存)存货的数量}\times\text{移动平均单位成本}$$

根据表 4-1 提供的数据,采用移动加权平均法计算发出存货和库存存货的实际成本。

$$\text{12月5日购入后平均单位成本}=\frac{1\ 000\times40+2\ 000\times41.5}{1\ 000+2\ 000}=41.00(\text{元})$$

$$\text{12月15日购入后平均单位成本}=\frac{2\ 200\times41.00+600\times43.60}{2\ 200+600}=41.56(\text{元})$$

将计算结果填入表 4-5,就是本月甲材料的收入、发出和结存情况。

表 4-5　原材料明细账

材料名称:甲材料　　　　计量单位:千克

××年		摘要	收入			发出			结余		
月	日		数量	单价	金额	数量	单价	金额	数量	单价	金额
12	1	结余							1 000	40.00	40 000
	5	入库	2 000	41.50	83 000				3 000	41.00	123 000
	8	领用				800	41.00	32 800	2 200	41.00	90 200

续 表

××年		摘要	收 入			发 出			结 余		
月	日		数量	单价	金额	数量	单价	金额	数量	单价	金额
	15	入库	600	43.60	26 160				2 800	41.56	116 360
	25	领用				700	41.56	29 092	2 100	41.56	87 268
	31	期末	2 600		109 160	1 500		61 892	2 100	41.43	87 268

采用移动加权平均法计算发出和结存存货的实际成本的结果，比较符合企业存货的当时情况，而且可以随时核算发出存货和结存存货的实际成本。如果采购存货的次数频繁会增加计算工作量，不适合收发比较频繁的企业使用。与月末一次加权平均法相比，移动加权平均法的特点是将存货的计价和明细账的登记分散在平时进行，从而可以随时掌握发出存货和结存存货的成本，为存货管理及时提供所需信息。

三、存货清查

（一）存货清查的意义与方法

存货是企业资产的重要组成部分，且处于不断销售或耗用以及重置之中，具有较强的流动性。为了加强对存货的控制，维护存货的安全完整，企业应当定期或不定期对存货的实物进行盘点和抽查，以确定存货的实有数量，并与账面记录进行核对，确保存货账实相符。企业至少应当在编制年度财务会计报告之前，对存货进行一次全面的清查盘点。

存货清查采用实地盘点、账实核对的方法。在每次进行清查盘点前，应将已经收发的存货数量全部登记入账，并准备盘点清册，抄列各种存货的编号、名称、规格和存放地点。盘点时，应在盘点清册上逐一登记各种存货的账面结存数量和实存数量，并进行核对。对于账实不符的存货，应查明原因，分清责任，并根据清查结果编制“存货盘存报告单”，作为存货清查的原始凭证。

在进行存货清查盘点时，如果发现存货盘盈或盘亏，应于期末前查明原因，并根据企业的管理权限，报经股东大会或董事会，或经理（厂长）会议或类似机构批准后，在期末结账前处理完毕。

（二）存货盘盈与盘亏的会计处理

为记录和反映在财产清查过程中查明的各种资产盘盈、盘亏和毁损的情况，应设置“待处理财产损溢”账户。“待处理财产损溢”是资产类账户，其借方登记清查时发现的财产物资的盘亏数和经批准转销的盘盈数；贷方登记清查时发现的财产物资的盘盈数和经批准转销的盘亏数，期末应无余额。该账户下设“待处理流动资产损溢”和“待处理固定资产损溢”两个明细分类账户，分别核算固定资产和流动资产的待处理损溢。

1. 存货盘盈

存货盘盈是指存货的实存数量超过账面结存数量的差额。存货发生盘盈,应按照同类或类似存货的市场价格作为实际成本及时登记入账,借记"原材料""周转材料""库存商品"等存货科目,贷记"待处理财产损溢——待处理流动资产损溢"科目。待查明原因,报经批准处理后,冲减当期管理费用。

【例4-13】 某公司在存货清查中发现盘盈一批甲材料,市场价格为5 000元,原因待查。

(1) 发现盘盈时,根据"存货盘存报告单",会计处理如下:

借:原材料——甲材料	5 000	
贷:待处理财产损溢——待处理流动资产损溢		5 000

(2) 报经批准处理后,会计处理如下:

借:待处理财产损溢——待处理流动资产损溢	5 000	
贷:管理费用		5 000

2. 存货盘亏

存货盘亏是指存货的实存数量少于账面结存数量的差额。存货发生盘亏,将其账面成本及时转销,借记"待处理财产损溢——待处理流动资产损溢"科目,贷记"原材料""周转材料""库存商品"等存货科目;盘亏存货涉及增值税的,还应进行相应处理。待查明原因,报经批准处理后,根据造成盘亏的原因,分别以下情况进行会计处理:

(1) 属于定额内自然损耗造成的短缺,计入管理费用;

(2) 属于收发计量差错和管理不善等原因造成的短缺或毁损,将扣除可收回的保险公司和过失人赔款以及残料价值后的净损失,计入管理费用;

(3) 属于自然灾害或意外事故等非常原因造成的毁损,将扣除可收回的保险公司和过失人赔款以及残料价值后的净损失,计入营业外支出。

【例4-14】 某公司在存货清查中发现盘亏一批乙材料,账面成本为8 000元。查明原因,属于管理不善导致。

(1) 发现盘亏时,会计处理如下:

借:待处理财产损溢——待处理流动资产损溢	9 280	
贷:原材料		8 000
应交税费——应交增值税(进项税额转出)		1 280

(2) 报经批准处理后,会计处理如下:

借:管理费用	9 280	
贷:待处理财产损溢——待处理流动资产损溢		9 280

如果盘盈或盘亏的存货在期末结账前尚未经批准,在对外提供财务会计报告时,应先按上述方法进行会计处理,并在财务会计报告附注中做出说明。如果其后批准处理的金额与已处理的金额不一致,应当调整当期会计报表相关项目的年初数。

四、存货跌价准备

（一）存货跌价准备的原则

存货的计价方法都是以历史成本为基础的，存货的收入、发出和结存的金额都是按照购入时的历史成本来确定的。但是，企业期末对持有存货的评价并不适合采用历史成本，而是采用其他的非历史成本基础来进行评价的。例如，当存货由于过时、陈旧、损坏或者市价下跌等原因而使存货价值发生减值时，可采用成本与可变现净值孰低法来评价期末的存货价值。

成本与可变现净值孰低法要求企业比较存货的账面价值与期末可变现净值，以两者中较低的一个作为计价基础。可变现净值是指在日常活动中，存货的估计售价减去至完工时估计要发生的成本、估计的销售费用以及估计的相关税费后的金额。其特征表现为存货的预计未来净现金流量，而不是存货的售价或合同价。

企业应在每个会计期末估计存货的可变现净值，与原有的账面价值进行比较，如果可变现净值高于成本，则存货仍按原来的成本列报。如果企业现有存货的可变现净值低于原有的账面成本，表明存货可能发生损失，应在存货销售之前确认这一损失，计入当期损益，并减少存货的账面价值，按可变现净值对存货重新计价作为期末存货的新账面成本列报。这样做比较符合会计信息的谨慎性要求。如果已经确认了跌价损失的存货在下一期并未出售而市价有所回升时，企业可以将原来的跌价损失转回，但转回的金额不得超过原来确认的跌价损失金额。

（二）存货跌价准备的会计处理

存货跌价准备的会计处理有两种方法：一是直接冲销法，二是备抵法。

1. 直接冲销法

直接冲销法是指直接冲销存货价值，同时将损失直接转入销售成本，不单独列示存货跌价损失。

2. 备抵法

备抵法是指单独列示存货跌价损失（作为“资产减值损失”的明细账户），同时，专门设置“存货跌价准备”账户来记录存货市价低于成本的部分，而不直接冲减“存货”账户。“存货跌价准备”在资产负债表上作为“存货”项目的抵减账户，“存货跌价损失”则在利润表上列入“资产减值损失”单独披露。

显然，直接冲销法改变了本期销售成本的构成，从而影响到本期销售毛利计算的正确性；而备抵法既可以使资产负债表中的期末存货价值达到合理的评价，又不影响利润表中销货毛利的计算，比直接冲销法更为科学。

【例 4－15】 某公司对期末存货按成本与可变现净值孰低法计量。2018 年 12 月 31 日，A 商品的账面成本为 80 000 元，可变现净值为 70 000 元。

可变现净值低于账面成本 10 000 元（＝80 000－70 000），按可变现净值调整 A 商品的账面成本。会计处理如下：

借:资产减值损失——存货跌价损失　　10 000

　贷:存货跌价准备　　10 000

如果在下一个会计期末 2019 年 12 月 31 日,A 资产尚未出售而市价有所回升,A 商品账面成本由 70 000 元回升为 75 000 元,这时该公司应将用来计提的存货跌价准备金额转回,但转回的金额不能超过原来已计提的金额 10 000 元。可变现净值高于账面成本 5 000 元(=75 000-70 000)。其会计处理如下:

借:存货跌价准备　　5 000

　贷:资产减值损失——存货跌价损失　　5 000

自测题

一、单项选择题

1. 某企业为增值税一般纳税人,20××年 9 月购入一批原材料,增值税专用发票上注明的价款为 50 万元,增值税税额为 8 万元。款项已支付。另以银行存款支付装卸费 0.3 万元(不考虑增值税)。入库时发生挑选整理费 0.2 万元,运输途中发生合理损耗 0.1 万元。不考虑其他因素,该批原材料的入账成本为(　　)万元。

A. 50.5　　B. 59　　C. 50.6　　D. 50.4

2. 某企业为增值税一般纳税人,本月购进原材料 200 吨,增值税专用发票上注明的价款为 60 万元,增值税税额为 9.6 万元。支付的保险费 3 万元,入库前发生挑选整理费 1 万元。假设不考虑其他因素,该批原材料的实际成本为每吨(　　)元。

A. 0.3　　B. 0.32　　C. 0.371　　D. 0.351

3. 下列各项中,不应计入企业存货采购成本的是(　　)。

A. 采购人员的差旅费　　B. 支付的进口关税

C. 负担的运输费　　D. 入库前的挑选整理费

4. "生产成本"账户月末余额表示(　　)。

A. 产品生产成本　　B. 自制半成品成本

C. 主营业务成本　　D. 在产品成本

5. 下列各项中,不得列入产品成本,也不得列入期间费用的是(　　)。

A. 厂部领用修理用材料　　B. 车间设备维修耗用材料

C. 生产某种产品领用材料　　D. 基建部门进行房屋改建领用材料

6. 下列各项中,关于企业领用原材料的会计处理表述不正确的是(　　)。

A. 在建厂房工程领用的原材料成本应计入在建工程成本

B. 专设销售机构日常维修房屋领用的原材料应计入销售费用

C. 生产车间日常维修房屋领用的原材料应计入制造费用

D. 生产车间生产产品领用原材料成本应计入产品成本

7. 某企业采用先进先出法计算发出原材料的成本。20××年 9 月 1 日,甲材料结存 200 千克,每千克实际成本为 300 元;9 月 7 日购入甲材料 350 千克,每千克实际成本为 310 元;9 月 21 日购入甲材料 400 千克,每千克实际成本为 290 元;9 月 28 日发出甲材料

500千克。9月份甲材料发出成本为(　　)元。

A. 145 000　　B. 150 000　　C. 153 000　　D. 155 000

8. 某企业采用月末一次加权平均法计算发出材料成本。20××年3月1日结存甲材料200件，单位成本40元；3月15日购入甲材料400件，单位成本35元；3月20日购入甲材料400件，单位成本38元；当月共发出甲材料500件。3月发出甲材料的成本为(　　)元。

A. 18 500　　B. 18 600　　C. 19 000　　D. 20 000

9. 某企业采用移动加权平均法计算发出材料成本。月初结存甲材料13吨，每吨单价8 290元，本月购入情况如下：3日购入5吨，单价8 800元；17日购入12吨，单价7 900元。本月领用情况如下：10日领用10吨，28日领用10吨。则月末结存甲材料成本为(　　)元。

A. 81 126.7　　B. 78 653.25　　C. 85 235.22　　D. 67 221.33

10. 某企业为增值税一般纳税人，该企业因管理不善使一批库存材料被盗，该批原材料实际成本为40 000元，购买时支付的增值税为6 800元，应收保险公司赔偿21 000元。不考虑其他因素，该批被盗材料形成的净损失为(　　)元。

A. 19 000　　B. 40 000　　C. 46 800　　D. 25 800

11. 下列项目中，不属于企业存货项目的是(　　)。

A. 委托代销商品　　B. 工程物资

C. 原材料　　D. 库存商品

12. 企业存货盘盈时，在按管理权限报经批准后，应贷记的会计科目是(　　)。

A. 营业外收入　　B. 管理费用

C. 资本公积　　D. 以前年度损益调整

13. 企业存货发生盘亏时，在按管理权限报经批准后，属于非常损失的部分应借记的会计科目是(　　)。

A. 营业外支出　　B. 管理费用　　C. 资本公积　　D. 资产减值损失

14. 某公司为增值税一般纳税人，20××年5月在财产清查中发现盘亏甲材料500千克，实际购入成本为600元/千克。经查属于管理不善造成的损失，由过失人赔款1 000元，保险公司赔款2 000元，则处理后有关存货盘亏的净损失处理正确的是(　　)。

A. 计入管理费用348 000元　　B. 计入管理费用297 000元

C. 计入营业外支出321 000元　　D. 计入营业外支出300 000元

15. 下列关于存货跌价准备的表述正确的是(　　)。

A. 存货跌价准备一经计提在存货持有期间不得转回

B. 转回存货跌价准备会减少存货的账面价值

C. 存货的成本高于其可变现净值的差额为当期需要计提的存货跌价准备金额

D. 企业出售存货时要将对应的存货跌价准备一并结转

二、多项选择题

1. 下列各项中，属于材料采购成本的是(　　)。

A. 材料采购运输途中发生的合理损耗

B. 购买材料的价款

C. 材料入库前的挑选整理费

D. 购买材料的运杂费

2. 存货按实际成本计价的企业，发出存货成本的计价方法有(   )。

A. 月末一次加权平均法

B. 个别计价法

C. 移动加权平均法

D. 先进先出法

3. 下列各项中，影响企业资产负债表日存货可变现净值的有(   )。

A. 存货的账面价值

B. 销售存货过程中估计的销售费用

C. 存货的估计售价

D. 存货至完工估计将要发生的成本

4. 下列各项中，关于企业存货成本构成的表述中正确的有(   )。

A. 因自然灾害原因而发生的材料损毁计入当期损益

B. 企业在存货采购过程中发生的仓储费应构成存货采购成本

C. 采购过程中发生的运输费、装卸费、保险费以及其他可归属存货采购成本的费用等进货费用，应当计入存货的采购成本

D. 采购过程中发生的差旅费应当计入采购成本

5. 下列与存货相关会计处理的表述中，正确的有(   )。

A. 应收保险公司存货损失赔偿款计入其他应收款

B. 资产负债表日存货应按成本与可变现净值孰低计量

C. 按管理权限报经批准的盘盈存货价值冲减管理费用

D. 结转商品销售成本的同时转销其已计提的存货跌价准备

6. 下列各项关于企业存货减值的表述正确的有(   )。

A. 资产负债表日存货应按成本与可变现净值孰低计量

B. 计提的存货跌价准备应计入资产减值损失

C. 存货跌价准备已经计提以后各期不得转回

D. 企业计提存货跌价准备会减少企业当期营业利润

7. 下列关于存货的表述正确的有(   )。

A. 存货时企业日常活动中持有的以备出售或耗用的物资

B. 存货应定期进行清查以保证账面结存数与实际数量相符

C. 存货在资产负债表日应当按成本与公允价值孰低计量

D. 生产车间领用存货用于机物料消耗用时应当将其成本计入管理费用

8. 下列各项中，有关企业对财产清查中发现的盘亏存货的会计处理正确的有(   )。

A. 发生存货盘亏首先进行调账，达到账实相符

B. 盘亏存货按管理权限报经批准后有可能计入管理费用

C. 盘亏存货按管理权限报经批准后有可能计入营业外支出

D. 盘亏存货会影响企业当期营业利润

9. 结转完工产品成本时，涉及的会计科目是(   )。

A. 生产成本

B. 制造费用

C. 库存商品

D. 主营业务成本

三、判断题

1. 不能归属于使存货达到目前场所和状态的其他支出，应在发生时计入当期损益。（　）

2. 企业外购原材料采用实际成本计价，月末如果货物已收到但发票账单未到应当在备查簿中进行登记以保证账实相符。（　）

3. 先进先出法假设实物的流转顺序为先购入的存货先发出，采用这种方法的工作量大，但可以随时结转存货发出成本，有利于企业日常存货的监管。（　）

4. 购入材料在运输途中发生的合理损耗应从材料采购成本中扣除。（　）

5. 存货的可变现净值是指存货的估计售价减去至完工时估计将要发生的成本、估计的销售费用及税费后的金额。（　）

6. 企业在采购商品过程中发生的运杂费等进货费用，应当计入存货采购成本。（　）

7. 采用移动加权平均法计算发出存货成本，不能在月度内随时结转发出存货的成本。（　）

8. 企业车间一般耗用原材料的成本计入产品的生产成本。（　）

四、会计实务题

1. 亿优公司为生产多种产品的制造企业，是增值税一般纳税人，适用的增值税税率为16%。原材料采用实际成本核算，材料发出成本采用月末一次加权平均法计算。20××年10月1日，甲材料库存数量为500件，每件实际成本为200元，亿优公司发生有关存货业务如下：

(1) 10月2日，购买甲材料800件，每件单价250元，价款共计200 000元，增值税专用发票上注明增值税税额为32 000元，由销货方代垫运杂费3 000元，材料验收入库，企业已付款。

(2) 10月10日，企业收到明星公司作为资本投入的甲材料5 000件，并验收入库，同时收到明星公司开具的增值税发票，投资合同约定该批材料120 000元，增值税税额为19 200元，明星公司在甲公司注册资本中享有份额的金额为100 000元。

(3) 10月31日，发料凭证汇总表列明甲材料的耗用情况如下：生产产品领用1 600件，车间管理部门领用300件，行政管理部门领用200件，销售部门领用100件，基建部门领用100件。

(4) 10月31日，财产清查中盘亏甲材料的成本为20 000元，确认应转出的增值税进项税额为3 200元，经查属于仓库保管人员过失造成的，按规定由其赔偿6 000元，款项暂未收到，其他损失由公司承担，报经批准后计入管理费用。

要求：

(1) 根据资料(1)至(4)，编制有关会计分录；

(2) 根据期初资料、资料(1)(2)，计算亿优公司当月发出甲材料的平均单价。

2. 亿优公司为生产多种产品的制造企业，是增值税一般纳税人，适用的增值税税率为16%。原材料采用实际成本核算，20××年11月亿优公司发生有关存货业务如下：

(1) 11月5日，购买甲材料1 000千克，每件单价300元，增值税专用发票上注明价款为300 000元，增值税税额为48 000元，购入该材料发生保险费1 000元，发生运输费

4 000元(假定不考虑有关税费),运输过程中发生合理损耗10千克,材料已验收入库,款项未付。

(2) 11月12日,购入乙材料2 000吨,取得货物增值税专用发票注明的价款为500 000元,增值税税额为80 000元,发生运费10 000元(假定不考虑有关税费),支付保险费、包装费共计20 000元,支付入库前的挑选整理费10 000元。验收入库时发现短缺1吨,经查明属于非常损耗,开出银行承兑汇票付款。

要求:根据资料(1)至(2),编制有关会计分录

3. 亿优公司年末对公司资产进行财产清查,清查结果如下:

(1) 发现A材料盘亏2 000元;

(2) 发现B材料盘盈500元;

(3) 经查明,A材料盘亏属于意外灾害造成的损失;

(4) 经查明,B材料盘盈属于材料自然生溢;

要求:根据资料(1)至(4),编制有关会计分录。

第五章

销售业务核算

第一节　收入概述

为了适应社会主义市场经济发展需要，规范收入的会计处理，提高会计信息质量，根据《企业会计准则——基本准则》，财政部对《企业会计准则第 14 号——收入》进行了修订，境内外同时上市的企业以及在境外上市并采用国际财务报告准则或企业会计准则编制财务报表的企业，自 2018 年 1 月 1 日起施行；其他境内上市企业，自 2020 年 1 月 1 日起施行；执行企业会计准则的非上市企业，自 2021 年 1 月 1 日起施行。同时，允许企业提前执行。

收入准则适用于所有与客户之间的合同，但下列各项除外：长期股权投资、金融工具确认和计量、金融资产转移、套期会计、合并财务报表、合营安排、租赁、保险合同。

一、收入的定义及其特征

在市场经济条件下，收入作为影响利润指标的重要因素，越来越受到企业和投资者等众多信息使用者的重视。对于“收入”的概念，各国会计准则制定机构存在较大的分歧，但总的来说，这些定义可分为两类：广义的收入和狭义的收入。广义的收入包括收入和利得，代表性观点主要有国际会计准则和英国会计准则。狭义收入把利得排除在外，美国的概念框架和我国 2006 年颁布的基本准则就是从狭义角度定义收入的。在我国会计实务中，形成企业利润来源的收入，即“收入－费用＝利润”这一会计等式中的收入是广义的，包括狭义的收入和利得；而作为会计要素的收入，是狭义的收入。

根据我国 2017 年发布的《企业会计准则第 14 号——收入》中给出的定义，收入是指企业在日常活动中形成的、会导致所有者权益增加的、与所有者投入资本无关的经济利益的总流入。收入具有三个方面的特征。

（一）收入是企业在日常活动中形成的

日常活动是指企业为完成其经营目标所从事的经常性活动以及与之相关的活动。例如，工业企业制造并销售产品、商业企业销售商品、保险公司签发保单、咨询公司提供咨询服务、软件公司为客户开发软件、安装公司提供安装服务、商业银行对外贷款、租赁公司出租资产等，均属于企业从事的经常性活动，由此产生的经济利益的总流入构成收入。再如，企业转让无形资产的使用权、出售原材料等，属于与经常性活动相关的活动，由此产生的经济利益的总流入也构成收入。

（二）收入会导致企业所有者权益的增加

收入的取得可能表现为企业资产的增加或负债的减少，或者资产增加和负债减少两者兼而有之，最终将导致企业所有者权益的增加。例如，企业销售商品，收回货款导致的经济利益的流入，增加了所有者权益，就应当确认为收入。再如，企业向银行借款，尽管也导致了经济利益的流入，但该流入并不导致所有者权益的增加，反而使企业承担了一项现时义务，因此不应当确认为收入，而应当确认为负债。

（三）收入是与所有者投入资本无关的经济利益的总流入

收入会给企业带来经济利益的流入，但是企业经济利益的流入不一定都由收入导致，有时是由所有者投入资本的增加所导致的。而所有者投入资本的增加应当将其确认为所有者权益，不应当确认为收入。

二、账户的设置

收入核算设置的基本账户有“主营业务收入”“其他业务收入”“主营业务成本”“其他业务成本”“应收账款”“应收票据”“预收账款”“合同资产”“发出商品”“委托代销商品”等。

（一）“主营业务收入”账户

“主营业务收入”属于损益类账户，用于核算企业根据收入准则确认的销售商品、提供劳务等主营业务的收入。企业按照销售商品或提供劳务等实现的销售收入，应按照实际收到或应收的价款，借记“银行存款”“应收账款”“应收票据”等账户，按销售收入的金额，贷记“主营业务收入”账户，按专用发票上注明的增值税额，贷记“应交税费——应交增值税（销项税额）”账户；期末结转至“本年利润”账户时，借记“主营业务收入”账户，贷记“本年利润”账户，结转后本账户无余额。其明细账户一般按照产品类别设置。

（二）“其他业务收入”账户

“其他业务收入”属于损益类账户，用于核算企业从事除主营业务以外的其他业务活动所取得的收入，包括材料物资及包装物销售、无形资产转让、固定资产出租、包装物出租、运输、废旧物资出售收入等。企业发生其他业务收入时，借记“银行存款”“应收账款”“应收票据”等账户，按销售收入的金额，贷记“其他业务收入”账户，按专用发票上注明的增值税额，贷记“应交税费——应交增值税（销项税额）”账户；期末结转至“本年利润”账户时，借记“其他业务收入”账户，贷记“本年利润”账户，结转后本账户无余额。其明细账户一般按照其他业务收入的种类进行设置。

（三）“应收账款”账户

“应收账款”账户属于资产类账户，用于核算企业因销售产品、提供劳务而向购货单位收取的款项。发生应收账款时，计入“应收账款”账户的借方；收回应收账款时，计入“应收账款”账户的贷方；期末余额一般在借方，表示尚未收回的应收账款。其明细账户一般按照购货单位名称设置。

（四）“应收票据”账户

“应收票据”账户属于资产类账户。当企业收到购买方采用商业汇票方式结算的货款时，应设置“应收票据”账户，用于核算购买单位开出的商业汇票的结算情况。企业收到开具的商业汇票时，计入“应收票据”账户的借方；票据到期收回款项，计入“应收票据”账户的贷方；期末余额在借方，表示票据尚未到期而未收回的应收票据数额。明细账户一般按购货单位名称设置。

实务中，为了及时了解每一项应收票据的结算情况，企业应该设置“应收票据备查账”，逐笔登记每一应收票据的详细资料，收到款项后再逐笔注销。

（五）“预收账款”账户

“预收账款”账户属于负债类账户，用于核算企业预收货款的发生与偿付情况。企业根据合同预收购买单位一定数量的货款意味着企业的负债的增加，贷记“预收账款”账户；企业销售产品或提供劳务以抵偿预收货款时，应借记“预收账款”账户；期末余额在贷方，表示企业预收了货款，但尚未提供产品或劳务偿付该款项。如果“预收账款”期末余额在借方，则表示应由购货单位补付的款项，属于“应收账款”性质。明细账户按照购买单位的名称设置。

（六）“合同资产”账户

“合同资产”账户属于资产类账户，是指企业已向客户转让商品而有权收取对价的权利，且该权利取决于时间流逝之外的其他因素。区别于应收款项，应收款项是企业无条件收取合同对价的权利，该权利应当作为应收款项单独列示。合同资产不是一项无条件收款权，该权利除了时间流逝之外，还取决于其他条件，如履行合同中的其他履约义务才能收取相应的对价，企业除承担信用风险之外，还可能承担其他风险，如履约风险等。

（七）“合同负债”账户

“合同负债”账户属于负债类账户，是指企业已收或应收客户对价而应向客户转让商品的义务，如企业在转让承诺的商品之前已收取的款项。企业在履约义务履行之前（也就是达到收入确认条件前），先行收取了（包括已收取和应收取）客户支付的对价，则通过“合同负债”科目对其进行核算和反映。

企业在向客户转让商品之前，客户已经支付了合同对价或企业已经取得了无条件收取合同对价权利的，企业应当在客户实际支付款项与到期应支付款项孰早时点，按照该已收或应收的金额，借记“银行存款”“应收账款”“应收票据”等科目，贷记“合同负债”科目；

企业向客户转让相关商品时，借记“合同负债”科目，贷记“主营业务收入”“其他业务收入”等科目。

“合同负债”是在构成履约义务的前提下，去讨论和计量履约义务与客户付款的关系。因此在一项预收款不构成履约义务时，原则上不能以合同负债进行核算，仍需以预收账款进行计量。

（八）“发出商品”账户

“发出商品”账户属于资产类账户，用于核算一般销售方式下已经发出但尚未确认销售收入的商品成本。对尚未确认收入的发出商品，在发出时计入“发出商品”账户的借方，待确认收入后，按已实现收入的商品实际成本计入“发出商品”账户的贷方。期末余额在借方，表示尚未确认收入的发出商品的实际成本。明细账户按商品种类进行设置。

（九）“委托代销商品”账户

“委托代销商品”账户属于资产类账户，用于核算企业委托其他单位代为销售商品的销售方式下发出商品的成本。委托方在将商品交付给受托方时不确认收入，在商品发出时，将发出商品的实际成本转入“委托代销商品”账户的借方。当受托方将商品实际销售后，应向委托方出具代销清单。委托方在收到代销清单时，按协议价格确认收入，同时结转销售成本，贷记“委托代销商品”账户。期末余额在借方，表示尚未收到委托方代销清单的发出商品的实际成本。

第二节　收入的确认与计量

【案例】 亿优公司是一家家用电器企业，2019 年 9 月 16 日与客户订立销售合同，合同总价款为 100 万元。内容包括：① 销售空调 100 台；② 安装服务；③ 12 个月的售后维修服务。客户于 2019 年 10 月 1 日向亿优公司支付合同价款 100 万元。亿优公司于 2019 年 10 月 1 日为客户安装空调，该服务为标准安装服务。亿优公司也向其他客户单独销售上述项目，空调的单独售价为 10 000 元，标准安装服务的单独售价为 600 元，12 个月的售后质保服务的单独售价为 400 元。

亿优公司应该如何确认收入？通过学习本节内容中收入的确认过程即可知道。

一、收入的确认过程

新收入准则采用统一的收入确认模型来规范所有与客户之间的合同产生的收入。根据新的收入准则，通常采用五步法对收入进行确认与计量：第一步，识别与客户订立的合同；第二步，识别合同中的单项履约义务；第三步，确定交易价格；第四步，将交易价格分摊至各单项履约义务；第五步，履行各单项履约义务时确认收入。

（一）识别与客户订立的合同

合同是指双方或多方之间订立有法律约束力的权利义务的协议，包括书面形式、口头形式以及其他可验证的形式（如隐含于商业惯例或企业以往的习惯做法等）。客户是指与企业订立合同以向该企业购买其日常活动产出的商品或服务（以下简称商品）并支付对价的一方。

1. 收入确认的原则

企业应当在履行了合同中的履约义务，即在客户取得相关商品控制权时确认收入。

取得相关商品控制权，是指能够主导该商品的使用并从中获得几乎全部的经济利益，也包括有能力阻止其他方主导该商品的使用并从中获得经济利益。

2. 收入确认的前提条件

企业与客户之间的合同同时满足下列五个条件的，企业应当在客户取得相关商品控制权时确认收入。

(1) 合同各方已批准该合同并承诺履行各自义务；

(2) 该合同明确了合同各方与所转让的商品（或提供的服务）相关的权利和义务；

(3) 该合同有明确的与所转让的商品相关的支付条款；

(4) 该合同具有商业实质，即履行该合同将改变企业未来现金流量的风险、时间分布或金额；

(5) 企业因向客户转让商品而有权取得的对价很可能收回。

在合同开始日即满足上述条件的合同，企业在后续期间无须对其进行重新评估，除非有迹象表明相关事实和情况发生重大变化。对于不满足上述收入确认条件的合同，企业应当在后续期间对其进行持续评估，以判断其能否满足这些条件。

对于不能同时满足上述收入确认的五个条件的合同，企业只有在不再负有向客户转让商品的剩余义务（如合同已完成或取消），且已向客户收取的对价无须退回时，才能将已收取的对价确认为收入；否则，应当将已收取的对价作为负债进行会计处理。

【例 5-1】 某公司 2019 年 9 月 10 日向红星公司销售一批商品，公司在销售时已知红星公司资金周转发生困难，但为了减少存货积压，同时也为维持与红星公司的长期商业关系，公司仍将商品发往红星公司且办妥托收手续。

在这种情况下，尽管商品已发出并办妥托收手续，但由于红星公司资金周转存在困难，因而企业因向客户转让商品而有权取得的对价很可能不能收回。对于合同开始日不符合标准的合同，企业不能确认收入，企业应当对其进行持续评估，直到符合条件才能确认收入。因此该公司发出商品且办妥托收手续时不能确认收入。

（二）识别合同中的单项履约义务

合同开始日，企业应当对合同进行评估，识别该合同所包含的各单项履约义务，并确定各单项履约义务是在某一时段内履行，还是在某一时点履行，然后，在履行了各单项履约义务时分别确认收入，而不是根据合同的整体实现确认收入。一份合同中可能包含多项履约义务。识别一项单项履约义务的关键决定性因素在于该商品或该组商品是否可明确区分。

履约义务，是指合同中企业向客户转让可明确区分商品的承诺。履约义务既包括合同中明确的承诺，也包括由于企业已公开宣布的政策、特定声明或以往的习惯做法等导致合同订立时客户合理预期企业将履行的承诺。

企业向客户承诺的商品同时满足下列两个条件时，应当作为可明确区分的商品：

(1) 客户能够从该商品本身或从该商品与其他易于获得的资源一起使用中受益；

(2) 企业向客户转让该商品的承诺与合同中其他承诺可单独区分。

下列情形通常表明企业向客户转让该商品的承诺与合同中其他承诺不可单独区分：

(1) 企业需提供重大的服务以将该商品与合同中承诺的其他商品整合成合同约定的组合产出转让给客户；

(2) 该商品将对合同中承诺的其他商品予以重大修改或定制；

(3) 该商品与合同中承诺的其他商品具有高度关联性。

【例 5-2】 某建筑公司与客户签订一项合同，为客户建造一栋宿舍和综合体育馆。在签订合同时，建筑公司与客户分别就所建的宿舍和体育馆进行谈判，并达成一致意见：宿舍楼总造价 500 万元，综合体育馆总造价 400 万元。这两项建筑均有独立的施工预算图，宿舍楼的预计总成本为 460 万元，体育馆的预计总成本为 370 万元。两项建筑不具有相关性。

合同开始日，企业应当对合同进行评估，识别该合同所包括的各单项履约义务。

该例中，宿舍楼和体育馆均独立设计施工，均有独立的建造计划，宿舍楼和体育馆不具有关联性，客户能够从宿舍楼和体育馆使用中分别受益，建筑公司向客户转让宿舍楼和体育馆承诺可单独区分，宿舍楼和体育馆符合可明确区分商品的条件。建筑公司应将建设宿舍楼和体育馆作为两项履约义务，并确定各单项履约义务是在一段时间内履行还是在某一时点履行，然后，在履行了各单项履约义务时分别确认收入，而不是根据合同的整体实现确认收入。

企业为履行合同而应开展的初始活动，通常不构成履约义务，除非该活动向客户转让了承诺的商品。例如，企业收取的、无须退回的健身馆的入会费，通常不构成履约义务，但客户购买的健身卡套餐则构成履约义务。

（三）确定交易价格

企业应当按照分摊至各单项履约义务的交易价格计量收入。交易价格是指企业因向客户转让商品而预期有权收取的对价金额。企业代第三方收取的款项以及企业预期将退还给客户的款项，应当作为负债进行会计处理，不计入交易价格。例如，收取的增值税，计入"应交税费——应交增值税"。

合同标价并不一定代表交易价格，企业应当根据合同条款，并结合以往的习惯做法等确定交易价格。企业在确定交易价格时，应当假定将按照现有合同的约定向客户转让商品，且该合同不会被取消、续约或变更。

在确定交易价格时，企业应当考虑可变对价、合同中存在的重大融资成分、非现金对价、应付客户对价等因素的影响。

1. 可变对价

企业在确定交易价格时，企业与客户在合同中约定的对价金额可能会因折扣、价格折让、返利、退款、奖励积分、激励措施、业绩奖金、索赔等因素而变化。此外，根据一项或多项或有事项的发生而收取不同对价金额的合同，也属于可变对价的情形。企业在判断合同中是否存在可变对价时，不仅应当考虑合同条款的约定，还应当考虑下列情况：第一，根据企业已公开宣布的政策、特定声明或者以往的习惯做法等，客户能够合理预期企业将会接受低于合同约定的对价金额，如企业提供的折扣、返利等形式的价格折让；第二，其他相关事实和情况表明企业在与客户签订合同时即意图向客户提供价格折让。

合同中存在可变对价的，企业应当对计入交易价格的可变对价进行估计。企业应当按照期望值或最可能发生金额确定可变对价的最佳估计数，但包含可变对价的交易价格，应当不超过在相关不确定性消除时累计已确认收入极可能不会发生重大转回的金额。企业在评估累计已确认收入是否极可能不会发生重大转回时，应当同时考虑收入转回的可能性及其比重。每个资产负债表日，企业应当重新估计应计入交易价格的可变对价金额。这里的“极可能不会发生重大转回”是指转回的概率很小，“极可能”是比“很可能”发生的概率大得多的情形，即基本确定，概率为大于95%但小于100%。因此，“极可能不会发生重大转回”是指转回的概率小于5%。

【例5-3】 某建造承包商与客户签订一项建造桥梁的合同，合同规定的建设期为2019年1月1日至2021年12月31日，合同约定工程价款为5 000万元，如果提前3个月竣工，客户同意向建造承包商支付提前竣工奖200万元。

本例中，合同交易价格包含可变对价200万元。假设合同开始日估计提前竣工的概率为98%，则包含可变对价的交易价格为5 200万元，由于提前竣工的概率为98%，将提前竣工奖200万元确认为收入转回的概率很低，只有2%，属于极可能不会发生重大转回的情形，建造承包商可以按5 200万元来确认收入。

假设合同开始日估计提前竣工的概率为90%，则包含可变对价的交易价格为5 200万元。按新收入准则的规定，包含可变对价的交易价格应当不超过在相关不确定性消除时累计已确认收入极可能不会发生重大转回的金额。本例中，由于提前竣工的概率为90%，提前竣工奖200万元确认为收入转回的概率达10%，不属于极可能不会发生重大转回的情形，相关不确定性消除时累计确认收入极可能不会发生重大转回的金额为5 000万元，建造承包商只能按5 000万元的上限来确认收入。2021年9月，假设主体工程基本完工，工程质量符合设计要求，有望提前3个月竣工的概率为96%，此时包含可变对价的交易价格为5 200万元，可变对价发生转回的概率只有4%，因此，应将奖励款计入交易价格，并按交易价格为5 200万元来确认收入。

2. 合同中存在重大融资成分

合同中存在重大融资成分的，企业应当按照假定客户在取得商品控制权时即以现金支付的应支付金额确定交易价格。该交易价格与合同对价之间的差额，应当在合同期间内采用实际利率法摊销。

合同开始日，企业预计客户取得商品控制权与客户支付价款间隔不超过一年的，可以不考虑合同中存在的重大融资成分。

3. 非现金对价

客户支付非现金对价的，企业应当按照非现金对价的公允价值确定交易价格。非现金对价公允价值不能合理估计的，企业应当参照其承诺向客户转让商品的单独售价间接确定交易价格。非现金对价公允价值因对价形式以外的原因而发生变动的，应当作为可变对价，按可变对价的相关规定进行会计处理。例如，企业换取的非现金对价是股票，由于股票本身的公允价值发生变动的，不应作为可变对价处理，股票价格的波动不计入交易价格。单独售价，是指企业向客户单独销售商品的价格。例如，企业以存货换取客户的固定资产、无形资产等的，应按固定资产、无形资产的公允价值确定交易价格，固定资产、无形资产的公允价值不能合理估计的，再按存货的单独售价间接确定交易价格。

4. 应付客户对价

企业存在应付客户对价的，应当将该应付对价冲减交易价格，并在确认相关收入与支付(或承诺支付)客户对价二者孰晚的时点冲减当期收入。应付客户对价是为了向客户取得其他可明确区分商品的，应当采用与企业其他采购相一致的方式确认所购买的商品。

【例 5-4】 某消费品制造企业甲公司向某连锁超市签订了一项销售商品合同，合同期限为 1 年。该超市承诺，在合同期限内以约定价格从甲公司进货，购买至少价值 1 000 万元的产品。合同同时约定，甲公司需在合同开始时向该超市支付 100 万元的不可退回款项。该款项旨在就超市需更改货架以使其适合放置甲公司产品而做出补偿。第一个月该企业销售货物开具发票的金额为 200 万元。甲公司第一个月确认多少收入?

甲公司应确认收入＝200－100×10%＝190(万元)

(四) 将交易价格分摊至各单项履约义务

当合同中包含两项或多项履约义务时，为了使企业分摊至每一单项履约义务的交易价格能够反映其因向客户转让已承诺的相关商品(或提供已承诺的相关服务)而预期有权收取的对价金额，企业应当在合同开始日，按照各单项履约义务所承诺商品的单独售价的相对比例，将交易价格分摊至各单项履约义务。

单独售价，是指企业向客户单独销售商品的价格。单独售价无法直接观察的，企业应当综合考虑其能够合理取得的全部相关信息，采用市场调整法、成本加成法、余值法等方法合理估计单独售价。

市场调整法，是指企业根据某商品或类似商品的市场售价考虑本企业的成本和毛利等进行适当调整后，确定其单独售价的方法。

成本加成法，是指企业根据某商品的预计成本加上其合理毛利后的价格，确定其单独售价的方法。

余值法，是指企业根据合同交易价格减去合同中其他商品可观察的单独售价后的余值，确定某商品单独售价的方法。

企业在商品近期售价波动幅度巨大，或者因未定价且未曾单独销售而使售价无法可靠确定时，可采用余值法估计其单独售价。

【例 5-5】【例 5-2】中的宿舍楼和体育馆是两项可明确区分的商品，假设没有明确规定宿舍楼和体育馆各自的工程造价，也未做出各自的预算成本，而是以 850 万元的总金额签订该项合同。由于合同中包含宿舍楼和体育馆两项履约义务，企业应当在合同开始日，按照各单项履约义务所承诺商品单独售价的相对比例，将交易价格分摊至各单项履约义务。

（五）履行每一单项履约义务时确认收入

企业应当在履行了合同中的履约义务，即客户取得相关商品控制权时确认收入。企业应当根据实际情况，首先判断履约义务是否满足在某一时段内履行的条件，如不满足，则该履约义务属于在某一时点履行的履约义务。对于在某一时段内履行的履约义务，企业应当选取恰当的方法来确定履约进度；对于在某一时点履行的履约义务，企业应当综合分析控制权转移的迹象，判断其转移时点。收入确认的关键问题是要正确区分是“在一段时间内”还是“在某一时点”确认收入。

1. 在某一时段内履行的履约义务的收入确认条件

满足下列条件之一的，属于在某一时段内履行履约义务；否则，属于在某一时点履行履约义务：

（1）客户在企业履约的同时即取得并消耗企业履约所带来的经济利益，如常规或经常性服务。

（2）客户能够控制企业履约过程中在建的商品，如在客户场地上建造资产。

（3）企业履约过程中所产出的商品不具有可替代用途，且该企业在整个合同期间内有权就累计至今已完成的履约部分收取款项，如建造只有客户能够使用的专项资产。

对于在某一时段内履行的履约义务，企业应当在该段时间内按照履约进度确认收入，但是，履约进度不能合理确定的除外。企业应当考虑商品的性质，采用产出法或投入法确定恰当的履约进度。其中，产出法是根据已转移给客户的商品对于客户的价值确定履约进度；投入法是根据企业为履行履约义务的投入确定履约进度。对于类似情况下的类似履约义务，企业应当采用相同的方法确定履约进度。当履约进度不能合理确定时，企业已经发生的成本预计能够得到补偿的，应当按照已经发生的成本金额确认收入，直到履约进度能够合理确定为止。

2. 在某一时点履行的履约义务

当一项履约义务不属于在某一时段内履行的履约义务时，应当属于在某一时点履行的履约义务。对于在某一时点履行的履约义务，企业应当在客户取得相关商品控制权时点确认收入。在判断客户是否已取得商品控制权时，企业应当考虑下列迹象：

（1）企业就该商品享有现时收款权利，即客户就该商品负有现时付款义务。

（2）企业已将该商品的法定所有权转移给客户，即客户已拥有该商品的法定所有权。

（3）企业已将该商品实物转移给客户，即客户已实物占有该商品。

（4）企业已将该商品所有权上的主要风险和报酬转移给客户，即客户已取得该商品所有权上的主要风险和报酬。

（5）客户已接受该商品。

（6）其他表明客户已取得商品控制权的迹象。

需要说明的是，客户占有了某项商品的实物并不意味着就一定取得了该商品的控制权，反之亦然。例如，采用支付手续费方式的委托代销商品，虽然企业作为委托方已将商品发送给受托方，但是受托方并未取得该商品的控制权，因此，企业不应在向受托方发货时确认销售商品的收入，而仍然应当根据控制权是否转移来判断何时确认收入，通常应在当受托方售出商品时确认销售商品收入；受托方在商品销售后，按合同或协议约定的方法计算确定手续费确认收入。

企业已将商品所有权上的主要风险和报酬转移给购货方，是指与商品所有权有关的主要风险和报酬同时转移给购货方。其中，与商品所有权有关的风险，是指商品可能发生减值或毁损等形成的损失；与商品所有权有关的报酬，是指商品价值增值或通过使用商品等产生的经济利益。在判断客户是否已取得商品控制权时，不仅应当关注企业是否已将商品所有权上的主要风险和报酬转移给购货方，还应当考虑企业是否已将该商品实物转移给客户，以及客户是否已接受该商品。

二、销售商品收入的核算

销售商品收入的会计处理主要涉及一般销售商品业务、采取预收款方式销售商品、已经发出商品但不符合收入确认条件的销售业务、合同折扣、销售退回、采用支付手续费方式委托代销商品等情况。

（一）一般销售商品业务

在进行销售商品的会计处理时，按照五步法对销售商品收入进行确认和计量，符合收入准则所规定的确认条件的，企业应及时确认收入并结转相关销售成本。

通常情况下，企业应按已收或应收的合同或协议价款，加上应收取的增值税税额，根据销售方式，借记“银行存款”“应收账款”“应收票据”等科目，按确定的收入金额，贷记“主营业务收入”“其他业务收入”等科目，按应收取的增值税额，贷记“应交税费——应交增值税（销项税额）”科目。结转相关销售成本时，借记“主营业务成本”“其他业务成本”等科目，贷记“库存商品”“原材料”等科目。

【例 5-6】 亿优公司在 2019 年 5 月 20 日向 A 公司销售一批商品，开出的增值税专用发票上注明售价为 50 000 元，增值税税额为 8 000 元；亿优公司已收到 A 公司支付的货款 58 000 元，并将提货单送交 A 公司；该批商品的成本为 30 000 元。亿优公司应编制如下会计分录：

（1）确认销售收入时：

借：银行存款	58 000	
贷：主营业务收入		50 000
应交税费——应交增值税（销项税额）		8 000

（2）结转成本时：

借：主营业务成本	30 000	
贷：库存商品		30 000

【例 5-7】 亿优公司在 2019 年 5 月 20 日采用托收承付结算方式向 A 公司销售一批商品，开出的增值税专用发票上注明售价为 100 000 元，增值税税额为 16 000 元；商品已经发出，并已向银行办妥托收手续；该批商品的成本为 60 000 元。亿优公司应编制如

下会计分录：

（1）确认销售收入时：

借：应收账款　　116 000

　　贷：主营业务收入　　100 000

　　　　应交税费——应交增值税（销项税额）　　16 000

（2）结转成本时：

借：主营业务成本　　60 000

　　贷：库存商品　　60 000

【例 5-8】 亿优公司在 2019 年 5 月 20 日向 A 公司销售一批商品，开出的增值税专用发票上注明售价为 40 000 元，增值税税额为 6 400 元；亿优公司收到 A 公司开出的不带息银行承兑汇票一张，票面金额为 46 400 元，期限为 2 个月；商品已经发出，该批商品的成本为 26 000 元。亿优公司应编制如下会计分录：

（1）确认销售收入时：

借：应收票据　　46 400

　　贷：主营业务收入　　40 000

　　　　应交税费——应交增值税（销项税额）　　6 400

（2）结转成本时：

借：主营业务成本　　26 000

　　贷：库存商品　　26 000

（二）采取预收款方式销售商品

预收款销售方式下，销售方直到收到最后一笔款项才将商品交付购货方，商品所有权上的主要风险和报酬只有在收到最后一笔款项时才转移给购货方，此时才能满足收入确认条件，销售方通常应在发出商品时确认收入，在此之前预收的货款应确认为预收账款。

【例 5-9】 亿优公司与 A 公司于 2019 年 5 月 20 日签订立了销售合同，合同约定亿优公司于 2019 年 6 月 30 日向 A 公司销售商品一批。同时约定，A 公司在 2019 年 5 月 31 日前预先向亿优公司支付合同总价的 100%，即 69.6 万元，其中货款 60 万元，增值税税额 9.6 万元。A 公司在 2019 年 5 月 30 日支付了该笔款项。亿优公司于 2019 年 6 月 30 日向 A 公司转让了相应的商品，满足收入确认条件。该批商品成本为 40 万元。亿优公司会计处理过程如下：

（1）在合同签订日，亿优公司无需进行会计处理。

（2）2019 年 5 月 30 日，亿优公司收到 A 公司预付货款 69.6 万元，同时应确认合同负债 69.6 万元，以反映亿优公司向 A 公司转让商品的合同义务。

借：银行存款　　696 000

　　贷：合同负债　　696 000

（3）2019 年 6 月 30 日，亿优公司履行了转让商品的合同义务，应当冲销合同负债，同时确认收入 601 万元。

借：合同负债　　696 000

贷:主营业务收入　　600 000
　　应交税费——应交增值税(销项税额)　　96 000

(4) 结转该批商品的销售成本。

借:主营业务成本　　400 000
　　贷:库存商品　　400 000

【例 5-10】 亿优公司经营一家会员制健身俱乐部,2019 年 1 月 1 日公司与 A 客户签订了为期两年的合同,客户入会之后可以随时在该俱乐部健身。除年费 2 000 元之外,亿优公司还向客户收取了 100 元的入会费,用于补偿俱乐部为客户进行注册登记、准备会籍资料、制作会员卡等初始活动所产生的成本。亿优公司收取入会费和年费均无需返还。

(1) 收取 A 客户 100 元入会费时,由于会员入会所进行的初始活动,只是一些内部行政管理性质的工作,并不构成亿优公司向客户提供的服务承诺的一部分。因此,该入会费实质上是客户为健身服务所支付的对价的一部分,但不构成履约义务。

借:银行存款　　100
　　贷:预收账款　　100

(2) 收取 A 客户年费时,即亿优公司向客户提供了服务承诺,即提供可随时使用的健身场地和健身服务,构成了履约义务。亿优公司应确认合同负债 2 000 元,以反映亿优公司向 A 客户提供服务的合同义务。

借:银行存款　　2 000
　　贷:合同负债　　2 000

(3) 2019 年 12 月 31 日,作为健身服务的预收款与收取的年费一起在 2 年合同有效期内分摊确认为收入。

借:合同负债　　1 000
　　预收账款　　50
　　贷:主营业务收入　　1 050

(三) 已经发出商品但不符合收入确认条件的销售业务

如果企业售出的商品不符合销售收入确认的条件,均不应确认收入。对于在一般销售方式下,已经发出但尚未确认销售收入的商品成本应通过"发出商品"账户核算。在这种情况下应注意的一个问题是,如果销售商品的纳税义务已经发生,比如已经开出增值税专用发票,则应确认应交的增值税销项税额。借记"应收账款"等科目,贷记"应交税费——应交增值税(销项税额)"科目。如果纳税义务尚未发生,则不需要进行上述处理。

【例 5-11】 亿优公司在 2019 年 5 月 20 日采用托收承付结算方式向 A 公司销售一批商品,开出的增值税专用发票上注明售价为 100 000 元,增值税税额为 16 000 元;该批商品的成本为 60 000 元。亿优公司在销售该批商品时已得知 A 公司资金周转发生暂时困难,但为了减少存货积压,同时为了维持与 A 公司长期以来建立的商业关系,亿优公司仍然将商品发出,并办妥托收手续。假定亿优公司销售该批商品的纳税义务已经发生。亿优公司应编制如下会计分录:

（1）发出商品时：

借：发出商品　　60 000

　　贷：库存商品　　60 000

（2）同时，因为亿优公司销售该批商品的纳税义务已经发生，应确认应交的增值税销项税额：

借：应收账款　　16 000

　　贷：应交税费——应交增值税（销项税额）　　16 000

（3）假定 2019 年 8 月 10 日亿优公司得知 A 公司经营情况逐渐好转，A 公司承诺近期付款，亿优公司应在 A 公司承诺付款时确认收入，编制如下会计分录：

借：应收账款　　100 000

　　贷：主营业务收入　　100 000

（4）同时，结转成本：

借：主营业务成本　　60 000

　　贷：发出商品　　60 000

（5）假定亿优公司于 2019 年 9 月 2 日收到 A 公司支付的货款，应编制如下会计分录：

借：银行存款　　116 000

　　贷：应收账款　　116 000

（四）合同折扣

企业应按照分摊至各单项履约义务的交易价格计量收入，若合同中各单项履约义务所承诺商品的单独售价之和高于合同交易价格的金额，则表示存在合同折扣。有确凿证据表明合同折扣仅与合同中的一项或多项（而非全部）履约义务相关的，企业应当将该合同折扣按比例分摊至相关一项或多项履约义务。

【例 5-12】 亿优公司在 2019 年 5 月 20 日与 A 公司签订合同，向其销售甲、乙两项商品。甲商品的单独售价为 10 000 元，乙商品的单独售价为 15 000 元，合同价款为 20 000元。合同约定，甲商品于合同开始日交付，乙商品在一个月后交付，只有两项商品全部交付之后，亿优公司才有权收入 20 000 元的合同对价。假定甲商品和乙商品分别构成单项履约义务，其控制权在交付时转移给客户。上述价格均不包含增值税，且假定不考虑相关税费影响。

本例中，首先需对合同价款在甲商品和乙商品之间进行分摊。分摊至甲商品的合同价款为 8 000 元[＝10 000÷（10 000＋15 000）×20 000]，分摊至乙商品的合同价款为 12 000元[＝15 000÷（10 000＋15 000）×20 000]。由于亿优公司对该合同的收款权需在甲商品和乙商品均交付之后才成立，故当亿优公司在交付甲商品时，并未形成无条件收款权，因而确认为“合同资产”。待亿优公司交付乙商品后，才形成应收账款。亿优公司的账务处理如下：

（1）交付甲商品时：

借：合同资产　　8 000

　　贷：主营业务收入　　8 000

(2) 交付乙商品时：

借:应收账款　　20 000

　贷:合同资产　　8 000

　　主营业务收入　　12 000

(五) 销售退回的账务处理

销售退回是指企业售出的商品，由于品种、质量不符合要求等原因而发生的退货。企业售出商品发生的销售退回，应当分别不同情况进行会计处理：一是企业尚未确认销售收入的售出商品发生销售退回的，应当冲减“发出商品”科目，增加“库存商品”科目；二是企业已确认销售商品收入的售出商品发生销售退回的，除属于资产负债表日后事项外，一般应在发生时冲减当期销售商品收入，同时冲减当期销售商品成本。如按规定允许扣减增值税税额的，应同时扣减已确认的应交增值税销项税额。如该项销售退回涉及现金折扣的，应同时调整相关财务费用的金额。

对于附有销售退回条款的销售业务，企业应当在客户取得相关商品控制权时，按照因向客户转让商品而预期有权收取的对价金额，即不包含预期因销售退回将退还的金额确认收入，按照预期因销售退回将退还的金额确认负债；同时，按照预期将退回商品转让时的账面价值，扣除收回该商品预计发生的成本，包括退回商品的价值减损后的余额，确认为一项资产；按照所转让商品转让时的账面价值，扣除上述资产成本的净额，结转成本。

如果已确认收入的售出商品发生的销售退回属于资产负债表日后事项，应按《企业会计准则第 29 号——资产负债表日后事项》的相关规定进行处理。

【例 5-13】 亿优公司在 2019 年 5 月 1 日向 A 公司销售一批商品，开出的增值税专用发票上注明的销售价款为 50 000 元，增值税税率为 16%，税额为 8 000 元；该批商品的成本为 35 000 元，货款尚未收到，亿优公司尚未确认销售商品收入。2019 年 6 月 10 日该批商品因质量问题而被退回。因退货符合销售合同规定，亿优公司同意退货，并按规定向 A 公司开具了增值税专用发票(红字)。验收退货商品入库时，亿优公司应编制如下会计分录：

(1) 5 月 1 日销售发出商品时：

借:应收账款　　8 000

　贷:应交税费——应交增值税(销项税额)　　8 000

借:发出商品　　35 000

　贷:库存商品　　35 000

(2) 6 月 10 日收到退回的商品：

借:库存商品　　35 000

　贷:发出商品　　35 000

借:应交税费——应交增值税(销项税额)　　8 000

　贷:应收账款　　8 000

【例 5-14】 亿优公司在 2019 年 5 月 1 日向 A 公司销售一批商品，开出的增值税专用发票上注明的销售价款为 50 000 元，增值税税率 16%，增值税税额为 8 000 元；该批商品的成本为35 000元。亿优公司于5月1日发出该批商品，货款尚未收到，亿优公司对该项销售确认了销售收入。2019年6月10日该批商品因质量问题而被退回。因退货符合销售合同规定，亿优公司同意退货，并按规定向A公司开具了增值税专用发票(红字)。亿优公司应编制如下会计分录：

(1) 5月1日销售实现时：

借：应收账款	58 000	
贷：主营业务收入		50 000
应交税费——应交增值税(销项税额)		8 000
借：主营业务成本	35 000	
贷：库存商品		35 000

(2) 6月10日收到退回的商品：

借：主营业务收入	50 000	
应交税费——应交增值税(销项税额)	8 000	
贷：应收账款		58 000
借：库存商品	35 000	
贷：主营业务成本		35 000

第三节 费　用

一、费用的概念及特征

企业在取得收入的过程中必然要消耗一定量的经济资源。企业经济资源的消耗在会计上用“费用”一词表述。与“费用”密切相关的另外一个概念是“损失”。通常认为，损失与企业获取收入活动的关联性不大。对于“费用”的概念和认识，在会计理论界存在着较大的分歧。不同的会计组织或会计理论工作者对费用给出了不同的定义。总的来说，这些定义可分为两类：从广义的角度定义费用和从狭义角度定义费用。从广义角度定义的费用的主要特点就是把损失包括在费用当中，认为费用是会计期间内经济利益的总流出，其表现形式为资产减少或负债增加而引起的所有者权益减少，但不包括与所有者分配等有关的资产减少或负债增加。代表性观点主要有国际会计准则和英国会计准则。从狭义角度定义的费用的主要特点就是把损失排除在费用之外。美国的概念框架和我国2006年颁布的基本准则就是从狭义角度定义费用的。我国会计实务中，减少企业利润的费用，即“收入－费用＝利润”这一会计等式中的费用是广义的，而作为会计要素的费用，是狭义的费用。

按照我国2006年颁布(2014年修订)的《企业会计准则——基本准则》，费用是指企业在日常活动中发生的、会导致所有者权益减少的、与向所有者分配利润无关的经济利益的总流出。费用具有以下特征。

（一）费用是企业在日常活动中形成的

费用应当是企业在日常活动中发生的。日常活动是指企业为取得营业收入进行产品生产与销售等营业活动。将费用界定为日常活动中发生的是为了与非日常活动的损失相区分。非日常活动是指一些偶发的交易或事项，如企业处置固定资产、无形资产等非流动资产、违约支付罚款、对外捐赠、因自然灾害等非常原因造成财产损毁等。

（二）费用表现为企业资产的减少或负债的增加，或两者兼而有之，最终导致所有者权益的减少

费用会导致经济利益流出企业，从而导致资产的减少，如减少银行存款、消耗材料等；也可能导致负债的增加，最终也会导致资产的减少，如增加应付职工薪酬、应交税费等；或者资产减少与负债增加两者兼而有之，如发生管理费用后，一部分以现金支付，一部分未付。根据“资产－负债＝所有者权益”的会计等式，费用的发生一定会导致所有者权益减少。但是企业在日常活动中发生的支出并不全都会导致所有者权益减少，也就不构成费用。例如，企业以银行存款偿还一项负债，只是一项资产和一项负债等额减少，对所有者权益没有影响；又如，企业进行投资活动发生的支出，这些支出不构成企业的费用。

（三）费用与向所有者分配利润无关

企业向所有者分配利润或现金股利，虽然也减少了所有者权益，但其属于利润分配的结果，是所有者权益的抵减项，不是经营活动的结果，不构成企业的费用。

二、费用的分类

费用有广义和狭义之分，广义的费用泛指企业各种日常活动发生的所有耗费，狭义的费用仅指与本期营业收入相配比的那部分耗费。费用应当按照权责发生制与配比原则确认，凡应属于本期发生的费用，不论其款项是否支付，均确认为本期费用；反之，不属于本期发生的费用，即使款项已在本期支付，也不确认为本期费用。

企业在生产经营过程中，发生的各项收益性支出，按照企业的经济用途分类可划分为“产品成本费用”和“直接计入当期损益的费用”。

（一）产品成本费用

产品成本费用，是指企业为生产产品而发生的各种耗费，能直接计入某项产品成本，形成产品成本的各项费用。属于能够“对象化”的费用，包括为生产产品发生的直接费用和间接费用。产品成本主要包括下列三项内容。

1. 直接材料费用

直接材料费用是指企业在生产产品和提供劳务过程中所消耗的直接用于产品生产并构成产品实体的原材料、主要材料、外购半成品、修理用配件、包装物以及有助于产品形成的辅助材料等。

2. 直接人工费用

直接人工费用是指企业在生产产品和提供劳务过程中，直接从事生产产品的工人工资，以及其他各种形式的职工薪酬。

3. 制造费用

制造费用是指企业各生产车间(部门)为生产产品和提供劳务而发生的各项间接费用，包括车间管理人员的工资等职工薪酬、折旧费、办公费、水电费、机器物料消耗、劳动保护费、季节性和修理期间的停工损失等。

（二）直接计入当期损益的费用

直接计入当期损益的费用，是指企业在日常活动中发生的营业成本、税金及附加、资产减值损失、信用减值损失、所得税费用和期间费用等。

1. 营业成本

营业成本是指企业经营业务所发生的实际成本总额，应当在确认营业收入时，或在月末，将已发生的与营业收入相关的成本记入当期损益。

营业成本包括主营业务成本和其他业务成本。

(1) 主营业务成本。

“主营业务成本”属于损益类账户，该科目核算企业根据收入准则确认的与主营业务收入直接相关的营业成本。该科目可按主营业务的种类进行明细核算。根据销售的各种商品、提供劳务等的实际成本，计算结转主营业务成本时，借记“主营业务成本”科目，贷记“库存商品”等科目。期末，应将“主营业务成本”账户余额结转至“本年利润”科目，结转后该科目无余额。

示例请参考本章第二节“一般销售商品业务”。

(2) 其他业务成本。

“其他业务成本”属于损益类账户，该科目核算企业除主营业务活动以外所取得的与其他业务收入直接相关的营业成本，包括销售材料的成本、出租固定资产的累计折旧、出租无形资产的累计摊销、出租包装物的成本等。采用成本模式计量投资性房地产时，其投资性房地产计提的折旧额或摊销额，也构成其他业务成本。该科目可按其他业务支出的种类进行明细核算。企业根据发生的其他业务计算结转其他业务成本时，借记“其他业务成本”科目，贷记“原材料”“累计折旧”“累计摊销”“包装物及低值易耗品”“银行存款”等科目。期末，应将“其他业务成本”账户余额结转至“本年利润”科目，结转后该科目无余额。

【例 5-15】 亿优公司在 2019 年 5 月 20 日向 A 公司销售一批材料，开出的增值税专用发票上注明售价为 100 000 元，增值税税额为 16 000 元；亿优公司已收到 A 公司支付的货款 116 000 元，并将该批材料送交 A 公司；该批材料的成本为 80 000 元。亿优公司应编制如下会计分录：

(1) 确认销售收入时：

借：银行存款	116 000	
贷：其他业务收入		100 000
应交税费——应交增值税(销项税额)		16 000

(2) 结转销售成本时：

借:其他业务成本　　80 000

　贷:原材料　　80 000

【例 5-16】 亿优公司在 2019 年 7 月 1 日将一台暂不需用的机器设备租给 A 公司使用半年，每月收取租金 20 000 元。该机器设备账面原值 1 000 000 元，预计使用 5 年，预计净残值 100 000 元，亿优公司已使用三年，采用直线法计提折旧。假设不考虑相关税费因素，亿优公司应编制如下会计分录：

亿优公司每月对该设备应计提折旧金额为：

(1 000 000－100 000)÷5÷12＝15 000(元)

(1) 每月收取设备租金时：

借:银行存款　　20 000

　贷:其他业务收入　　20 000

(2) 每月计提该设备折旧额时：

借:其他业务成本　　15 000

　贷:累计折旧　　15 000

2. 税金及附加

税金及附加是指企业经营活动应负担的相关税费，包括消费税、城市维护建设税、教育费附加、资源税、房产税、城镇土地使用税、车船税、印花税等。企业应当设置“税金及附加”科目，核算企业经营活动发生的相关税费。按规定计算确定的与经营活动相关的税费，企业应借记“税金及附加”科目，贷记“应交税费”科目。期末，应将“税金及附加”科目余额转入“本年利润”科目，结转后本科目无余额。

【例 5-17】 亿优公司 2019 年 5 月 20 日取得应纳消费税的销售商品收入 1 000 000 元，该产品使用的消费税税率为 25%。亿优公司应编制如下会计分录：

(1) 计算应交消费税额：

1 000 000×25%＝250 000(元)

借:税金及附加　　250 000

　贷:应交税费——应交消费税　　250 000

(2) 缴纳消费税时：

借:应交税费——应交消费税　　250 000

　贷:银行存款　　250 000

【例 5-18】 亿优公司 2019 年 5 月实际应交增值税 400 000 元，应交消费税 300 000 元，城建税税率为 7%。教育费附加为 3%。亿优公司应编制与城建税、教育费附加有关的会计分录如下：

(1) 计算应交城建税和教育费附加时：

城建税＝(400 000＋300 000)×7%＝49 000(元)

教育费附加＝(400 000＋300 000)×3%＝21 000(元)

借:税金及附加　　70 000

　贷:应交税费——应交城建税　　49 000

　　　　　　——应交教育费附加　　21 000

（2）实际缴纳城建税和教育费附加时：

借：应交税费——应交城建税　　49 000

　　　　　——应交教育费附加　　21 000

　贷：银行存款　　70 000

3. 资产减值损失

资产减值损失是指因资产的账面价值高于其可收回金额而造成的损失。如企业计提的坏账准备、存货跌价准备、固定资产减值准备等所形成的损失。企业发生的资产减值损失，应设置“资产减值损失”科目核算，并在“资产减值损失”科目中按资产减值损失的具体项目进行明细核算。期末应将“资产减值损失”科目余额转入“本年利润”科目，结转后应无余额。

【例 5 - 19】 亿优公司 2016 年 1 月 1 日购入一台设备价值 8 000 000 元，至 2019 年 12 月 31 日已提折旧 3 000 000 元。经测试，期末该设备公允价值为 4 000 000 元，假设亿优公司其他固定资产无减值迹象，当期有关的会计分录如下：

借：资产减值损失　　1 000 000

　贷：坏账准备　　1 000 000

【例 5 - 20】 亿优公司 2019 年年末应收账款余额为 1 000 000 元，按 3%计提坏账准备。亿优公司估计坏账准备为 30 000 元（=1 000 000×3%），亿优公司坏账准备计提前余额为零，当期有关的会计分录如下：

借：信用减值损失　　30 000

　贷：坏账准备　　30 000

4. 信用减值损失

信用减值损失是 2019 年新增的损益类科目，是指企业核算计提金融准则要求的各项金融工具减值准备所形成的预期信用损失。如企业计提的坏账准备、债权投资减值准备等。企业发生的信用减值损失，应设置“信用减值损失”科目核算，并在“信用减值损失”科目中按信用减值损失的具体项目进行明细核算。期末应将“信用减值损失”科目余额转入“本年利润”科目，结转后应无余额。

5. 所得税费用

所得税费用是指企业为取得会计税前利润应缴纳的所得税，“所得税费用”账户，核算企业负担的所得税，是损益类科目，期末，应将本科目的余额转入“本年利润”科目，结转后本科目无余额。具体介绍见第六章。

6. 期间费用

期间费用是指企业日常活动发生的不能计入特定核算对象的成本，而应计入发生当期损益的费用。期间费用之所以不计入特定的成本核算对象，主要是因为期间费用是企业为组织和管理整个经营活动所发生的费用，与可以确定特定成本核算对象的材料采购、产成品生产等没有直接关系，因而期间费用不计入有关核算对象的生产成本，而是直接计入当期损益。由于当期的期间费用是全额从当期损益中扣除的，因此其发生额不会影响下一个会计期间。

期间费用包括销售费用、管理费用和财务费用。

(1) 销售费用。

销售费用是指企业(金融行业企业除外)在销售商品和材料、提供劳务过程中发生的各种费用,包括运输费、装卸费、包装费、保险费、预计产品的质量保证损失、商品维修费、展览费和广告费,以及为销售本企业商品而专设的销售机构(含销售网点、售后服务网点等)的职工薪酬、业务费、折旧费等经营费用。企业发生的与专设销售机构相关的固定资产修理费用等后续支出,也纳入销售费用的核算范围。

企业通过设置"销售费用"科目,核算销售费用的发生和结转情况。该科目借方登记企业所发生的各项销售费用,贷方登记期末转入"本年利润"科目的销售费用,结转后该科目无余额。企业按照销售费用的费用项目设置明细科目。

【例 5-21】 亿优公司 2019 年 8 月 20 日为宣传新产品发生广告费 30 000 元,用银行存款支付。亿优公司应编制如下会计分录:

借:销售费用——广告费	30 000	
贷:银行存款		30 000

【例 5-22】 亿优公司销售部 2019 年 8 月共发生费用 200 000 元。其中,销售人员薪酬 100 000 元,销售部专用办公设备折旧费 60 000 元,业务费 40 000 元(用银行存款支付)。亿优公司应编制如下会计分录:

借:销售费用	200 000	
贷:应付职工薪酬		100 000
累计折旧		60 000
银行存款		40 000

【例 5-23】 承【例 5-21】、【例 5-22】,亿优公司 2019 年 8 月 31 日将本月发生的"销售费用"230 000 元,结转至"本年利润"科目。亿优公司应编制如下会计分录:

借:本年利润	230 000	
贷:销售费用		230 000

(2) 管理费用。

管理费用是指企业为组织和管理生产经营活动所发生的各项费用,包括企业在筹建期间发生的开办费、企业的董事会和行政管理部门在企业的经营管理中发生的或者应该由企业统一负担的公司经费、董事会费(董事会成员津贴、会议费和差旅费等)、聘请中介机构费、咨询费、诉讼费、业务招待费、技术转让费、矿产资源补偿费、研究费用和排污费等。企业生产车间和行政管理部门发生的固定资产修理费用等后续支出,也作为管理费用核算。

企业通过设置"管理费用"科目,核算管理费用的发生和结转情况。该科目借方登记企业所发生的各项管理费用,贷方登记期末转入"本年利润"科目的管理费用,结转后该科目无余额。企业按照管理费用的费用项目设置明细科目。

【例 5-24】 亿优公司 2019 年 9 月 20 日就某项产品的设计方案向有关专家进行咨询,以银行存款支付咨询费 50 000 元。亿优公司应编制如下会计分录:

借:管理费用——咨询费	50 000	
贷:银行存款		50 000

【例 5-25】 亿优公司行政部 2019 年 9 月共发生费用 300 000 元。其中,行政人员薪酬 150 000 元,行政部专用办公设备折旧费 100 000 元,办公费、水电费 50 000 元(用银

行存款支付）。亿优公司应编制如下会计分录：

借：管理费用　300 000
　贷：应付职工薪酬　150 000
　　累计折旧　100 000
　　银行存款　50 000

【例 5－26】 承【例 5－24】、【例 5－25】，亿优公司 2019 年 9 月 30 日将本月发生的“管理费用”350 000 元，结转至“本年利润”科目。亿优公司应编制如下会计分录：

借：本年利润　350 000
　贷：管理费用　350 000

(3) 财务费用。

财务费用是指企业为筹集生产经营所需资金等而发生的筹资费用，包括利息支出、汇兑损益以及相关的手续费、企业发生的现金折扣等。需要注意的是，并不是企业所有的借款利息都形成当期的财务费用。按照我国的企业会计准则，企业发生的借款费用，可直接归属符合资本化条件的资产构建或者生产的，应当予以资本化，计入相关资产成本。

企业通过设置“财务费用”科目，核算财务费用的发生和结转情况。该科目借方登记企业所发生的各项财务费用，贷方登记期末转入“本年利润”科目的财务费用，结转后该科目无余额。企业按照财务费用的费用项目设置明细科目。

【例 5－27】 亿优公司 2019 年 9 月 30 日用银行存款支付本月应负担的短期借款利息 20 000 元。亿优公司应编制如下会计分录：

借：财务费用　20 000
　贷：银行存款　20 000

【例 5－28】 亿优公司于 2019 年 8 月 31 日向银行借入生产经营用短期借款 360 000 元，期限 6 个月，年利率 5%，该借款到期后一次还本付息，利息分月预提，按季支付。2019 年 9 月末，亿优公司应编制如下会计分录：

$360\ 000 \times 5\% \div 12 = 1\ 500$ (元)

借：财务费用　1 500
　贷：应付利息　1 500

【例 5－29】 承【例 5－27】、【例 5－28】，亿优公司 2019 年 9 月 30 日将本月发生的“财务费用”21 500 元，结转至“本年利润”科目。亿优公司应编制如下会计分录：

借：本年利润　21 500
　贷：财务费用　21 500

自测题

一、单项选择题

1. 下列各项中，符合收入会计要素定义，可以确认为收入的是(　　)。

A. 接受现金捐赠取得的现金　　B. 出租固定资产收取的价款
C. 处置无形资产取得的净收益　　D. 股权投资取得的现金股利

2. 下列关于收入的表述中,正确的是(　　)。

A. 凡是资产的增加或负债的减少,或二者兼而有之,同时引起所有者权益的增加,一定表明收入的增加

B. 在商品销售收入确认条件中,所有权上的主要报酬和风险随所有权凭证的转移而转移

C. 如果企业确认商品销售收入后,发生销售退回的均冲减退回当月的销售收入,并冲减当月销售成本

D. 在对销售收入进行计量时,应不考虑预计可能发生的现金折扣和销售折让,现金折扣和销售折让实际发生时才予以考虑

3. 下列各项税费中,不应计入"税金及附加"科目的是(　　)。

A. 自用房产缴纳的房产税

B. 处置固定资产缴纳的增值税

C. 销售应税消费品缴纳的消费税

D. 企业缴纳的教育费附加

4. 企业对于已经发出但尚未确认销售收入的商品成本,应借记的会计科目是(　　)。

A. 在途物资　　B. 库存商品　　C. 主营业务成本　　D. 发出商品

5. 不属于管理费用列支范围的是(　　)。

A. 董事会费　　B. 专设销售机构的业务费

C. 年度财务报告审计费用　　D. 筹建期内发生的开办费

6. 下列各项中,应计入"管理费用"的是(　　)。

A. 计提的坏账准备　　B. 出租无形资产的摊销额

C. 向董事会成员支付的津贴　　D. 处置固定资产的净损失

7. 以下不属于企业会计期间费用的是(　　)。

A. 管理费用　　B. 财务费用　　C. 制造费用　　D. 销售费用

8. 下列项目中,属于工业企业其他业务收入的是(　　)。

A. 无法支付的应付账款　　B. 出售固定资产收入

C. 转让无形资产使用权收入　　D. 罚款收入

9. 某企业11月确认的短期借款利息7.2万元,收到银行活期存款利息收入1.5万元,开具银行承兑汇票支付手续费0.5万元。不考虑其他因素,11月企业财务费用的确认金额为(　　)万元

A. 5.7　　B. 5.2　　C. 7.7　　D. 6.2

10. 某工业企业3月份发生的费用有:发生生产车间管理人员工资80万元,发生行政管理部门人员工资60万元,支付广告费用40万元,计提短期借款利息40万元,支付固定资产维修费30万元。则该企业当期的期间费用总额为(　　)万元。

A. 100　　B. 140　　C. 170　　D. 250

11. 下列各项不属于企业期间费用的是(　　)。

A. 处置固定资产发生的净损失　　B. 支付的业务宣传费

C. 发生的外币汇兑损失　　D. 销售商品发生的运杂费

12. 下列关于成本与费用的表述不正确的是( )。
A. 产品成本是生产某种产品而发生的可以对象化的费用
B. 费用是指企业的期间费用
C. 产品成本是费用总额的一部分
D. 产品成本既包括完工产品的成本费用也包括期末未完工产品成本费用
13. 下列人员工资会直接计入期间费用的是( )。
A. 工程人员的工资
B. 生产人员的工资
C. 车间管理人员的工资
D. 销售人员的工资

二、多项选择题

1. 企业发生的下列收入应当在其他业务收入中核算的有( )。
A. 经营性出租固定资产的现金收入
B. 股权投资取得的现金股利收入
C. 随商品出售且单独计价的包装物取得的收入
D. 销售材料取得的收入
2. 以下关于收入的说法中,错误的有( )。
A. 企业出售原材料取得的款项扣除成本及相关税费用,应当确认为营业外收支
B. 销售单独计价的包装物实现的收入通过“营业外收入”科目核算
C. 企业在销售商品时,如果估计价款收回的可能性不大,即使收益确认的其他条件均已满足,也不可以确认收入
D. 企业在发出商品之后,即使没有确认收入,也不应将其确认为企业的存货
3. 下列关于企业发生的各项支出表述正确的是( )。
A. 聘请中介机构发生的咨询费计入管理费用
B. 企业财务工作人员的工资计入财务费用
C. 企业销售部门固定资产折旧费计入销售费用
D. 企业生产车间固定资产维修费计入管理费用
4. 下列关于税金及附加的表述正确的有( )。
A. 税金及附加是企业经营活动中负担的相关税费
B. 税金及附加与企业取得营业收入有关
C. 生产经营过程中缴纳的房产税、城镇土地使用税计入税金及附加
D. 税金及附加影响企业的营业利润
5. 下列项目中,应列入财务费用的有( )。
A. 银行存款的利息收入
B. 外币兑换发生的汇兑损益
C. 金融机构的手续费
D. 购货方享受的现金折扣
6. 下列税金中,应列入销售费用的有( )。
A. 商品维修费
B. 销售部门固定资产的维修费
C. 展览费
D. 发生的宣传费
7. 下列税金中,不应当作为财务费用核算的有( )。
A. 满足资本化条件的利息支出
B. 银行承兑汇票的手续费

C. 筹建期间不符合资本化条件的利息支出

D. 购买商品享受的现金折扣

8. 下列税金中，应当作为销售费用核算的有(　　)。

A. 推广新产品的广告费　　B. 预计产品质量保证损失

C. 业务招待费　　D. 专设销售机构发生的办公费

9. 下列各项中，影响企业销售商品收入计量金额的是(　　)。

A. 企业与购货方签订的合同或协议金额

B. 商业折扣

C. 预计可能发生的现金折扣

D. 代垫购货方的运杂费

三、判断题

1. 工业企业销售材料、出租固定资产等实现的收入应计入其他业务收入。(　　)

2. 企业在销售商品时如提供有商业折扣的，在确认收入时应将商业折扣的部分扣除。(　　)

3. 企业在销售收入确认之后发生的销售退回，且不属于资产负债表日后事项的，应在实际发生时冲减发生当期的收入。(　　)

4. 收入是企业在各种活动中形成的经济利益的总流入。(　　)

5. 制造费用与管理费用不同，本期发生的管理费用直接影响本期损益，而本期发生的制造费用不一定影响本期的损益。(　　)

6. 计提的长期借款的利息费用均计入到财务费用中。(　　)

7. 对于一次就完成的劳务，或在同一个会计期间开始并完成的劳务，应在开始提供时确认收入，企业支付的专设销售机构固定资产的日常维修费用应计入管理费用。(　　)

8. 销售商品相关的已发生或将发生的成本不能合理地估计，此时企业不应确认收入，若已收到价款，应将其确认为一项负债。(　　)

9. 制造费用和管理费用都是本期发生的费用，因此发生时均应计入当期损益。(　　)

10. 随同商品出售不单独计价包装物的成本应计入“其他业务成本”科目核算。(　　)

四、会计实务题

1. 亿优公司为一般纳税人，适用的增值税税率为16%。2019年8月份发生下列经济业务(假设除增值税以外的其他税费不予考虑)：

(1) 3日销售库存商品一批，售价50 000元，全部款项已收到并存入银行，该批商品成本为36 000元；

(2) 11日出售原材料一批，售价4 000元，款项尚未收回，成本为3 000元；

(3) 15日出售旧设备一台，其账面余额为60 000元，已计提折旧12 000元，未发生减值，取得出售价款90 000元，增值税税率为16%，款项已收到存入银行；

(4) 17日取得出租固定资产收入6 000元，该项固定资产应计提的折旧为2 000元，租金已存入银行。

要求：根据上述经济业务编制会计分录，并计算本月营业收入。

2. 亿优公司为一般纳税人，适用的增值税税率为16%。2019年9月份发生如下的经济业务：

(1) 销售给A公司A产品100件，每件售价4 000元，货款400 000元，单位成本2 500元，增值税税率为16%。（已收到款项并存入银行）

(2) 企业出售无形资产一项，该项无形资产账面价值40 000元，取得收入50 000元，增值税税率为6%。

(3) 以前月份销售的B产品本月退回20件，每件售价2 000元，单位成本1 500元，货款已通过银行退回。

(4) 本月固定资产盘亏净损失18 000元，经批准做相应的账务处理。

(5) 发生管理费用3 000元，销售费用2 000元，财务费用35 000元，均用银行存款支付。

要求：根据上述资料编制会计分录。

3. 亿优公司为一般纳税人，适用的增值税税率为16%。2019年10月份发生如下的经济业务：

(1) 销售给A公司一批产品开出的增值税专用发票上注明的销售价款为600万元，增值税税额96万元，款项尚未收到；该批产品成本为50万元，亿优公司已将商品发出，纳税义务已经发生，但该笔销售不符合收入确认条件。

(2) 销售给B公司一批产品，售价总额为100万元，产品实际成本为65万元，因成批销售，基于B公司10%商业折扣，B公司已付款，该笔销售符合收入确认条件。

(3) 12月份销售给B公司的产品退回200件，每件售价2 000元，货款已通过银行退回。

(4) 将自行研发的一项专利权出租给C公司，月租金为10万元，当日已收到本月租金，已知该专利权年摊销额为12万元。

要求：根据上述资料编制会计分录。

4. 亿优公司为一般纳税人，适用的增值税税率为16%。2019年11月2日与甲公司签订立了一项销售合同，合同约定亿优公司于2019年11月30日向甲公司销售商品一批。同时约定，甲公司在2019年11月20日前预先向亿优公司支付合同总价的100%，即116万元，其中货款100万元，增值税税额16万元。甲公司在2018年11月18日支付了该笔款项。亿优公司于2019年11月30日向A公司转让了相应的商品，满足收入的确认条件。该批商品成本为80万元。

要求：根据上述资料编制会计分录。

第六章

财务成果的核算

第一节　利润概述

一、利润的定义及构成

利润是指企业在一定期间的经营成果，包括收入减去费用后的净额、直接计入当期利润的利得和损失等。其中，直接计入当期利润的利得和损失，是指应计入当期损益、会导致所有者权益发生增减变动的、与所有者投入资本或向所有者分配利润无关的利得或损失。

在利润表中，利润分为营业利润、利润总额和净利润三个层次。

（一）营业利润

营业利润是指企业一定期间的日常活动取得的利润。其具体构成如下：

营业利润＝营业收入－营业成本－税金及附加－销售费用－管理费用－财务费用－资产减值损失－信用减值损失＋其他收益＋公允价值变动收益（－公允价值变动损失）＋投资收益（－投资损失）＋资产处置收益（－资产处置损失）

（二）利润总额

利润总额构成如下：

利润总额＝营业利润＋营业外收入－营业外支出

（三）净利润

净利润构成如下：

净利润＝利润总额－所得税费用

二、账户的设置

（一）"营业外收入"账户

"营业外收入"属于损益类账户，用于核算企业发生的与日常活动无直接关系的各项利得。营业外收入并不是企业经营资金耗费所产生的，而是经济利益的净流入，不需要与有关的费用进行配比，实质上是一种纯收入。该科目按营业外收入的具体项目进行明细核算。营业外收入主要包括非流动资产损毁报废利得、债务重组利得，与企业日常活动无关的政府补助、盘盈利得、捐赠利得等。贷方登记本期发生的各项营业外收入，期末，应将本账户余额转入“本年利润”账户贷方，结转后本账户无余额。

非流动资产损毁报废利得，是指因自然灾害等发生损毁、已丧失使用功能而报废非流动资产所产生的清理产生的收益。

债务重组利得，是指重组债务的账面价值超过清偿债务的现金、非现金资产的公允价值、所转股份的公允价值，或者重组后债务账面价值之间的差额。

盘盈利得，是指企业对于现金等资产清查盘点中盘盈的资产，报经批准后计入营业外收入的金额。

政府补助，是指企业与企业日常活动无关的、从政府无偿取得货币性资产或非货币性资产形成的利得。

捐赠利得，是指企业接受捐赠产生的利得。

（二）“营业外支出”账户

“营业外支出”属于损益类账户，用于核算企业发生的与日常活动无直接关系的各项损失。该科目按营业外支出的具体项目进行明细核算。营业外支出包括非流动资产报废损毁损失、债务重组损失、公益性捐赠支出、非常损失、盘亏损失、罚款支出等。借方登记本期发生的营业外的各项支出，期末，应将本账户余额转入“本年利润”账户的借方，结转后本账户无余额。

非流动资产损毁报废损失，是指因自然灾害等发生损毁、已丧失使用功能而报废非流动资产所产生的清理损失。

债务重组损失，是指重组债务的账面余额超过受让资产的公允价值、所转股份的公允价值，或者重组后债权账面价值之间的差额。

公益性捐赠支出，是指企业对外进行公益性捐赠发生的支出。

非常损失，是指企业对于因客观因素（如自然灾害等）造成的损失，在扣除保险公司赔偿后计入营业外支出的净损失。

盘亏损失，是指企业对于财产清查盘点中盘亏的固定资产，查明原因并报经批准计入营业外支出的损失。

罚款支出，是指企业由于违反法律法规以及经济合同等而支付的各种滞纳金和罚款。

（三）“所得税费用”账户

“所得税费用”账户属于损益类账户，用于核算企业依据税法核算的经营利润应缴纳的企业所得税，是企业纳税申报结果的反映。因此利润总额扣除所得税形成企业净利润。该账户借方表示所得税费用增加，期末，将所得税费用结转到“本年利润”账户时记贷方。期末一般无余额。

（四）“本年利润”账户

“本年利润”账户属于所有者权益类账户，用于核算企业当期实现的净利润或发生的净亏损。企业在会计期末，将在账上结出的各损益类科目的余额结转至“本年利润”科目，“本年利润”账户的余额反映当期实现的利润或发生的亏损。如期末余额为贷方余额，反映年初至本期末累计实现的净利润；如期末余额为借方余额，反映年初至本期末累计发生的净亏损。年度终了，企业将全年实现的净利润（或亏损）自“本年利润”账户转入“利润分配——未分配利润”明细账户。

（五）“利润分配”账户

“利润分配”账户属于所有者权益类账户，用于核算企业利润的分配（或亏损的弥补）和历年利润分配（或亏损）后的积存余额。该账户应按提取法定盈余公积、提取任意盈余公积、应付普通股股利、转作股本的普通股股利、未分配利润等项目设明细账户。企业董事会提请股东大会批准的年度利润分配方案，在股东大会召开前将其列入报告年度的利润分配表。该账户借方登记实际分配的利润额，以及年末从“本年利润”账户转入的全年发生的净亏损，贷方登记用盈余公积弥补的亏损额等其他转入数，以及年末从“本年利润”账户转入的全年实现的净利润。

（六）“盈余公积”账户

“盈余公积”账户属于所有者权益类账户，用于核算企业从净利润中提取的盈余公积，以及盈余公积的增减变动情况。该账户下设“法定盈余公积”“任意盈余公积”等明细账户。该账户贷方登记企业提取的盈余公积数额，即盈余公积的增加额，借方登记企业实际使用的盈余公积数额，即盈余公积的减少额，期末余额在贷方，反映企业盈余公积的结余数。

（七）“应付股利”账户

“应付股利”账户属于负债类账户，用于核算企业分配给投资者的现金股利或利润。该账户贷方登记企业按规定应支付给投资者的股利或利润，实际发放时，计入该账户的借方。期末余额在贷方，反映企业应付而未付的现金股利或利润。

第二节　利润的确认与计量

一、营业外收支的确认与计量

（一）营业外收入

企业通过设置“营业外收入”账户，核算营业外收入的取得及结转情况。非流动资产报废损毁利得，借记“固定资产清理”“无形资产”等账户，贷记“营业外收入”账户。盘盈利得发生时借记“待处理财产损溢”账户，贷记“营业外收入”账户；捐赠利得，发生时借记“原材料”等相关资产类账户，贷记“营业外收入”账户。结转营业外收入时，借记“营业外收入”账户，贷记“本年利润”账户。结转后，“营业外收入”账户无余额。

【例 6-1】 亿优公司将一台设备报废清理的净收益 100 000 元转作营业外收入。根据相关凭证编制会计分录如下：

借：固定资产清理 100 000

贷：营业外收入 100 000

【例 6-2】 亿优公司 8 月末在现金清查中盘盈 600 元，按惯例权限报经批准后，转入营业外收入。根据相关凭证编制会计分录如下：

(1) 发生盘盈时：

借：库存现金 600

贷：待处理财产损益 600

(2) 经批转转入营业外收入时：

借：待处理财产损益 600

贷：营业外收入 600

【例 6-3】 亿优公司 2019 年 12 月份营业外收入账户结转前贷方余额 200 万元，期末将余额转入“本年利润”账户的贷方。编制分录如下：

借：营业外收入 2 000 000

贷：本年利润 2 000 000

（二）营业外支出

企业通过设置“营业外支出”账户，核算营业外支出的发生及结转情况。发生各项营业外支出时，借记“营业外支出”账户，贷记“固定资产清理”“无形资产”“待处理财产损溢”“银行存款”等账户。期末结转营业外支出时，借记“本年利润”账户，贷记“营业外支出”账户。结转后，“营业外支出”账户无余额。

【例 6-4】 亿优公司 2019 年 5 月因发生自然灾害导致原材料损失 500 000 元，经批准全部转作营业外支出。根据有关原始凭证编制会计分录如下：

(1) 发生自然灾害损失时：

借：待处理财产损溢 500 000

贷：原材料 500 000

(2) 批准转入营业外支出时：

借：营业外支出 500 000

贷：待处理财产损溢 500 000

【例 6-5】 亿优公司 2019 年 6 月用银行存款支付税款滞纳金 20 000 元，根据有关原始凭证编制会计分录如下：

借：营业外支出 20 000

贷：银行存款 20 000

【例 6-6】 亿优公司 2019 年 12 月份营业外支出账户结转前，余额在借方，为 100 万元，期末将余额转入“本年利润”账户的借方，编制分录如下：

借:本年利润 1 000 000

贷:营业外支出 1 000 000

二、所得税费用的确认与计量

(一) 应交所得税的确认

企业的所得税费用包括企业当期应交所得税(即实际的所得税)和递延所得税(即预期的所得税)两个部分。递延所得税包括递延所得税资产和递延所得税负债。《企业会计准则》规定企业应采用资产负债表债务法核算所得税。资产负债表债务法是从资产负债表出发,通过比较资产负债表上列示的资产、负债,按照《企业会计准则》规定确定的账面价值与按照税法规定确定的计税基础,对于两者之间的差额分别确认为应纳税暂时性差异与可抵扣暂时性差异,进而确认相关的递延所得税负债与递延所得税资产。

由于现行会计准则与税法的差异较大,因此,企业需要对利润表中的"利润总额"进行调整之后才能得出税务机关认可的"纳税调整后所得",进而得到"应纳税所得额"。本书只介绍应交所得税的计算与会计的账务处理,对于递延所得税不做介绍。

(二) 应交所得税的账务处理

企业的应交所得税是指企业按照企业所得税法规定计算确定的针对当期发生的交易和事项应缴纳给税务部门的所得税金额。应纳所得税额是在企业税前会计利润(即利润总额)的基础上调整确定的。《中华人民共和国企业所得税法》规定,企业所得税税率为25%。

企业当期应交所得税的计算公式为:

应纳税所得额=税前会计利润+纳税调整增加额-纳税调整减少额

应交所得税=应纳税所得额×所得税税率

企业应设置"所得税费用"账户进行核算,用来核算企业负担的所得税,计提当期所得税时,借记"所得税费用"账户,贷记"应交税费"账户。期末,将所得税费用结转到"本年利润"账户时计入贷方。期末一般无余额。

【例6-7】 亿优公司2019年12月份的利润表中的利润为500 000元,适用的所得税税率为25%。本年发生的以下有关事项中,会计处理和税收处理存在差别的有以下两项:

(1) 本年发生一笔超标业务招待费8 000元。超过税法规定标准的业务招待费支出形成纳税调整增加额。

(2) 本年取得一笔国债利息收入4 000元。国债利息收入属于纳税调整减少额。

因此计算本期所得税时,应纳税所得额应在利润的基础上加上超标业务招待费8 000元,再减去国债利息收入4 000元。

2019年度当期应交所得税为:

应纳税所得额=500 000+8 000-4 000=504 000(元)

应交所得税=504 000×25%=126 000(元)

根据有关原始凭证编制会计分录如下：

（1）计算确定的应纳税所得额：

借：所得税费用　　126 000

　　贷：应交税费——应交所得税　　126 000

（2）期末将所得税费用结转至本年利润时：

借：本年利润　　126 000

　　贷：所得税费用　　126 000

三、本年利润的确认与计量

企业在会计期末，将在账上结出的各损益类科目的余额结转至“本年利润”科目。该账户贷方登记由“主营业务收入”“其他业务收入”“营业外收入”等科目余额以及“公允价值变动损益”“投资收益”科目的净收益转入的余额；借方登记由“主营业务成本”“其他业务成本”“销售费用”“管理费用”“财务费用”“税金及附加”“营业外支出”“资产减值损失”“所得税费用”等科目余额以及“公允价值变动损益”“投资收益”科目的净损失转入的余额。

年度终了，企业应将“本年利润”账户的余额转入“利润分配——未分配利润”账户。若“本年利润”为贷方余额，则借记“本年利润”账户，贷记“利润分配——未分配利润”账户；若“本年利润”为借方余额，则借记“利润分配——未分配利润”账户，贷记“本年利润”账户；结转后，“本年利润”账户无余额。

【例 6－8】 亿优公司 2019 年 12 月份有关损益类账户结转前余额如表 6－1 所示。

表 6－1　有关损益类账户结转前余额　　单位：元

账户名称	金　额	账户名称	金　额
主营业务收入	400 000	其他业务收入	120 000
主营业务成本	300 000	其他业务成本	80 000
税金及附加	10 000	资产减值损失	4 000
销售费用	20 000	投资收益	22 000
管理费用	20 000	公允价值变动损益	－2 000
财务费用	6 000	营业外收入	50 000
营业外支出	100 000	资产处置损益	100 000

期末将各项收入类账户余额转入“本年余额”账户贷方，将各项支出类账户余额转入“本年利润”的借方。

（1）结转各项费用时：

借：本年利润　　542 000

　　贷：主营业务成本　　300 000

　　　　其他业务成本　　80 000

　　　　税金及附加　　10 000

销售费用 20 000

管理费用 20 000

财务费用 6 000

资产减值损失 4 000

公允价值变动损益 2 000

营业外支出 100 000

(2) 结转各项收入时：

借：主营业务收入 400 000

其他业务收入 120 000

投资收益 22 000

营业外收入 50 000

资产处置损益 100 000

贷：本年利润 692 000

经过上述结转后，“本年利润”账户的贷方发生额合计 692 000 元，减去借方发生额合计 542 000 元，即为税前会计利润 150 000 元。假设将税前会计利润进行纳税调整后，应纳税所得额为 100 000 元，则应交所得税额：

100 000×25%＝25 000(元)

(1) 确认所得税费用：

借：所得税费用 25 000

贷：应交税费——应交所得税 25 000

(2) 将所得税费用转入“本年利润”账户：

借：本年利润 25 000

贷：所得税费用 25 000

第三节 利润分配

一、利润分配的概念及分配顺序

利润分配，是指企业对当年可供分配的利润按照国家财务制度规定的分配形式和分配顺序，在企业和投资者之间进行的分配。利润分配的过程与结果，关系到所有者的合法权益能否得到保护，企业能否长期、稳定发展。为此，企业必须加强利润分配的管理和核算。企业利润分配的主体是投资者和企业，利润分配的对象是企业实现的净利润；利润分配的时间即确认利润分配的时间，是利润分配义务发生的时间和企业做出决定向内向外分配利润的时间。

根据《公司法》等有关法规的规定，企业当年实现的净利润，一般应当按照如下顺序进行分配：

(1) 弥补以前年度的亏损。

(2) 提取法定盈余公积金。企业分配当年税后利润时，应当提取利润的10%，列入企业法定盈余公积。企业法定盈余公积累计额为企业注册资本的50%以上的，可不再提取。

(3) 提取任意盈余公积金。企业从税后利润中提取法定盈余公积后，经过股东会决议，可以提取任意盈余公积金。

(4) 投资者分配利润。企业弥补亏损和提取盈余公积金后的剩余利润，有限责任公司按照股东的出资比例分配，股份有限公司按照股东持有的股份比例分配股利或利润。如果公司当年无利润一般不得分配利润，但在用盈余公积弥补亏损后(如果企业有以前年度亏损的)，可以用盈余公积分配股利。

经过上述程序后的余额，为未分配利润(或未弥补亏损)。

二、利润分配的账务处理

年度终了，企业应将全年实现的净利润，自“本年利润”账户转入“利润分配”账户，即借记“本年利润”账户，贷记“利润分配——未分配利润”账户。如为亏损，做相反会计分录。

【例6-9】 接【例6-8】，将“本年利润”账户年末余额125 000元(＝150 000－25 000)转入“利润分配——未分配利润”账户，编制会计分录如下：

借：本年利润　　　　125 000

　　贷：利润分配——未分配利润　　　　125 000

企业应当设置“利润分配”科目，对利润分配的全过程进行会计处理。分配利润时，一律通过该科目的提取法定盈余公积、提取任意盈余公积、应付普通股股利、转作股本的普通股股利、未分配利润等明细科目等进行核算。

再按照上述分配顺序进行利润分配。最后，将“利润分配”账户下的其他明细账户的余额转入本账户的“未分配利润”明细账户。结转后，除“未分配利润”明细账户外，“利润分配”的其他明细账户应无余额。“未分配利润”账户年末余额反映历年积存的未分配利润(或未弥补亏损)。

(一) 利润补亏

企业发生亏损时，应由企业自行弥补。弥补亏损的渠道主要有三条：一是用以后年度税前利润弥补；二是用以后年度税后利润弥补；三是用提取的盈余公积金弥补。

1. 以后年度税前利润补亏

企业发生的亏损可以以次年实现的税前利润弥补。根据我国所得税法规定，企业发生亏损时，可以用以后5年内实现的税前利润弥补，即税前利润弥补亏损的期间为5年。

2. 以后年度税后利润补亏

企业发生的亏损经过5年期间未弥补足额的，尚未弥补的亏损应由所得税后的利润弥补，即从亏损后的第6年开始，只能用税后利润弥补。企业将本年实现的利润结转到“利润分配——未分配利润”账户的贷方，其贷方发生额与“利润分配——未分配利润”账户的借方余额自然抵补。因此，以全年实现净利润弥补以前年度结转的未弥补亏损时，不需要作账务处理。

3. 用盈余公积补亏

如果企业净利润不够弥补亏损，企业可以用盈余公积弥补亏损。借记“盈余公积”账户，贷记“利润分配——盈余公积补亏”账户。

【例6-10】 亿优公司2014年发生亏损500 000元，2015—2019年累计税前利润为410 000元，尚有90 000元未弥补。2020年税前利润为100 000元，假设会计利润与应税利润无差异，按照所得税税率25%计算应缴纳企业所得税25 000元，当年净利润75 000元弥补亏损之后仍有15 000元没有得到弥补，该企业“盈余公积”账户贷方余额为500 000元，经股东大会决议，动用法定盈余公积用来补亏，编制会计分录如下：

借：盈余公积——法定盈余公积	15 000	
贷：利润分配——盈余公积补亏		15 000

（二）计提盈余公积

根据《公司法》规定，公司应当按照提取净利润的10%提取法定盈余公积，法定盈余公积累计额达到注册资本的50%时可不再提取。如果以前年度有亏损，应先用净利润弥补以前年度亏损后再提取盈余公积。公司根据股东大会的决议提取任意盈余公积。提取时，应通过“利润分配”和“盈余公积”等科目核算。

【例6-11】 亿优公司2019年实现净利润为500 000元，年初未分配利润为100 000元。经股东大会批准，亿优公司按当年净利润的10%提取法定盈余公积，按当年净利润的5%提取任意盈余公积。假定不考虑其他因素，编制会计分录如下：

借：利润分配——提取法定盈余公积	50 000	
——提取任意盈余公积	25 000	
贷：盈余公积——法定盈余公积		50 000
——任意盈余公积		25 000

【例6-12】 亿优公司2019年实现税前利润为3 600 000元，假设会计利润与应税利润无差异，年初未分配利润为−100 000元（已超过税法规定的税前利润弥补期限5年），公司所得税率为25%。该公司按有关规定提取2019年的盈余公积金。公司分别按当年弥补亏损后的利润的10%和5%提取法定盈余公积和任意盈余公积。

2019年税后利润＝3 600 000×(1−25%)＝2 700 000（元）

由于年初未分配利润为负数，表示以前年度有亏损100 000元，应先用当年净利润弥补亏损后再提取盈余公积，结转后“利润分配——未分配利润”账户有贷方余额2 600 000元（＝2 700 000−100 000）。

应提法定盈余公积＝2 600 000×10%＝260 000（元）

应提任意盈余公积＝2 600 000×5%＝130 000（元）

根据计算结果，编制如下会计分录：

借：利润分配——提取法定盈余公积	260 000	
——提取任意盈余公积	130 000	
贷：盈余公积——法定盈余公积		260 000
——任意盈余公积		130 000

（三）向投资者分配利润

企业实现的净利润扣除弥补以前年度亏损，提取法定盈余公积和任意盈余公积后剩余的部分加上年初未分配利润，为可向投资者分配的利润。企业向投资者分配利润的计算公式为：

$$\text{可向投资者分配的利润}=\text{年初未分配利润}+\text{当年实现的净利润}-\text{税后弥补亏损}-\text{提取法定盈余公积}-\text{提取任意盈余公积}$$

股利政策是公司股东大会或董事会对一切与股利有关的事项，所采取的较具原则性的做法，是关于公司是否发放股利、发放多少股利以及何时发放股利等方面的方针和策略，所涉及的主要是公司对其收益是进行分配还是留存以用于再投资的策略问题。

1. 向投资者分配现金股利

现金股利是上市公司以货币形式支付给股东的股息红利，也是最普通最常见的股利形式。企业经股东大会或类似机构决议，向股东（或投资者）分配现金股利（或利润）时，借记“利润分配——应付普通股股利（或应付利润）”科目，贷记“应付股利”“应付利润”科目。

【例 6 - 13】 亿优公司股东大会决定对 2019 年的税后利润进行现金分红，共分配现金股利 20 000 000 元。编制会计分录如下：

(1) 决议通过后：

借：利润分配——应付普通股股利　　20 000 000
　　贷：应付股利——应付普通股股利　　20 000 000

(2) 实际支付该现金股利时：

借：应付股利——普通股股利　　20 000 000
　　贷：银行存款　　20 000 000

【例 6 - 14】 亿优公司 2019 年年初未分配利润为 4 000 元，本年度实现净利润36 000 元，法定盈余公积和任意盈余公积的计提比例分别为 10% 和 5%，本年末决定采用现金股利政策分配可向投资者分配利润的 60%。2020 年 2 月 20 日宣告发放现金股利。股权登记截止日为 2020 年 2 月 28 日，现金股利的发放日为 2020 年 3 月 5 日。

可向投资者分配的利润＝4 000＋36 000－3 600－1 800＝34 600（元）

向投资者分配的利润＝34 600×60%＝20 760（元）

(1) 2020 年 2 月 20 日宣告发放现金股利时，编制如下会计分录：

借：利润分配——应付普通股股利　　20 760
　　贷：应付股利——普通股股利　　20 760

在股权登记日，公司不做任何账务处理，只需根据股权登记日的有关资料，编制应派得现金股利的股东名单。

(2) 2020 年 3 月 5 日支付现金股利时，编制如下会计分录：

借：应付股利——普通股股利　　20 760
　　贷：银行存款　　20 760

2. 向投资者分配股票股利

股票股利是指上市公司在利润分配时，将公司利润分配额度折合为公司的股份，以发放股票的形式进行利润分配。该种分配方式下，公司不必动用银行存款等资产，对于公司的扩大再生产有积极意义。企业经股东大会或类似机构决议，向股东（或投资者）分配股票股利时，借记“利润分配——转作股本的股利”科目，根据股票面值乘以股份数所计算的金额贷记“股本”科目，两项金额之间的差额，贷记“资本公积——股本溢价”科目。

【例 6－15】 亿优公司发行在外的普通股共 1 000 万股，该公司 2019 年实现的税后利润较为理想，股东大会为了积存现金以备后续发展，决定参照每股 10 元的最新市价折合发放股票股利，最终分红方案为“10 送 2”，即每 10 股派发 2 股股份。在办理变更登记手续、实际配发股票股利时的会计分录如下：

借：利润分配——转作股本的股利	20 000 000	
贷：股本		2 000 000
资本公积——股本溢价		18 000 000

（四）利润分配的明细账户结转

利润分配完毕后，将“利润分配”账户下其他明细账户的余额转入“未分配利润”明细账户。结转后，“未分配利润”明细账的账户余额在贷方，表示累积未分配利润的数额。如该明细账户余额在借方，则表示累积未弥补亏损的数额。

【例 6－16】 某企业 2019 年年初未分配利润为 1 000 000 元。2019 年度公司实现净利润 2 000 000 元，本年提取法定盈余公积 200 000 元，任意盈余公积 160 000 元，应付普通股股利 1 200 000 元。年终结转利润时，应编制如下会计分录：

（1）结转本年实现的净利润：

借：本年利润	2 000 000	
贷：利润分配——未分配利润		2 000 000

（2）提取法定盈余公积、宣告发放现金股利后，将“利润分配”的其他明细账户的金额结转到“未分配利润”账户：

借：利润分配——未分配利润	1 560 000	
贷：利润分配——提取法定盈余公积		200 000
——提取任意盈余公积		160 000
——应付普通股股利		1 200 000

通过以上结转后，2019 年年末未分配利润为 440 000 元（＝2 000 000－1 560 000），再加上年初未分配利润 1 000 000 元，未分配累计利润为 1 440 000 元（＝1 000 000＋440 000）。

第四节　留存收益

留存收益是指企业从历年实现的利润中提取或形成的留存于企业的内部积累。它来源于企业的生产经营活动所实现的净利润，包括企业的盈余公积和未分配利润两部分。

一、盈余公积

盈余公积是指企业按照有关规定从净利润中提取的各种积累资金。一般盈余公积分为两种：一是法定盈余公积，二是任意盈余公积。法定盈余公积和任意盈余公积的区别在于各自计提的依据不同。法定盈余公积以国家的法律或行政规章为依据提取，任意盈余公积则由公司自行决定提取，主要是上市公司按照股东大会的决议提取。盈余公积可以用作企业转增资本、弥补亏损、发放现金股利或利润等。

（一）盈余公积转增资本

企业将盈余公积转增资本时，必须经股东大会决议批准。在实际将盈余公积转增资本时，要按股东原有持股比例结转。盈余公积转增资本时，转增后留存的盈余公积的数额不得少于注册资本的25%。

企业经股东大会决议，用盈余公积转增资本时，借记“盈余公积”科目，贷记“股本”或“实收资本”科目。

【例6－17】 亿优公司股东大会2019年决议，用盈余公积转增公司注册资本6 000 000元，其中分别减记法定盈余公积5 000 000元，任意盈余公积1 000 000元。在公司登记管理机关办理变更登记后，编制会计分录如下：

借：盈余公积——法定盈余公积　　5 000 000
　　　　　——任意盈余公积　　1 000 000
　贷：股本　　6 000 000

（二）盈余公积弥补亏损

企业用盈余公积弥补亏损，应当由公司董事会提议，并经股东大会批准。借记“盈余公积”科目，贷记“利润分配——盈余公积补亏”科目。

【例6－18】 亿优公司2019年发生巨额亏损，股东大会决议动用盈余公积2 400 000元，其中分别减记法定盈余公积2 000 000元，任意盈余公积400 000元弥补亏损。编制会计分录如下：

借：盈余公积——法定盈余公积　　2 000 000
　　　　　——任意盈余公积　　400 000
　贷：利润分配——盈余公积补亏　　2 400 000

（三）用盈余公积发放现金股利或利润

【例 6-19】 亿优公司 2019 年 12 月 31 日股本为 20 000 000 元，可供投资者分配的利润为 1 500 000 元，法定盈余公积为 3 000 000 元。2020 年 2 月 20 日股东大会批准了 2019 年度利润分配方案，按每 10 股 2 元发放现金股利，共计派发 4 000 000 元现金股利，其中动用可供投资者分配的利润 1 500 000 元，法定盈余公积 2 500 000 元。假定不考虑其他因素，编制会计分录如下：

（1）宣告发放现金股利时：

借：利润分配——应付普通股股利	1 500 000	
盈余公积——法定盈余公积	2 500 000	
贷：应付股利——普通股股利		4 000 000

（2）支付股利时：

借：应付股利——普通股股利	4 000 000	
贷：银行存款		4 000 000

二、未分配利润

未分配利润是企业未作分配的利润，也是企业实现的净利润经过弥补亏损、提取盈余公积和向投资者分配利润后留存在企业的、历年积累的、可供分配的税后利润。未分配利润可以留待以后年度分配，在未进行分配之前，属于所有者权益的组成部分。从数量上来看，未分配利润是期初未分配利润加上本期实现的净利润，减去提取的各种盈余公积和分出的利润后的余额。

自测题

一、单项选择题

1. 计算营业利润不需要考虑的项目是（　　）。

A. 所得税费用　　B. 投资收益

C. 资产减值损失　　D. 公允价值变动损益

2. 净利润等于利润总额减去（　　）。

A. 营业税　　B. 消费税　　C. 所得税费用　　D. 增值税

3. 某企业 2019 年 3 月主营业务收入为 100 万元，主营业务成本为 80 万元，管理费用为 5 万元，资产减值损失为 2 万元，投资收益为 10 万元。假定不考虑其他因素，该企业当月的营业利润为（　　）万元。

A. 13　　B. 15　　C. 18　　D. 23

4. 下列各项中，不影响企业当期营业利润的是（　　）。

A. 销售原材料取得的收入

B. 无法查明原因的现金溢余

C. 资产负债表日计提的坏账准备

D. 资产负债表日的交易性金融资产的公允价值变动

5. 下列各项中，不应计入"营业外收入"科目的是（　　）。
A. 出租非专利技术使用费收入　　B. 债务重组利得
C. 固定资产报废处置收益　　D. 获得捐赠利得

6. 下列各项中，应计入营业外支出的是（　　）。
A. 合同违约金　　B. 法律诉讼费
C. 出租无形资产的摊销额　　D. 广告费

7. 企业发生的下列交易或事项不会影响当期利润总额的是（　　）。
A. 销售商品结转的成本　　B. 捐赠利得
C. 计提的坏账准备　　D. 固定资产盘盈

8. 下列各项中，企业不应通过"营业外支出"科目核算的是（　　）。
A. 公益性捐赠支出　　B. 违反合同的违约金
C. 报废设备的处置净损失　　D. 无法查明原因的现金短缺损失

9. 下列各项中，属于企业发生的损失是（　　）。
A. 企业应收账款的坏账准备
B. 企业存货管理不善引起的盘亏损失
C. 企业支付的税收滞纳金
D. 企业预计的产品质量保证损失

10. 某企业本期营业利润为 200 万元，管理费用为 15 万元，投资收益为 30 万元，营业外支出 5 万元，所得税费用为 30 万元。假定不考虑其他因素，该企业本期净利润为（　　）万元。
A. 160　　B. 165　　C. 200　　D. 210

11. 某企业年初未分配利润为 1 000 万元，当年实现净利润 500 万元，按 10%提取法定盈余公积，5%提取任意盈余公积，宣告发放现金股利 100 万元，不考虑其他因素，该公司年末未分配利润为（　　）万元。
A. 1 450　　B. 1 475　　C. 1 325　　D. 1 400

12. 某公司年初未分配利润为 1 000 万元，盈余公积为 500 万元，本年实现净利润 5 000万元，按 10%提取法定盈余公积，5%提取任意盈余公积，宣告发放现金股利 500 万元，不考虑其他因素，该公司年末留存收益为（　　）万元。
A. 5 250　　B. 6 000　　C. 6 500　　D. 5 750

二、多项选择题

1. 影响营业利润的因素有（　　）。
A. 期间费用　　B. 营业外支出　　C. 其他业务收入　　D. 投资收益

2. 以下项目中，不应记入"营业外收入"账户的有（　　）。
A. 出租包装物收入　　B. 罚没收入
C. 报废设备的处置净收益　　D. 债务重组利得

3. 下列各项中，影响企业营业利润的有（　　）。
A. 销售商品发生的展览费　　B. 出售包装物取得的净收入
C. 确认的资产减值损失　　D. 合同违约的罚款

4. 下列各项中,影响当期利润表中利润总额的有(　　)。
A. 固定资产盘盈　　B. 确认所得税费用
C. 对外捐赠固定资产　　D. 无形资产出售利得
5. 下列各项中,属于企业"营业成本"核算内容的是(　　)。
A. 出售商品的成本　　B. 经营性出租设备的折旧额
C. 存货计提的跌价准备　　D. 出售无形资产的账面成本
6. 营业外支出主要包括(　　)。
A. 非常损失　　B. 罚款支出　　C. 捐赠支出　　D. 原材料销售成本
7. 下列各项中,不影响企业当期营业利润的有(　　)。
A. 无法查明原因的现金短缺　　B. 公益性捐赠支出
C. 支付的合同违约金　　D. 固定资产报废处置净损失
8. 下列各项中,属于企业留存收益的有(　　)。
A. 按规定从净利润中提取的法定盈余公积
B. 累积未分配的利润
C. 从净利润中提取的任意盈余公积
D. 发行股票的溢价收入
9. 不会导致留存收益总额发生增减变动的有(　　)。
A. 资本公积转增资本　　B. 盈余公积补亏
C. 盈余公积转增资本　　D. 以当年净利润弥补以前年度亏损
10. 下列各项中,属于利润分配内容的有(　　)。
A. 弥补以前年度亏损　　B. 提取盈余公积
C. 提取资本公积　　D. 向投资者分配利润
11. 下列项目中,作为当期营业利润扣除项目的有(　　)。
A. 产品广告费　　B. 短期借款利息费用
C. 增值税　　D. 计提的坏账准备
12. 下列各项中,影响企业营业利润的有(　　)。
A. 经营租出固定资产的折旧额　　B. 接受公益性捐赠利得
C. 出租包装物取得的收入　　D. 处置无形资产净收益

三、判断题

1. 营业外收支对利润总额没有影响,它是指与企业生产经营活动无关的收支。(　　)

2. 年末利润分配完后,"利润分配——未分配利润"有余额。(　　)

3. 利润总额等于营业利润加营业外收入,再减去营业外支出。(　　)

4. 年度终了,无论企业盈利或亏损,都需要将"本年利润"科目的累积余额转入"利润分配——未分配利润"科目。(　　)

5. 企业当年实现的净利润(或净亏损)加上年初未分配利润(或减年初未弥补亏损)和其他转入后的余额,为可供分配的利润。(　　)

6. 企业用当年实现利润弥补以前年度亏损,不需要单独进行账务处理,"利润分配——未分配利润"科目借贷方自动递减即可完成。(　　)

7. 所得税是企业根据应纳税所得额的一定比例上交的一种税金。应交所得税＝应

纳税所得额×所得税税率。（　　）

8. 利得和损失都不应该计入利润总额。（　　）

9. 盈余公积和资本公积转增资本均会使企业留存收益减少。（　　）

10. 企业盘亏现金的净损失，应该计入营业外支出。（　　）

11. 当年形成的亏损，可以在以后五年内用税后利润补亏。（　　）

12. 应纳税所得额常常不等于企业的税前会计利润(即利润总额)。（　　）

四、会计实务题

1. 某企业当年实现净利润200 000元，按10%提取法定盈余公积，按5%提取任意盈余公积，并分配给普通股股东现金股利120 000元。

要求：根据资料编制结转本年利润、提取法定盈余公积、提取任意盈余公积、分配现金股利，并结转“本年利润”账户的会计分录。

2. 甲公司本年度有关账户当年的发生额如下：

(1) 主营业务收入4 000万元(贷方)；

(2) 主营业务成本3 000万元(借方)；

(3) 税金及附加100万元(借方)；

(4) 销售费用200万元(借方)；

(5) 管理费用200万元(借方)；

(6) 财务费用60万元(借方)；

(7) 资产减值损失40万元(借方)；

(8) 投资收益220万元(贷方)；

(9) 营业外收入200万元(贷方)；

(10) 公允价值变动损益20万元(借方)

(11) 资产处置损益100万元(贷方)

(12) 营业外支出80万元(借方)

企业按10%提取法定盈余公积，按5%提取任意盈余公积。

要求：在不考虑其他因素的情况下，根据上述资料：

(1) 计算甲公司营业利润、利润总额、所得税和净利润；

(2) 编制结转各损益类账户、本年利润、提取盈余公积及结转本年利润的会计分录。

3. 某企业年初所有者权益总额为4 500万元，其中实收资本为3 000万元，资本公积1 000万元，盈余公积1 000万元，未分配利润－500万元。当年度的利润总额为800万元，假定不存在任何纳税调整事项，企业所得税税率为25%，该企业以前年度亏损仍可用税前利润弥补，该公司按净利润的10%提取法定盈余公积。

要求：在不考虑其他因素的情况下，根据上述资料：

(1) 计算该公司年末的可分配利润；

(2) 计算并编制该公司提取盈余公积的会计分录；

(3) 计算该公司年末未分配利润；

(4) 计算该公司年末所有者权益总额。

第七章

财务报告

第一节　财务报告概述

一、财务报告的概念

财务报告，又称财务会计报告，是指企业对外提供的反映企业某一特定日期财务状况和某一会计期间经营成果、现金流量等会计信息的文件。财务报告包括财务报表和其他应当在财务报告中披露的相关信息和资料。

定期编制财务报告，为信息使用者提供与决策相关的信息与资料，是企业会计工作中的重要环节。企业通常将日常发生的经济事项通过记账工作分门别类地登记在各种会计账簿中，对会计信息进行初步的确认和提炼，但这些信息相对比较分散，不能概括地反映企业经济状况和财务成果的全貌，会计信息使用者不能直接有效地利用这些财务信息。因此，企业按照《企业会计准则》和相关会计制度的规定，对账簿中的信息进行再次的加工和提炼，并结合其他日常会计核算资料，按照一定的指标体系，以报告文件的形式，系统、全面、集中地反映企业的财务状况和经营成果，以满足不同信息使用者的需求。

需要指出的是，财务报告与财务报表是两个不同的概念，二者不可混淆。财务报告不仅包括财务报表，还包括补充信息，即利用财务报告的其他手段披露的相关信息。财务报表是财务报告的主要组成部分，补充信息和其他相关信息是会计信息使用者充分了解财务报告的必要补充。

二、财务报表的定义与分类

（一）财务报表的定义

财务报表是对企业财务状况、经营成果和现金流量的结构性表述，是会计要素确认、计量的结果和综合性的描述，是一系列用以提供对决策有用的会计信息的文件。它是会计实体对经济活动进行预测、决策、控制和检查、分析的重要依据。

（二）财务报表的分类

财务报表可按照不同的标准进行分类。目前主要的分类方法有以下几种。

1. 按其所反映的经济内容分类

财务报表按其所反映的经济内容不同，分为资产负债表、利润表、所有者权益（或者股东权益，下同）变动表、现金流量表及其必要的附表。

资产负债表是反映企业某一特定时点财务状况的报表。利润表是反映企业在一定时期内经营成果的报表。所有者权益变动表是反映构成所有者权益的各组成部分当期增减变动情况的报表。现金流量表则反映的是企业某一特定时期现金流入和流出情况的报表。财务报表附表是对财务报表内某一项目或某些项目的经济内容做进一步解释说明的报表，如利润分配表、主营业务收支明细表等。

2. 按编制主体分类

财务报表按编制主体不同，分为个别财务报表和合并财务报表。个别财务报表是指由母公司或子公司单独编制的，仅反映母公司或子公司的自身财务状况、经营成果和现金流量等相关信息的报表，它反映的对象是单个企业法人。合并财务报表是指由母公司编制的，将母公司形成的企业集团作为一个会计主体，综合反映企业集团整体财务状况、经营成果和现金流量等相关信息的报表。它反映的对象是由若干法人组成的会计主体，是经济意义上的会计主体，而不是法律意义上的会计主体。合并财务报表是以纳入合并范围的企业个别财务报表为基础，根据其他有关资料，在抵消有关会计事项对个别财务报表的影响后编制的，且不需要在现行会计核算方法体系之外单独设置一套账簿体系。

3. 按编制时间分类

财务报表按编制时间的不同，分为中期财务报表和年度财务报表。中期，是指短于一个完整的会计年度的报告期间，包括月度、季度、半年度，对应的中期财务报表分别为月报、季报、半年报。中期财务报表至少应当包括资产负债表、利润表、现金流量表和附注。年度财务报表于每年年度终了时编报，至少应当包括资产负债表、利润表、现金流量表、所有者权益变动表和附注。根据我国现行规定，月报应于月份终了后的 6 日内报出，季报应于每季度终了后的 15 日内报出，半年报应在年度中期终了后的 60 日内报出，年报应在年度终了后 4 个月内报出。

4. 按编制单位分类

财务报表按编制单位的性质不同，分为企业单位财务报表和事业单位财务报表。企业单位财务报表一般包括资产负债表、利润表、现金流量表；事业单位财务报表包括资金活动情况表、经费支出明细表、拨入经费增减情况表以及经费支出决算表等。

5. 按报送对象分类

财务报表按报送的对象不同，分为外部报表和内部报表。外部报表是提供给企业外部，为了满足投资者和债权人、财政、税收、银行和证券监管等部门的需要而编制的报表。

外部报表的种类、格式、内容和报送时间等均应执行国家相应法律法规的规定。内部报表是适应企业经营管理需要而编制的各种报表。内部报表不需要对外公开，无须统一规定种类、格式、内容，由企业根据需要自行规定，如成本报表、管理会计报表等。

三、财务报表列报的基本要求

为了保证财务报表的质量，充分发挥财务报表的作用，《企业会计准则第 30 号——财务报表列报》及其应用指南对财务报表列报的基本要求进行了规范。

（一）依据各项会计准则确认和计量的结果编制财务报表

企业应当根据实际发生的交易和事项，按照各项具体会计准则的规定进行确认和计量，并在此基础上编制财务报表。同时，企业应当在附注中对这一情况做出说明。只有遵循了《企业会计准则》的所有规定，财务报表才能被称为“遵循了《企业会计准则》”。

企业不应以在附注中的披露代替对交易和事项的确认和计量，不恰当的确认和计量也不能通过充分披露相关会计政策而纠正。

此外，如果按照各项会计准则规定披露的信息不足以让报表使用者了解特定交易或事项对企业财务状况和经营成果的影响，企业还应当披露其他必要信息。

（二）列报基础

企业应当以持续经营为基础，根据实际发生的交易和事项，按照《企业会计准则——基本准则》和其他各项会计准则的规定进行确认和计量，在此基础上编制财务报表。

在编制财务报表的过程中，企业管理层应当对企业持续经营能力进行评价，需要考虑的因素包括市场风险、企业目前或长期的盈利能力、偿债能力、财务弹性以及企业管理层改变经营策略的意向等。评价后对企业持续经营能力产生严重怀疑的，应当在附注中披露导致对持续经营能力产生重大怀疑的重要的不确定因素。

非持续经营是企业在极端情况下呈现的一种状态。企业存在下列情形之一的，通常表明企业处于非持续经营状态：

（1）企业已在当期进行清算或停止营业；

（2）企业已经正式决定在下一个会计期间进行清算或停止营业；

（3）企业已确定在当期或下一个会计期间没有其他可供选择的方案而被迫进行清算或停止营业。

企业处于非持续经营状态时，应当采用其他基础编制财务报表。比如，企业处于破产状态时，其资产应当采用可变现净值、负债应当按照其预计的结算金额计量等。在非持续经营状态下，企业应当在附注中声明财务报表未以持续经营为基础列报，披露未以持续经营为基础的原因及财务报表的编制基础。

（三）权责发生制

除现金流量表按照收付实现制编制外，企业应当按照权责发生制编制其他财务报表。

（四）重要性和项目列报

关于项目在财务报表中是单独列报还是合并列报，应当依据重要性原则来判断。重要性是判断项目是否单独列报的重要标准。企业在进行重要性判断时，应该根据所处的环境，从项目的性质和金额两个方面予以判断：一方面，应当考虑该项目的性质是否属于企业日常活动、是否对企业的财务状况和经营成果具有较大影响等因素；另一方面，判断项目金额的重要性，应当通过单项金额占资产总额、负债总额、利润总额、所有者权益总额、营业收入总额、净利润等直接相关项目金额的比重加以确定。具体而言又分为以下四种情况：

（1）性质或功能不同的项目，一般应当在财务报表中单独列报，比如存货和固定资产在性质和功能上都有本质差别，必须分别在资产负债表上单独列报。但是不具有重要性的项目可以合并列报。

（2）性质或功能类似的项目，一般可以合并列报，但是具有重要性的类别应该单独列报。比如原材料、在产品等项目在性质上类似，均通过生产过程形成企业的产品存货，因此可以合并列报，合并之后的类别统称为“存货”，在资产负债表中列报。

（3）项目单独列报的原则不仅适用于报表，还适用于附注。某些项目的重要性程度不足以在资产负债表、利润表、现金流量表或所有者权益变动表中单独列报，但是可能对附注而言具有重要性，在这种情况下应当在附注中单独披露。

（4）无论是《企业会计准则第30号——财务报表列报》规定的单独列报项目，还是其他具体会计准则规定单独列报的项目，企业都应当予以单独列报。

（五）列报的一致性

可比性是会计信息质量的一项重要要求，目的是使同一企业不同期间和同一期间不同企业的财务报表相互可比。为此，财务报表项目的列报应当在各个会计期间保持一致，不得随意变更，这一要求不仅只针对财务报表中的项目名称，还包括财务报表项目的分类、排列顺序等方面。

在以下规定的特殊情况下，财务报表项目的列报是可以改变的：

（1）会计准则要求改变；

（2）企业经营业务的性质发生重大变化或对企业经营影响较大的交易事项发生后，变更财务报表项目的列报能够提供更可靠、更相关的会计信息。

（六）财务报表项目金额间的相互抵消

财务报表项目应当以总额列报，资产和负债、收入和费用、直接计入当期利润的利得和损失项目的金额不能相互抵消，即不得以净额列报，但《企业会计准则》另有规定的除外。比如，企业欠客户的应付款不得与其他客户欠本企业的应收款相抵消，如果相互抵消就掩盖了交易的实质，不能反映企业真实的资产和负债状况。

下列三种情况不属于抵消，可以以净额列示：

（1）一组类似交易形成的利得和损失以净额列示的，不属于抵消。比如，汇兑损益应当以净额列报，为交易目的而持有的金融工具形成的利得和损失应当以净额列报等。但是，如果相关利得和损失具有重要性，则应当单独列报。

(2) 资产或负债项目按扣除备抵项目后的净额列示,不属于抵消。比如,对资产计提减值准备,表明资产的价值确实已经发生减损,按扣除减值准备后的净额列示,才反映了资产当时的真实价值。

(3) 非日常活动产生的利得和损失,以同一交易形成的收益扣减相关费用后的净额列示更能反映交易实质的,不属于抵消。非日常活动并非企业的主要业务,非日常活动产生的损益以收入扣减费用后的净额列示,更能有利于报表使用者的理解。比如,非流动资产处置形成的利得或损失,应当按处置收入扣除该资产的账面金额和相关销售费用的净额列报。

(七) 比较信息的列报

企业在列报当期财务报表时,至少应当提供所有列报项目上一个可比会计期间的比较数据,以及与理解当期财务报表相关的说明,目的是向报表使用者提供对比数据,提高信息在会计期间的可比性,以反映企业财务状况、经营成果和现金流量的发展趋势,提高报表使用者的判断与决策能力。列报比较信息的这一要求适用于财务报表的所有组成部分,即既适用于四张报表,也适用于附注。

通常情况下,企业列报所有列报项目上一个可比会计期间的比较数据,至少包括两期各报表及相关附注。当企业追溯应用会计政策或追溯重述、或者重新分类财务报表项目时,按照《企业会计准则第 28 号——会计政策、会计估计变更和差错更正》等的规定,企业应当在一套完整的财务报表中列报最早可比期间期初的财务报表,即应当至少列报三期资产负债表、两期其他各报表(利润表、现金流量表和所有者权益变动表)及相关附注。其中,列报的三期资产负债表分别指当期期末的资产负债表、上期期末(即当期期初)的资产负债表,以及上期期初的资产负债表。

在财务报表项目的列报确需发生变更的情况下,应当至少对可比期间的数据按照当期的列报要求进行调整,并在附注中披露调整的原因和性质,以及调整的各项目金额。但是,在某些情况下,对可比期间比较数据进行调整是不切实可行的,则应当在附注中披露不能调整的原因,以及假设金额重新分类可能进行的调整的性质。关于企业变更会计政策或更正差错时要求的对比较信息的调整,还应遵循《企业会计准则第 28 号——会计政策、会计估计变更和差错更正》。

(八) 财务报表表首的列报要求

财务报表一般分为表首、正表两部分,其中,在表首部分企业应当概括地说明下列基本信息:

(1) 编报企业的名称,如企业名称在所属当期发生了变更,还应明确标明;

(2) 对资产负债表而言,应披露资产负债表日,而对利润表、现金流量表、所有者权益变动表而言,应披露报表涵盖的会计期间;

(3) 货币名称和单位,按照我国《企业会计准则》的规定,企业应当以人民币为记账本位币列报,并标明金额单位,如人民币元等;

(4) 财务报表是合并财务报表的,应当予以标明。

（九）报告期间

企业至少应当编制年度财务报表。根据《中华人民共和国会计法》的规定，会计年度自公历 1 月 1 日起至 12 月 31 日止。因此，在编制年度财务报表时，可能存在年度财务报表涵盖的期间短于一年的情况，比如企业在年度中间（如 6 月 1 日）开始设立等，在这种情况下，企业应当披露年度财务报表的实际涵盖期间及其短于一年的原因，并说明由此引起财务报表项目与比较数据不具可比性这一事实。

第二节　资产负债表

一、资产负债表的性质与作用

（一）资产负债表的性质

资产负债表是反映企业某一特定日期财务状况的报表。从性质上来讲，资产负债表是静态报表，它反映的是企业在某一特定时点（编报日）的财务状况，过了这一时点，企业的财务状况就会发生变化。从经济内容上来看，资产负债表反映了企业资金的占用方式及其来源。资产反映企业的资金占用方式，即企业所拥有或控制的资源是以何种方式存在的，如货币资金、交易性金融资产、固定资产等。负债和所有者权益反映企业的资金来源，即企业所拥有或控制的资源是通过何种方式进入企业的，若是借入的，则反映为负债；若是所有者投入的，则反映为所有者权益。从数量上来分析，资金的来源一定恒等于资金的占用，资产负债表符合“资产＝负债＋所有者权益”的会计恒等式关系，事实上，资产负债表就是根据这一等量关系编制的。

（二）资产负债表的作用

资产负债表是企业编制的重要报表之一，在财务报表体系中具有举足轻重的地位，它所提供的会计信息对不同的使用者具有十分重要的作用。

1. 了解企业所拥有或控制的经济资源及其分布、企业资金的来源及构成

财务状况是指资产、负债和所有者权益的构成及相互关系；资本结构是指企业的权益总额中负债和所有者权益的相对比例。通过对企业在某一特定日期的资产、负债和所有者权益的构成及其相互关系的分析，可以评价企业的财务状况是否良好，资本结构是否合理。

2. 了解企业的偿债能力和财务弹性

在资产负债表中，资产按其流动性排列，负债按其到期日的长短排列，这种排列方式清楚地反映了不同类别资产的变现能力和不同负债的偿还先后。通过分析企业资产和负债的数量关系及其流动性，为报表使用者分析和评价企业的短期偿债能力、长期偿债能力和财务弹性提供了重要的依据。

3. 了解企业不同时点的财务状况，预测企业未来财务状况的发展趋势

通过将企业当期资产负债表和前期资产负债表进行比较，可以了解企业不同时点资产、负债和所有者权益的变化情况，从中分析变化的规律，并预测企业未来财务状况的发展趋势。

二、资产负债表的结构

一般来说，资产负债表分为基本部分和附注（补充资料）部分。该表的主体是基本部分，分为表头和表体两部分。表头部分列示报表的编制单位、编制日期、货币计量单位等。表体则列示一定时点上企业的资产、负债和所有者权益。附注部分（补充资料）主要用于进一步详细说明报表中的某些主要项目和编制基础。

根据资产负债表主体部分排列形式的不同，资产负债表的格式主要有账户式和报告式。在我国，资产负债表采用账户式结构，报表分为左右两方，左方列示资产各项目，反映全部资产的分布及存在形态；右方列示负债和所有者权益各项目，反映全部负债和所有者权益的内容及构成情况。资产负债表左右双方平衡，资产总计等于负债和所有者权益总计，即“资产＝负债＋所有者权益”。此外，为了使使用者通过比较不同时点资产负债表的数据，掌握企业财务状况的变动情况及发展趋势，企业需要提供比较资产负债表，资产负债表就各项目再分为“年初余额”和“期末余额”两栏分别填列。资产负债表的具体格式如表7－1所示。

表7－1　资产负债表

编制单位：　　　　　　　　　　年　　月　　日　　　　　　　　　　货币单位：

资　产	期末余额	年初余额	负债及所有者权益	期末余额	年初余额
流动资产			流动负债		
……			……		
非流动资产			非流动负债		
……			……		
			所有者权益		
			……		
资产总计			负债及所有者权益总计		

根据《企业会计准则》的规定，企业资产负债表一般采用账户式。报表项目按流动性分类排列。报表左方的资产项目按照流动性强弱排列，流动性强的排列在前，流动性弱的排列在后。右方的负债项目按其到期日的远近顺序排列，到期日近的排列在前，到期日远的排列在后；所有者权益项目按其永久性顺序排列，永久性大的排列在前，永久性小的排列在后。

三、资产负债表的填列方法

（一）资产负债表项目数字的来源

资产负债表是由资产、负债及所有者权益三个会计要素构成，各会计要素又可以具体

化为不同的会计账户，相关的数据通过会计特有的方法已记录在各相关的账户中，因此资产负债表的数据来源于资产、负债和所有者权益各账户中。

（二）资产负债表“期末余额”栏的填列方法

资产负债表“期末余额”是指某一会计期末的数字，即月末、季末、半年末或年末的数字。

资产负债表“期末余额”栏一般应根据资产、负债、所有者权益类科目的账户期末余额进行填列，具体的填列方法主要包括以下几种。

1. 根据总账科目的余额填列

有些项目可根据总账科目的期末余额直接填列，如“递延所得税资产”“长期待摊费用”“短期借款”“持有待售负债”“递延收益”“递延所得税负债”“实收资本（或股本）”“其他权益工具”“库存股”“资本公积”“其他综合收益”“盈余公积”等项目，应根据有关总账科目的余额填列。

有些项目则应根据几个总账科目的余额计算填列。“货币资金”项目，需根据“库存现金”“银行存款”“其他货币资金”三个总账科目期末余额的合计数填列。“其他应付款”项目，应根据“应付利息”“应付股利”和“其他应付款”科目的期末余额合计数填列。

2. 根据明细科目的余额计算填列

“交易性金融资产”项目，反映资产负债表日企业分类为以公允价值计量且其变动计入当期损益的金融资产，以及企业持有的直接指定为以公允价值计量且其变动计入当期损益的金融资产的期末账面价值。该项目应根据“交易性金融资产”科目的相关明细科目期末余额分析填列。自资产负债表日起超过一年到期且预期持有超过一年的以公允价值计量且其变动计入当期损益的非流动金融资产的期末账面价值，在“其他非流动金融资产”行项目反映。

“开发支出”项目，应根据“研发支出”科目中所属的“研发支出－资本化支出”明细科目期末余额直接填列。

“应付票据及应付账款”项目，反映资产负债表日企业因购买材料、商品和接受服务等经营活动应支付的款项，以及开出、承兑的商业汇票，包括银行承兑汇票和商业承兑汇票。该项目应根据“应付票据”科目的期末余额，以及“应付账款”和“预付账款”两个科目所属的相关明细科目的期末贷方余额合计数填列。

“预收款项”项目，应根据“预收账款”和“应收账款”科目所属明细科目的期末贷方余额合计数填列。

“应交税费”项目，应根据“应交税费”科目的明细科目期末余额分析填列，其中的借方余额，应当根据其流动性在“其他流动资产”或“其他非流动资产”项目中填列。

“一年内到期的非流动资产”“一年内到期的非流动负债”项目，应根据有关非流动资产或负债项目的明细科目余额分析填列。

“应付职工薪酬”项目，应根据“应付职工薪酬”科目的明细科目期末余额分析填列。

“长期借款”“应付债券”“预计负债”项目，应分别根据“长期借款”“应付债券”“预计负债”科目的明细科目余额分析填列。

“未分配利润”项目，反映企业尚未分配的利润，应根据“利润分配”科目中所属的“未分配利润”明细科目期末余额填列。

3. 根据总账科目和明细账科目的余额分析计算填列

“长期借款”项目，应根据“长期借款”总账科目余额扣除“长期借款”科目所属的明细科目中将在资产负债表日起一年内到期、且企业不能自主地将清偿义务展期的长期借款后的金额计算填列。

“其他流动资产”“其他流动负债”项目，应根据有关总账科目及有关科目的明细科目期末余额分析填列。

“其他非流动负债”项目，应根据有关科目的期末余额减去将于一年内(含一年)到期偿还数后的金额填列。

4. 根据有关科目余额减去其备抵科目余额后的净额填列

“持有待售资产”“长期股权投资”“商誉”项目，应根据相关科目的期末余额填列，已计提减值准备的，还应扣减相应的减值准备。

“无形资产”“投资性房地产”“生产性生物资产”“油气资产”项目，应根据相关科目的期末余额扣减相关的累计折旧(或摊销、折耗)填列，已计提减值准备的，还应扣减相应的减值准备，折旧(或摊销、折耗)年限(或期限)只剩一年或不足一年的、或者预计在一年内(含一年)进行折旧(或摊销、折耗)的部分，仍在上述项目中列示，不转入“一年内到期的非流动资产”项目，采用公允价值计量的上述资产，应根据相关科目的期末余额填列。

“长期应收款”项目，应根据“长期应收款”科目的期末余额，减去相应的“未实现融资收益”科目和“坏账准备”科目所属相关明细科目期末余额后的金额填列。

5. 综合运用上述填列方法分析填列

“应收票据及应收账款”项目，应根据“应收票据”科目的期末余额，以及“应收账款”和“预收账款”两个科目所属各明细科目的期末借方余额合计数，减去“坏账准备”科目中有关应收账款计提的坏账准备期末余额后的金额填列。

“预付款项”项目，应根据“预付账款”和“应付账款”科目所属各明细科目的期末借方余额合计数，减去“坏账准备”科目中有关预付款项计提的坏账准备期末余额后的金额填列。

“其他应收款”项目，应根据“应收利息”“应收股利”及“其他应收款”科目的期末余额合计数，减去“坏账准备”科目中相关坏账准备期末余额后的金额填列。

“存货”项目，应根据“材料采购”“原材料”“发出商品”“库存商品”“周转材料”“委托加工物资”“生产成本”“受托代销商品”等科目的期末余额及“合同履约成本”科目的明细科目中初始确认时摊销期限不超过一年或一个正常营业周期的期末余额合计，减去“受托代销商品款”“存货跌价准备”科目期末余额及“合同履约成本减值准备”科目中相应的期末余额后的金额填列，材料采用计划成本核算，以及库存商品采用计划成本核算或售价核算的企业，还应按加或减材料成本差异、商品进销差价后的金额填列。

“固定资产”项目，反映企业固定资产的期末账面价值和企业尚未清理完毕的固定资产清理净损益，应根据“固定资产”科目期末余额减去“累计折旧”和“固定资产减值准备”科目期末余额后的金额，以及“固定资产清理”科目的期末余额后的金额填列。

“在建工程”项目，反映企业尚未达到预定可使用状态的在建工程的期末账面价值和企业为在建工程准备的各种物资的期末账面价值，应根据“在建工程”科目的期末余额，减去“在建工程减值准备”科目的期末余额后的金额，以及“工程物资”科目的期末余额减去“工程物资减值准备”科目的期末余额后的金额填列。

“长期应付款”项目，反映企业除长期借款和应付债券以外的其他各种长期应付款项的期末账面价值。应根据“长期应付款”科目的期末余额，减去相关的“未确认融资费用”科目期末余额后的金额，以及“专项应付款”科目的期末余额填列。

（三）资产负债表“期初余额”栏的填列方法

资产负债表中的“期初余额”栏通常根据上年末有关项目的期末余额填列，且与上年末资产负债表“期末余额”栏相一致。如果企业发生了会计政策变更、前期差错更正，应当对“期初余额”栏中的有关项目进行相应调整。如果企业上年度资产负债表规定的项目名称和内容与本年度不一致，应当对上年年末资产负债表相关项目的名称和金额按照本年度的规定进行调整，填入“期初余额”栏。

四、资产负债表的编制示例

【例 7－1】 亿优公司编制 2019 年 12 月 31 日资产负债表的有关资料如下：

（1）2018 年 12 月 31 日的资产负债表（年初余额略）如表 7－2 所示。

表 7－2 资产负债表

编制单位：亿优公司　　2018 年 12 月 31 日　　货币单位：元

资　产	期末余额	年初余额（略）	负债和所有者权益（或股东权益）	期末余额	年初余额（略）
流动资产：			流动负债：		
货币资金	226 000		短期借款	10 000	
交易性金融资产	159 000		交易性金融负债		
衍生金融资产			衍生金融负债		
应收票据及应收账款	180 000		应付票据及应付账款	156 000	
预付款项			预收款项		
其他应收款			合同负债		
存货	180 000		应付职工薪酬		
合同资产			应交税费	66 000	
持有待售资产			其他应付款	12 000	
一年内到期的非流动资产			持有待售负债		
其他流动资产			一年内到期的非流动负债		
流动资产合计	745 000		其他流动负债		
非流动资产：			流动负债合计	244 000	
债权投资			非流动负债：		
其他债权投资			长期借款	16 000	

续 表

资　产	期末余额	年初余额（略）	负债和所有者权益（或股东权益）	期末余额	年初余额（略）
长期应收款			应付债券	462 000	
长期股权投资	169 000		其中:优先股		
其他权益工具投资			永续债		
其他非流动金融资产			长期应付款		
投资性房地产			预计负债		
固定资产	480 000		递延收益		
在建工程			递延所得税负债		
生产性生物资产			其他非流动负债		
油气资产			非流动负债合计	478 000	
无形资产	210 000		负债合计	722 000	
开发支出			所有者权益(或股东权益)：		
商誉			实收资本(或股本)	480 000	
长期待摊费用	24 000		其他权益工具		
递延所得税资产			其中:优先股		
其他非流动资产			永续债		
非流动资产合计	883 000		资本公积	120 000	
			减:库存股		
			其他综合收益		
			盈余公积	6 000	
			未分配利润	300 000	
			所有者权益(或股东权益)合计	906 000	
资产总计	1 628 000		负债和所有者权益(或股东权益)总计	1 628 000	

(2) 该公司 2019 年 12 月 31 日有关总账科目余额如表 7－3 所示。

表 7－3　总账科目余额表

单位:元

科目名称	年末余额		科目名称	年末余额	
	借方	贷方		借方	贷方
库存现金	3 740		固定资产减值准备		0
银行存款	314 000		工程物资	0	
其他货币资金	102 500		在建工程	0	
交易性金额资产	147 000		无形资产	126 000	
应收票据	10 000		累计摊销		12 000

续 表

科目名称	年末余额		科目名称	年末余额	
	借方	贷方		借方	贷方
应收账款	156 000		无形资产减值准备		0
坏账准备		22 000	长期待摊费用	12 000	
预付账款		11 000	递延所得税资产	4 500	
其他应收款	0		短期借款		20 000
材料采购	1 000		应付票据		10 000
原材料	48 000		应付账款		159 000
周转材料	5 000		预收账款		0
库存商品	139 000		应付职工薪酬		0
发出商品	12 000		应交税费		28 000
委托代销商品	8 000		应付股利		0
材料成本差异	4 000		应付利息		0
生产成本	83 000		其他应付款		6 000
存货跌价准备		78 000	长期借款		76 000
应收股利	0		应付债券		348 000
应收利息	0		长期应付款		0
长期股权投资	175 000		递延所得税负债		22 500
长期股权投资减值准备		4 000	实收资本		600 000
投资性房地产	0		资本公积		180 000
固定资产	488 000		盈余公积		26 000
累计折旧		52 000	利润分配		184 240

(3) 该公司 2019 年 12 月 31 日有关总账科目所属明细科目的余额如表 7-4 所示。

表 7-4 有关明细科目余额表

单位:元

总账科目	明细科目	借 方	贷 方
应收账款	应收 A 公司账款	149 000	
	应收 B 公司账款	7 000	
应付账款	应付 C 公司账款		160 000
	应付 D 公司账款	1 000	
预付账款	预付 E 公司账款	2 000	
	预付 F 公司账款		13 000

(4) 其他资料。“坏账准备”科目贷方余额 22 000 元，均为应收账款计提的坏账准备。

根据上述资料，计算各有关报表项目如下：

(1) 该公司 2019 年 12 月 31 日库存现金期末余额为 3 740 元，银行存款余额为 314 000 元，其他货币资金余额为 102 500 元，因此该公司 2019 年 12 月 31 日资产负债表中“货币资金”项目期末金额为 420 240 元(＝3 740＋314 000＋102 500)。

(2) 该公司 2019 年 12 月 31 日应收票据期末余额为 10 000 元，应收账款期末余额为 156 000 元，其中应收 A 公司账款为借方余额 149 000 元，应收 B 公司账款为借方余额 7 000 元，预收账款期末无借方余额，应收账款计提坏账准备 22 000 元，因此该公司 2019 年 12 月 31 日资产负债表中“应收票据及应收账款”项目期末余额为 144 000 元(＝10 000＋156 000－22 000)。

(3) 该公司 2019 年 12 月 31 日预付账款期末余额为－11 000 元，其中预付 E 公司账款为借方余额 2 000 元，预付 F 公司账款为贷方余额 13 000 元，应付账款中有应付 D 公司账款为借方余额 1 000 元，因此该公司 2019 年 12 月 31 日资产负债表中“预付款项”项目期末余额为 3 000 元(＝2 000＋1 000)。

(4) 该公司 2019 年 12 月 31 日材料采购期末余额为 1 000 元，原材料期末余额为 48 000 元，周转材料期末余额为 5 000 元，库存商品期末余额为 139 000 元，发出商品期末余额为 12 000 元，委托代销商品期末余额为 8 000 元，材料成本差异期末余额为 4 000 元，生产成本期末余额为 83 000 元，存货跌价准备期末余额为 78 000 元，因此该公司 2019 年 12 月 31 日资产负债表中“存货”项目期末余额为 222 000 元(＝1 000＋48 000＋5 000＋139 000＋12 000＋8 000＋4 000＋83 000－78 000)。

(5) 该公司 2019 年 12 月 31 日长期股权投资期末余额为 175 000 元，长期股权投资减值准备期末余额为 4 000 元，因此该公司 2019 年 12 月 31 日资产负债表中“长期股权投资”项目期末余额为 171 000 元(＝175 000－4 000)。

(6) 该公司 2019 年 12 月 31 日固定资产期末余额为 488 000 元，累计折旧期末余额为 52 000 元，因此该公司 2019 年 12 月 31 日资产负债表中“固定资产”项目期末余额为 436 000 元(＝488 000－52 000)。

(7) 该公司 2019 年 12 月 31 日无形资产期末余额为 126 000 元，无形资产累计摊销期末余额为 12 000 元，因此该公司 2019 年 12 月 31 日资产负债表中“无形资产”项目期末余额为 114 000 元(＝126 000－12 000)。

(8) 该公司 2019 年 12 月 31 日应付票据期末余额为 10 000 元，应付账款期末余额为 159 000 元，其中应付 C 公司账款贷方余额 160 000 元，应付 D 公司借方余额 1 000 元，预付账款中有预付 F 公司账款贷方余额 13 000 元，因此该公司 2019 年 12 月 31 日资产负债表中“应付账款”项目期末余额为 183 000 元(＝10 000＋160 000＋13 000)。

综合上述资料，编制亿优公司 2019 年 12 月 31 日资产负债表如表 7－5 所示。

表 7－5　资产负债表

编制单位：亿优公司　　　　2019 年 12 月 31 日　　　　货币单位：元

资　产	期末余额	年初余额	负债和所有者权益（或股东权益）	期末余额	年初余额
流动资产：			流动负债：		
货币资金	420 240	226 000	短期借款	20 000	10 000
交易性金融资产	147 000	159 000	交易性金融负债		
衍生金融资产			衍生金融负债		
应收票据及应收账款	144 000	180 000	应付票据及应付账款	183 000	156 000
预付款项	3 000		预收款项		
其他应收款			合同负债		
存货	222 000	180 000	应付职工薪酬		
合同资产			应交税费	28 000	66 000
持有待售资产			其他应付款	6 000	12 000
一年内到期的非流动资产			持有待售负债		
其他流动资产			一年内到期的非流动负债		
流动资产合计	936 240	745 000	其他流动负债		
非流动资产：			流动负债合计	237 000	244 000
债权投资			非流动负债：		
其他债权投资			长期借款	76 000	16 000
长期应收款			应付债券	348 000	462 000
长期股权投资	171 000	169 000	其中：优先股		
其他权益工具投资			永续债		
其他非流动金融资产			长期应付款		
投资性房地产			预计负债		
固定资产	436 000	480 000	递延收益		
在建工程			递延所得税负债	22 500	
生产性生物资产			其他非流动负债		
油气资产			非流动负债合计	446 500	478 000
无形资产	114 000	210 000	负债合计	683 500	722 000
开发支出			所有者权益（或股东权益）：		
商誉			实收资本（或股本）	600 000	480 000
长期待摊费用	12 000	24 000	其他权益工具		

续表

资 产	期末余额	年初余额	负债和所有者权益（或股东权益）	期末余额	年初余额
递延所得税资产	4 500		其中：优先股		
其他非流动资产			永续债		
非流动资产合计	737 500	883 000	资本公积	180 000	120 000
			减：库存股		
			其他综合收益		
			盈余公积	26 000	6 000
			未分配利润	184 240	300 000
			所有者权益（或股东权益）合计	990 240	906 000
资产总计	1 673 740	1 628 000	负债和所有者权益（或股东权益）总计	1 673 740	1 628 000

第三节 利润表

一、利润表的性质与作用

（一）利润表的性质

利润表又称损益表，是反映企业在一定时期内经营成果的财务报表。企业在一定期间的经营成果一般是指企业在一定时期内实现的利润。利润是收入与费用相互比较的结果，是企业在一定会计期间经济利益总流入与总流出的差额。从性质上来看，利润表是反映企业经营资金运营动态的报表，所以它是一种动态会计报表。

（二）利润表的作用

在市场经济条件下，利润的多少既是企业投资者与其他利益相关者关注的焦点，更是企业生存与发展的关键。利润表所提供的会计信息，对财务报表使用者来说，具有以下几个方面的作用。

1. 利润表是考核和评价企业经营业绩的依据

企业的所有权与经营权分离之后，所有者拥有所有权但不直接经营企业，而是从外部聘请管理者，将有关资源交付其进行管理与经营。管理者接受所有者的委托，运用受托管理的经济资源获取尽可能多的经济利益。受托经济关系的产生要求所有者定期对经营业绩进行考核和评价，以采取激励或惩罚措施。利润表中的各项数据反映了管理者在一定时期的经营成果，是对企业经营业绩的综合反映。通过比较前后期利润表中各种收入、费用、利润的增减变动情况，可以对有关职能部门的工作成效做出评估和考核。

2. 利润表是合理分配企业经营成果的依据

投资者及其他利益相关者向企业提供经济资源或参与企业经营，目的就是分享企业的经营成果。企业利润的分配必须有一个合理的尺度，分配过多会影响企业未来的可持续发展，分配得太少或不分配会影响投资者等相关人员的积极性。企业在进行利润分配时，无论是提取盈余公积，还是制定股利分配政策，都必须将该数据作为重要依据。

3. 利润表是分析企业获利能力的依据

获利能力是企业运用一定的资产获取利润的能力。评价企业获利能力的主要指标有总资产收益率、净资产收益率、每股收益等，计算出这些指标需要以利润表为依据，同时结合资产负债表的相关数据。通过比较和分析同一企业不同时期的获利能力以及不同企业同一时期的获利能力，可以为投资者的决策提供重要依据。

4. 利润表有助于使用者判断利润的质量及风险

利润表可以反映企业一定期间收入的实现情况，如营业收入、投资收益以及营业外收入，前者主要反映企业在日常活动中产生的收益，后者则反映企业在非日常活动中产生的收益。营业利润与营业外收益的结构反映了企业利润质量及风险，若利润主要来源于营业利润，则表明企业利润质量高，具有可持续性；反之，若利润主要来源于营业外收入与营业外支出的差额，则表明利润质量低，不具有可持续性。

5. 利润表是管理层进行经营决策的依据

利润表反映了企业在一定会计期间各项收入、费用的发生情况，以及收入、费用的配比结果。企业管理层通过分析利润表各项目的关系，可以了解企业各项收入、费用与利润之间的关系及变动趋势，发现企业在生产经营各个环节中存在的问题，并针对问题分析原因，采取改善措施，以做出正确的经营决策。

二、利润表的内容与结构

（一）利润表的内容

利润表是反映企业在一定会计期间经营成果的报表，利润表的列报应当充分反映企业经营业绩的主要来源和构成，有助于使用者判断净利润的质量及其风险，有助于使用者预测净利润的持续性，从而做出正确的决策。利润表既然是反映一个企业特定期间经营成果的会计报表，其内容就必须包括影响企业该会计期间的所有损益的内容。也就是说，利润表既要包括来自在生产经营单位已实现的各项收入，以及与该收入相配比的各项成本、费用，也要包括来自其他方面的业务收支，如投资净收益，还要包括与生产经营活动无关的各项营业外收入和支出。

利润表主要反映以下几个方面的内容：① 营业收入，由主营业务收入和其他业务收入组成。② 营业利润，营业收入减去营业成本（主营业务成本、其他业务成本）、税金及附加、销售费用、管理费用、研发费用、财务费用、资产减值损失、信用减值损失，加上其他收益、投资收益、净敞口套期收益、公允价值变动收益、资产处置收益，即为营业利润。③ 利润总额,营业利润加上营业外收入,减去营业外支出,即为利润总额。④ 净利润,利润总额减去所得税费用,即为净利润,按照经营可持续性具体分为"持续经营净利润"和"终止经营净利润"两项。⑤ 其他综合收益的税后净额,具体分为"不能重分类进损益的其他综合收益"和"将重分类进损益的其他综合收益"两类,并以扣除相关所得税影响后的净额列报。⑥ 综合收益总额,净利润加上其他综合收益税后净额,即为综合收益总额。⑦ 每股收益,包括基本每股收益和稀释每股收益两项指标。

为了使报表使用者通过比较不同期间利润的实现情况,判断企业经营成果的未来发展趋势,企业需要提供比较利润表,利润表还就各项目再分为"本期金额"和"上期金额"两栏分别填列。

(二)利润表的结构

为了将利润表的信息恰当地反映出来,便于财务报表使用者理解和使用,需要把列入利润表的各个项目按照一定的顺序进行排列,以形成相对稳定的结构。由于不同国家或地区对利润表信息的要求不完全相同,利润表的结构也不完全相同。目前,常见的利润表结构主要有单步式和多步式两种。

1. 单步式利润表

单步式利润表有列表时,首先列示所有的收入项目,然后再列示所有的费用项目。两者相减,收入与费用的差额部分即为净收益;若收入小于费用,差额即亏损。对上市公司而言,在利润表最后还应列示"每股收益"项目。由于它只有一个相减的步骤,故称为"单步式利润表"。单步式利润表的基本格式如表 7-6 所示。

表 7-6 利润表(单步式)

编制单位: ××年度 货币单位:元

项 目	本月金额	本年累计数
一、收入		
营业收入		
公允价值变动损益		
投资收益		
资产处置收益		
营业外收入		
其他收入		
收入合计		
二、费用		
营业成本		
税金及附加		
销售费用		
管理费用		

续 表

项　目	本月金额	本年累计数
财务费用		
营业外支出		
其他费用		
所得税费用		
费用合计		
三、净收益		
四、普通股每股净收益		

单步式利润表的主要优点表现在：一是结构简单，易于理解；二是对收入和费用一视同仁，不分彼此先后，清楚表明各项收入和费用的同等重要性，可以避免收入和费用的配比的先后顺序的误解。单步式利润表的主要缺点在于：不能提供较为详细的分类利润信息，不利于前后期相应项目的比较和利润各组成部分的结构分析。现实中很少使用。

2. 多步式利润表

在我国，企业利润表采用的基本上是多步式结构，即通过对当期的收入、费用、支出项目按性质加以归类，按利润形成的主要环节列示一些中间性利润指标，分步计算当期净损益，便于使用者理解企业经营成果的不同来源。多步式利润表的基本格式如表 7－7 所示。

表 7－7　利润表

编制单位：　　　　　　　　　　××年度　　　　　　　　　　货币单位：元

项　目	本期金额	上期金额
一、营业收入		
减：营业成本		
税金及附加		
销售费用		
管理费用		
研发费用		
财务费用		
其中：利息费用		
利息收入		
资产减值损失		
信用减值损失		
加：其他收益		
投资收益（损失以“－”号填列）		
其中：对联营企业和合营企业的投资收益		

续表

项目	本期金额	上期金额
净敞口套期收益(损失以"-"号填列)		
公允价值变动收益(损失以"-"号填列)		
资产处置收益(损失以"-"号填列)		
二、营业利润(亏损以"-"号填列)		
加:营业外收入		
减:营业外支出		
三、利润总额(亏损总额以"-"号填列)		
减:所得税费用		
四、净利润(净亏损以"-"号填列)		
(一)持续经营净利润(净亏损以"-"号填列)		
(二)终止经营净利润(净亏损以"-"号填列)		
五、其他综合收益的税后净额		
(一)不能重分类进损益的其他综合收益		
1. 重新计量设定受益计划变动额		
2. 权益法下不能转损益的其他综合收益		
3. 其他权益工具投资公允价值变动		
4. 企业自身信用风险公允价值变动		
……		
(二)将重分类进损益的其他综合收益		
1. 权益法下可转损益的其他综合收益		
2. 其他债权投资公允价值变动		
3. 金融资产重分类计入其他综合收益的金额		
4. 其他债权投资信用减值准备		
5. 现金流量套期储备		
6. 外币财务报表折算差额		
……		
六、综合收益总额		
七、每股收益		
(一)基本每股收益		
(二)稀释每股收益		

多步式利润表的主要优点是能提供比较详细的中间利润指标,便于对企业的生产经营情况进行分析,有利于不同企业之间进行比较,以正确评价企业的经营业绩和获利能

力，有利于预测企业未来的经营趋势和盈利能力。

三、利润表的编制

（一）利润表“上期金额”栏的填列方法

本表中的“上期金额”栏应根据上期利润表“本期金额”栏内所列数字填列。如果上年同期利润表规定的项目名称和内容与本期不一致，应对上年同期利润表各项目的名称和金额按照本期的规定进行调整，填入“上年金额”栏。

（二）利润表“本期金额”栏的填列方法

（1）“营业收入”项目，反映企业经营主要业务和其他业务所确认的收入总额。本项目应根据“主营业务收入”和“其他业务收入”科目的发生额分析填列。

（2）“营业成本”项目反映企业经营主要业务和其他业务所发生的成本总额，本项目应根据“主营业务成本”和“其他业务成本”科目的发生额分析填列。

（3）“税金及附加”项目，反映企业经营业务应负担的消费税、城市维护建设税、教育费附加、资源税、土地增值税及房产税、车船税、城镇土地使用税、印花税等相关税费。增值税和企业所得税不在此填列。本项目应根据“税金及附加”科目的发生额分析填列。

（4）“销售费用”项目，反映企业在销售商品过程中发生的包装费、广告费等费用和为销售本企业商品而专设的销售机构的职工薪酬、业务费等经营费用。本项目应根据“销售费用”科目的发生额分析填列。

（5）“管理费用”项目，反映企业为组织和管理生产经营发生的管理费用。本项目应根据“管理费用”科目的发生额分析填列。

（6）“研发费用”项目，反映企业进行研究与开发过程中发生的费用化支出。本项目应根据“管理费用”科目下的“研发费用”明细科目的发生额分析填列。

（7）“财务费用”项目，反映企业为筹集生产经营所需资金等而发生的筹资费用。财务费用包括利息支出、汇兑损失、银行手续费及其他费用。本项目应根据“财务费用”科目的发生额分析填列。

（8）“资产减值损失”项目，反映企业各项资产发生的减值损失，其中，资产减值对象主要包括：对联营企业或合营企业的长期股权投资、采用成本模式进行后续计量的投资性房地产、固定资产、生产性生物资产、无形资产、商誉、探明石油天然气矿区权益等。本项目应根据“资产减值损失”科目的发生额分析填列。

（9）“信用减值损失”项目，反映企业按照《企业会计准则第 22 号——金融工具确认和计量》的要求计提的各项金融工具减值准备所形成的预期信用损失。本项目应根据“信用减值损失”科目的发生额分析填列。

（10）“公允价值变动收益”项目，反映企业应当计入当期损益的资产或负债公允价值变动收益，如债务重组、非货币交换、交易性金融资产等公允价值变动形成的应计入当期损益的利得或损失，即公允价值与账面价值之间的差额。本项目应根据“公允价值变动损益”科目的发生额分析填列，如为净损失，本项目以“-”号填列。

(11)“投资收益”项目，反映企业以各种方式对外投资所取得的收益，如企业对外投资取得股利收入、债券利息收入以及与其他单位联营分得的利润等，企业处置交易性金融资产、交易性金融负债、可供出售金融资产实现的损益，也在该项目核算。本项目应根据“投资收益”科目的发生额分析填列。如为投资损失，本项目以“一”号填列。

(12)“其中：对联营企业和合营企业的投资收益”项目，应根据“投资收益”科目所属的相关明细科目的发生额分析填列。

(13)“其他收益”项目，反映收到的与企业日常活动相关的计入当期收益的政府补助。本项目应根据“其他收益”科目的发生额分析填列。

(14)“营业外收入”项目，反映企业发生的与经营业务无直接关系的各项收入。主要包括债务重组利得，与企业日常活动无关的政府补助、盘盈利得、捐赠利得(企业接受股东或股东的子公司直接或间接的捐赠，经济实质属于股东对企业的资本性投入的除外)等。本项目应根据“营业外收入”科目的发生额分析填列。

(15)“营业外支出”项目，反映企业发生的与经营业务无直接关系的各项支出。主要包括债务重组损失、公益性捐赠支出、非常损失、盘亏损失、非流动资产毁损报废损失等。本项目应根据“营业外支出”科目的发生额分析填列。

(16)“所得税费用”项目，反映企业应从当期利润总额中扣除的所得税费用。本项目应根据“所得税费用”科目的发生额分析填列。

(17)“持续经营净利润”和“终止经营净利润”项目，分别反映净利润中与持续经营相关的净利润和与终止经营相关的净利润，如为净亏损，以“一”号填列。本项目应根据《企业会计准则第42号——持有待售的非流动资产、处置组和终止经营》的相关规定分别填列。

(18)“其他综合收益的税后净额”项目及其各组成部分，反映企业根据企业会计准则规定未在损益中确认的各项利得和损失扣除所得税影响后的净额，也认为是直接计入所有者权益的利得和损失。本项目应根据“其他综合收益”科目及其所属明细科目的本期发生额分析填列。

(19)“营业利润”“利润总额”“净利润”“综合收益总额”项目，应根据本表中相关项目计算填列。

四、利润表的编制示例

【例7-2】 亿优公司编制2019年度利润表的有关资料如下：

该公司有关损益类科目的本年发生额如表7-8所示。

表7-8 损益类科目本年发生额　　货币单位:元

科目名称	借方发生额	贷方发生额
主营业务收入	72 000	600 000
主营业务成本	240 000	
税金及附加	36 000	
其他业务收入		48 000

续　表

科目名称	借方发生额	贷方发生额
其他业务成本	12 000	
销售费用	54 000	
管理费用	84 000	
财务费用	24 000	
公允价值变动损益	0	
资产减值损失	18 000	
投资收益	12 000	
营业外收入		48 000
营业外支出	72 000	
所得税费用	23 760	

2019 年度利润表有关项目的明细资料如下：

管理费用中研发费用本年借方发生额为 10 000 元；财务费用中含有利息费用 5 000 元，利息收入 3 000 元。

分析过程如下：

(1) 该公司 2019 年主营业务收入借方发生额 72 000 元，贷方发生额 600 000 元，其他业务收入贷方发生额 48 000 元，因此，该公司 2019 年度利润表上的“营业收入”项目填列 576 000 元(＝600 000－72 000＋48 000)。

(2) 该公司 2019 年主营业务成本借方发生额 240 000 元，其他业务成本借方发生额 12 000 元，因此，该公司 2019 年度利润表上的“营业成本”项目填列 252 000 元(＝240 000＋12 000)。

(3) 该公司 2019 年管理费用借方发生额为 84 000 元，其中含有研发费用 10 000 元，因此，该公司 2019 年度利润表上的“管理费用”项目填列 74 000 元(＝84 000－10 000)。

(4) 该公司 2019 年投资收益借方发生额为 12 000 元，实为投资损失，因此，该公司 2019 年度利润表上的“投资收益”项目填列－12 000 元。

(5) 其他项目直接根据发生额进行填列。

根据上述资料，编制亿优公司 2019 年利润表如表 7－9 所示。

表 7－9　利润表

编制单位：亿优公司　　　　2019 年　　　　货币单位：元

项　目	本年金额	上年金额(略)
一、营业收入	576 000	
减：营业成本	252 000	
税金及附加	36 000	
销售费用	54 000	

续表

项目	本年金额	上年金额(略)
管理费用	74 000	
研发费用	10 000	
财务费用	24 000	
其中:利息费用	5 000	
利息收入	3 000	
资产减值损失	18 000	
信用减值损失		
加:其他收益		
投资收益(损失以"—"号填列)	−12 000	
其中:对联营企业和合营企业的投资收益		
净敞口套期收益(损失以"—"号填列)		
公允价值变动收益(损失以"—"号填列)		
资产处置收益(损失以"—"号填列)		
二、营业利润(亏损以"—"号填列)	96 000	
加:营业外收入	48 000	
减:营业外支出	72 000	
三、利润总额(亏损总额以"—"号填列)	72 000	
减:所得税费用	23 760	
四、净利润(净亏损以"—"号填列)	48 240	
(一)持续经营净利润(净亏损以"—"号填列)		
(二)终止经营净利润(净亏损以"—"号填列)		
五、其他综合收益的税后净额		
(一)不能重分类进损益的其他综合收益		
1. 重新计量设定受益计划变动额		
2. 权益法下不能转损益的其他综合收益		
3. 其他权益工具投资公允价值变动		
4. 企业自身信用风险公允价值变动		

续 表

项 目	本年金额	上年金额(略)
(二)将重分类进损益的其他综合收益		
1. 权益法下可转损益的其他综合收益		
2. 其他债权投资公允价值变动		
3. 金融资产重分类计入其他综合收益的金额		
4. 其他债权投资信用减值准备		
5. 现金流量套期储备		
6. 外币财务报表折算差额		
六、综合收益总额	48 240	
七、每股收益		
(一)基本每股收益	(略)	
(二)稀释每股收益	(略)	

第四节 现金流量表

一、现金流量表的性质与作用

(一)现金流量表的性质

现金流量表是反映企业在一定会计期间现金及现金等价物流入流出状况的财务报表。

现金流量表反映企业在一定会计期间内的经营活动、投资活动、筹资活动等对现金流量产生的影响,并通过现金流量的变动情况来揭示企业财务状况变动的原因及结果。由于现金流量表反映的是企业一定会计期间现金流入和流出的情况,而现金流入和流出又是企业经营资金运动的一种动态表现,因此,现金流量表是一种动态财务报表。

(二)现金流量表的作用

现金流量表所提供的企业在一定会计期间现金及现金等价物流入和流出的信息,对财务报表使用者来说,具有以下几个方面的作用。

1. 现金流量表有助于分析和预测企业未来产生现金流量的能力

投资者、债权人和其他利益相关者进行决策的一个主要关注点,就是企业现金流量的增长能力。现金流量表可以提供企业过去的现金流入、流出以及现金流量净额的变动原因，从而有助于信息使用者分析经营活动的净利益和现金流量之间的关系，预测企业未来产生现金流量的能力。

2. 现金流量表有助于了解和评价企业支付能力和偿债能力

现金流量表可以揭示企业的经营活动、投资活动和筹资活动对企业现金流量的影响。通过这些信息，可以较全面地评价各项活动的成效，了解企业的资产、负债为什么增加或减少，为什么亏损企业现金会增加，而盈利企业现金却紧张等。通过这些分析，可以找出差距，尤其是财务管理方面的差距，以便制订出更加有效的计划，控制现金流动，实现企业资源的优化配置。

3. 现金流量表有助于对企业的财务状况做出合理评价

在市场经济条件下，竞争异常激烈，企业要想生存和发展，不但要想方设法扩大销售，更重要的是要及时地收回货款，以便后期的经营活动能顺利进行。除了经营活动之外，企业所进行的投资活动和筹资活动也同样会影响现金流量，从而影响财务状况。因此，通过现金流量表所提供的现金净流量及其结构变化的信息，可以比较准确地评价、预测企业财务状况的现实情况及未来状况。

4. 现金流量表有助于分析企业收益质量及影响现金净流量的因素

通过对现金流量表进行分析，可以掌握企业经营活动、投资活动和筹资活动的现金流量，可以从现金的角度了解净利润的质量，为分析和判断企业的财务前景提供信息。

二、现金流量表的内容与结构

（一）现金流量表的内容

现金流量表，是指反映企业在一定会计期间现金和现金等价物流入和流出的报表。从编制原则上看，现金流量表按照收付实现制原则编制，将权责发生制下的盈利信息调整为收付实现制下的现金流量信息，便于信息使用者了解企业净利润的质量。从内容上看，现金流量表被划分为经营活动、投资活动和筹资活动三个部分，每类活动又分为各具体项目，这些项目从不同角度反映企业业务活动的现金流入与流出，弥补资产负债表和利润表提供信息的不足。

（二）现金流量表的结构

在现金流量表中，现金及现金等价物被视为一个整体，企业现金形式的转换不会产生现金的流入和流出。例如，企业从银行提取现金，是企业现金存放形式的转换，并未流出企业，不构成现金流量。同样，现金与现金等价物之间的转换也不属于现金流量，如企业用现金购买三个月到期的国库券。根据企业业务活动的性质和现金流量的来源，现金流量表在结构上将企业一定期间产生的现金流量分为三类：经营活动产生的现金流量、投资活动产生的现金流量和筹资活动产生的现金流量。现金流量表的具体格式如表 7 - 10 所示。

表 7－10　现金流量表

编制单位：　　　　　　　　　　年　　月　　　　　　　　　　货币单位：元

项　目	本期金额	上期金额
一、经营活动产生的现金流量		
销售商品、提供劳务收到的现金		
收到的税费返还		
收到的其他与经营活动有关的现金		
经营活动现金流入小计		
购买商品、接受劳务支付的现金		
支付给职工以及为职工支付的现金		
支付的各项税费		
支付其他与经营活动有关的现金		
经营活动现金流出小计		
经营活动产生的现金流量净额		
二、投资活动产生的现金流量		
收回投资收到的现金		
取得投资收益收到的现金		
处置固定资产、无形资产和其他长期资产收回的现金净额		
处置子公司及其他营业单位收到的现金净额		
收到其他与投资活动有关的现金		
投资活动现金流入小计		
购建固定资产、无形资产和其他长期资产支付的现金		
投资支付的现金		
取得子公司及其他营业单位支付的现金净额		
支付其他与投资活动有关的现金		
投资活动现金流出小计		
投资活动产生的现金流量净额		
三、筹资活动产生的现金流量		
吸收投资收到的现金		
取得借款收到的现金		
收到其他与筹资活动有关的现金		
筹资活动现金流入小计		
偿还债务支付的现金		
分配股利、利润或偿付利息支付的现金		

续 表

项　目	本期金额	上期金额
支付其他与筹资活动有关的现金		
筹资活动现金流出小计		
筹资活动产生的现金流量净额		
四、汇率变动对现金及现金等价物的影响		
五、现金及现金等价物净增加额		
加:期初现金及现金等价物余额		
六、期末现金及现金等价物余额		

三、现金流量表的填列方法

(一)"经营活动产生的现金流量"的填列方法

1. 销售商品、提供劳务收到的现金

本项目反映的是企业销售商品、提供劳务实际收到的现金,包括销售收入和应向购买者收取的增值税销项税额,具体包括:本期销售商品、提供劳务收到的现金,以及前期销售商品、提供劳务在本期收到的现金和本期预收的款项,减去本期销售本期退回的商品和前期销售本期退回的商品支付的现金。企业销售材料和代购代销业务收到的现金,也在本项目反映。本项目可以根据"库存现金""银行存款""应收票据""应收账款""预收账款""主营业务收入""其他业务收入"等科目的记录分析填列。

2. 收到的税费返还

本项目反映企业收到返还的各种税费,如收到的增值税、所得税、消费税、关税和教育费附加返还款等。本项目可以根据"库存现金""银行存款""税金及附加""营业外收入"等科目的记录分析填列。

3. 收到其他与经营活动有关的现金

本项目反映企业除上述各项外,收到的其他与经营活动有关的现金,如罚款收入、经营租赁固定资产收到的现金、投资性房地产收到的租金收入、流动资产损失中由个人赔偿的现金收入、除税费返还外的其他政府补助收入等。其他与经营活动有关的现金流入,如果价值较大,应单列项目反映,本项目可以根据"库存现金""银行存款""管理费用""销售费用"等科目的记录分析填列。

4. 购买商品、接受劳务支付的现金

本项目反映企业购买材料、商品、接受劳务实际支付的现金,包括支付的货款以及与货款一并支付的增值税进项税额,具体包括:本期购买商品、接受劳务支付的现金,以及本期支付前期购买的商品、接受劳务未支付款项和本期预付款项,减去本期发生的购货退回收到的现金。为购置存货而发生的借款利息资本化部分,应在"分配股利、利润或偿付利息"项目中反映。本项目可以根据"库存现金""银行存款""应付票据""应付账款""预付账款”“主营业务成本”“其他业务成本”等科目的记录分析填列。

5. 支付给职工以及为职工支付的现金

本项目反映企业实际支付给职工的现金以及为职工支付的现金，包括企业为获得职工提供的服务，本期实际给予各种形式的报酬以及其他相关支出，如支付给职工的工资、资金、各种津贴和补贴等，以及为职工支付的其他费用。不包括支付给在建工程人员的工资。支付的在建工程人员的工资，在“购建固定资产、无形资产和其他长期资产所支付的现金”项目中反映。

企业为职工支付的医疗、养老、失业、工伤、生育等社会保险基金，补充养老保险，住房公积金，企业为职工缴纳的商业保险金，因解除与职工劳动关系给予的补偿，现金结算的股份支付，以及企业支付给职工或为职工支付的其他福利费用等，应根据职工的工作性质和服务对象，分别在“购建固定资产、无形资产和其他长期资产所支付的现金”和“支付给职工以及为职工支付的现金”项目中反映。本项目可以根据“库存现金”“银行存款”“应付职工薪酬”等科目的记录分析填列。

6. 支付的各项税费

本项目反映企业按规定支付的各项税费，包括本期发生并支付的税费，以及本期支付以前各项发生的和预交的税金，如支付的增值税、消费税、所得税、教育费附加、印花税、房产税、土地增值税、车船税等；不包括本期退回的增值税、所得税。本期退回的增值税、所得税等，在“收到的税费返还”项目中反映。本项目可以根据“库存现金”“银行存款”“应交税费”等科目的记录分析填列。

7. 支付的其他与经营活动有关的现金

本项目反映企业除上述各项目外，支付的其他与经营活动有关的现金，如罚款支出、支付的差旅费、业务招待费、保险费、经营租赁支付的现金等。其他与经营活动有关的现金流出，如果金额较大，应单列项目反映。本项目可以根据“库存现金”“银行存款”“其他应付款”等科目的记录分析填列。

（二）“投资活动产生的现金流量”的填列方法

1. 收回投资收到的现金

本项目反映企业出售、转让或到期收回除现金等价物以外的交易性金融资产、可供出售金融资产、长期股权投资等而收到的现金，不包括债权性投资收回的利息、收回的非现金资产，以及处置子公司及其他营业单位收到的现金净额。债权性投资收回的本金在本项目反映，债权性投资收回的利息不在本项目反映，而在“取得投资收益收到的现金”项目中反映。处置子公司及其他营业单位收到的现金净额单设项目反映。本项目可以根据“交易性金融资产”“长期股权投资”“库存现金”“银行存款”等科目的记录分析填列。

2. 取得投资收益收到的现金

本项目反映企业因股权性投资而分得的现金股利，因债权性投资而取得的现金利息收入。股票股利由于不产生现金流量，不在本项目反映。包括在现金等价物范围内的债券投资，其利息收入也在本项目中反映。本项目可以根据“应收股利”“应收利息”“投资收益”“库存现金”“银行存款”等科目的记录分析填列。

3. 处置固定资产、无形资产和其他长期资产收回的现金净额

本项目反映企业出售固定资产、无形资产和其他长期资产(如投资性房地产)所取得的现金,减去为处置这些资产而支付的有关税费后的净额。处置固定资产、无形资产和其他长期资产所收到的现金,以及处置活动支付的现金,两者在时间上比较接近,以净额反映更能准确反映处置活动对现金流量的影响。由于自然灾害等原因所造成的固定资产等长期资产报废、毁损所收到的保险赔偿收入,在本项目中反映。处置固定资产、无形资产和其他长期资产所收回的现金净额如为负数,则应作为投资活动产生的现金流量,在“支付的其他与投资活动有关的现金”项目中反映。本项目可以根据“固定资产清理”“库存现金”“银行存款”等科目的记录分析填列。

4. 处置子公司及其他营业单位收到的现金净额

本项目反映企业处置子公司及其他营业单位所取得的现金减去子公司或其他营业单位持有的现金和现金等价物以及相关处置费用后的净额。企业处置子公司及其他业务单位是整体交易,子公司和其他营业单位可能持有现金和现金等价物,因此,处置子公司或其他营业单位的现金流量,应以处置价款中收到的现金,减去子公司或其他营业单位持有的现金和现金等价物以及相关处置费用后的净额反映。处置子公司及其他业务单位收到的现金净额如为负数,应将该金额填列至“支付其他与投资活动有关的现金”项目中。本项目可以根据“库存现金”“银行存款”等科目的记录以及子公司或其他营业单位处置日资产负债表的有关资料分析计算填列。

5. 收到的其他与投资活动有关的现金

本项目反映企业除上述各项目外,收到的其他与投资活动有关的现金。其他与投资活动有关的现金流入,如果价值较大,应单列项目反映。本项目可以根据有关科目的记录分析填列。

6. 购建固定资产、无形资产和其他长期资产支付的现金

本项目反映企业购买、建造固定资产,取得无形资产和其他长期资产(如投资性房地产)支付的现金,包括购买机器设备所支付的现金、建造工程支付的现金、支付在建工程人员的工资等现金支出;不包括为购建固定资产、无形资产和其他长期资产而发生的借款利息资本化部分,以及融资租入固定资产所支付的租赁费。为购建固定资产、无形资产和其他长期资产而发生的借款利息资本化部分,在“分配股利、利润或偿付利息支付的现金”项目中反映;融资租入固定资产所支付的租赁费,在“支付的其他与筹资活动有关的现金”项目中反映,不在本项目中反映。本项目可以根据“固定资产”“在建工程”“工程物资”“无形资产”“库存现金”“银行存款”等科目的记录分析填列。

7. 投资支付的现金

本项目反映企业进行权益性投资和债权性投资所支付的现金,包括企业取得的除现金等价物以外的交易性金融资产而支付的现金,以及支付的佣金、手续费等交易费用。企业购买股票和债券时,实际支付的价款中包含的已宣告但尚未领取的现金股利或已到付息期但尚未领取的债券利息,应在“支付的其他与投资活动有关的现金”项目中反映;收回

购买股票或债券时支付的已宣告但尚未领取的现金股利或到付息期但尚未领取的债券利息，应在“收到的其他与投资活动有关的现金”项目中反映。本项目可以根据“交易性金融资产”“长期股权投资”“库存现金”“银行存款”等科目的记录分析填列。

8. 取得子公司及其他营业单位支付的现金净额

本项目反映企业取得子公司及其他营业单位购买出价中以现金支付的部分，减去子公司或其他营业单位持有的现金及现金等价物后的净额。整体购买一个单位，其结算方式是多种多样的，比如，购买方全部以现金支付或一部分以现金支付而另一部分以实物清偿。同时，企业购买子公司及其他营业单位是整体交易，子公司和其他营业单位除有固定资产和存货外，还可能持有现金和现金等价物。因此，整体购买子公司或其他营业单位的现金流量，就应以购买出价中以现金支付的部分减去子公司中其他营业单位持有的现金和现金等价物后的净额反映，如为负数，应在“收到的其他与经营活动有关的现金”项目中反映。本项目可以根据有关科目的记录分析填列。

9. 支付的其他与投资活动有关的现金

本项目反映企业除上述各项目外，支付的其他与投资活动有关的现金。其他与投资活动有关的现金流出，如果价值较大，应单列项目反映。本项目可以根据有关科目的记录分析填列。

（三）“筹资活动产生的现金流量”的填列方法

1. 吸收投资收到的现金

本项目反映企业以发行股票方式筹集资金实际收到的款项净额（发行收入减去支付的佣金等发行费用后的净额）。以发行股票等方式筹集资金而由企业直接支付的审计、咨询费用等，在“支付的其他与筹资活动有关的现金”项目中反映。本项目可以根据“实收资本（或股本）”“资本公积”“库存现金”“银行存款”等科目的记录分析填列。

2. 借款收到的现金

本项目反映企业举借各种短期、长期借款而收到的现金，以及发行债券实际收到的款项净额（发行收入减去直接支付的佣金等发行费用后的净额）。本项目可以根据“短期借款”“长期借款”“交易性金融资产”“应付债券”“库存现金”“银行存款”等科目的记录分析填列。

3. 收到的其他与筹资活动有关的现金

本项目反映企业除上述各项目外，收到的其他与筹资活动有关的现金。其他与筹资活动有关的现金流入，如价值较大，应单列项目反映。本项目可根据有关科目的记录分析填列。

4. 偿还债务所支付的现金

本项目反映企业以现金偿还债务的本金，包括归还金融企业的借款本金、偿付企业到期的债券本金等。企业支付的借款利息、债券利息，在“分配股利、利润或偿付利息所支付的现金”项目中反映。本项目可以根据“短期借款”“长期借款”“交易性金融负债”“应付债券”“库存现金”“银行存款”等科目的记录分析填列。

5. 分配股利、利润或偿还利息支付的现金

本项目反映企业实际支付的现金股利、支付给其他投资单位的利润或用现金支付的借款利息、债券利息。不同用途的借款,其利息的开支渠道不一样,如在建工程、财务费用等,均在本项目中反映。本项目可以根据"应付股利""应付利息""利润分配""财务费用""在建工程""制造费用""研发支出""库存现金""银行存款"等科目的记录分析填列。

6. 支付的其他与筹资活动有关的现金

本项目反映企业除上述各项目外,支付的其他与筹资活动有关的现金,如以发行股票、债券等方式筹集资金而由企业直接支付的审计、咨询等费用,融资租赁各期支付的现金、以分期付款方式购建的固定资产、无形资产等各期支付的现金。其他与筹资活动有关的现金流出,如果价值较大,应单列项目反映。本项目可以根据有关科目的记录分析填列。

(四)"汇率变动对现金及现金等价物的影响"的填列方法

编制现金流量表时,应当将企业外币现金流量以及境外子公司的现金流量折算成记账本位币。外币现金流量以及境外子公司的现金流量,应当采用现金流量发生日的即期汇率或按照系统合理的方法确定的、与现金流量发生日即期汇率近似的汇率折算。汇率变动对现金的影响应当作为调节项目,在现金流量表中单独列报。

汇率变动对现金的影响,指企业外币现金流量及境外子公司的现金流量折算成记账本位币时,所采用的是现金流量发生日的即期汇率或按照系统合理的方法确定的、与现金流量发生日即期汇率近似的汇率,而现金流量表"现金及现金等价物净增加额"项目中外币现金净增加额是按资产负债表日的即期汇率折算的。这两者的差额即为汇率变动对现金的影响。

在编制现金流量表时,对当期发生的外币业务,也可不必逐笔计算汇率变动对现金的影响,可以通过现金流量表补充资料中"现金及现金等价物净增加额"与现金流量表中"经营活动产生的现金流量净额""投资活动产生的现金流量净额""筹资活动产生的现金流量净额"三项之和的比较,其差额即为"汇率变动对现金的影响"。

(五)现金流量表补充资料

除现金流量表反映的信息外,企业还应在附注中披露将净利润调节为经营活动现金流量、不涉及现金收支的重大投资和筹资活动、现金及现金等价物净变动情况等信息。具体格式如表 7-11 所示。

表 7-11 现金流量表补充资料

补充资料	本期金额	上期金额
1. 将净利润调节为经营活动现金流量:		
净利润		
加:资产减值准备		
固定资产折旧、油气资产折耗、生产性生物资产折旧		

续　表

补充资料	本期金额	上期金额
无形资产摊销		
长期待摊费用摊销		
处置固定资产、无形资产和其他长期资产的损失(收益以“－”号填列)		
固定资产报废损失(收益以“－”号填列)		
公允价值变动损失(收益以“－”号填列)		
财务费用(收益以“－”号填列)		
投资损失(收益以“－”号填列)		
递延所得税资产减少(增加以“－”号填列)		
递延所得税负债增加(减少以“－”号填列)		
存货的减少(增加以“－”号填列)		
经营性应收项目的减少(增加以“－”号填列)		
经营性应付项目的增加(减少以“－”号填列)		
其他		
经营活动产生的现金流量净额		
2. 不涉及现金收支的重大投资和筹资活动:		
债务转为资本		
一年内到期的可转换公司债券		
融资租入固定资产		
3. 现金及现金等价物净变动情况:		
现金的期末余额		
减:现金的期初余额		
加:现金等价物的期末余额		
减:现金等价物的期初余额		
现金及现金等价物净增加额		

1. 将净利润调节为经营活动现金流量

现金流量表采用直接法反映经营活动产生的现金流量,同时,企业还应采用间接法反映经营活动产生的现金流量。间接法,是指以本期净利润为起点,通过调整不涉及现金的收入、费用、营业外收支以及经营性应收应付等项目的增减变动,调整不属于经营活动的现金收支项目,据此计算并列报经营活动产生的现金流量的方法。在我国,现金流量表补充资料应采用间接法反映经营活动产生的现金流量情况,以对现金流量表中采用直接法反映的经营活动现金流量进行核对和补充说明。

采用间接法列报经营活动产生的现金流量时,需要对四大类项目进行调整:① 实际没有支付现金的费用;② 实际没有收到现金的收益;③ 不属于经营活动的损益;④ 经营性应收应付项目的增减变动。所涉及的具体调整项目及调整内容如下：

(1) 资产减值准备。资产减值准备是指当期实际计提扣除转回的各项减值准备，包括坏账准备、存货跌价准备、投资性房地产减值准备、长期股权投资减值准备、固定资产减值准备、在建工程减值准备、无形资产减值准备等。企业当期计提和按规定转回的各项资产减值准备，包括在利润表中，属于利润的减除项目，但没有发生实际的现金流出，所以在将净利润调节为经营活动现金流量时需要转回。本项目可以根据“资产减值损失”科目的记录分析填列。

(2) 固定资产折旧、油气资产折耗、生产性生物资产折旧。企业计提的固定资产折旧，有的包含在管理费用中，有的包括在制造费用中。计入管理费用的部分，作为期间费用在计算净利润时从中扣除，但没有发生现金流出，在将净利润调整为经营活动现金流量时需要加回。计入制造费用中已经变现的部分，在计算净利润时通过销售成本予以扣除，但没有发生现金流出；计入制造费用中没有变现的部分，既不涉及现金收到也不影响企业当期利润。由于在调节存货时已经从中扣除，在此处需要加回。本项目可根据“累计折旧”科目的贷方发生额分析填列。

(3) 无形资产摊销和长期待摊费用摊销。企业对使用寿命有限的无形资产进行摊销时，计入管理费用或制造费用。长期待摊费用摊销时，有的计入管理费用，有的计入销售费用，有的计入制造费用。计入管理费用等期间费用和计入制造费用中已变现的部分，在调节存货时已经从中扣除，但不涉及现金支出，所以，在此将净利润调节为经营活动现金流量时需要加回。这个项目可根据“累计摊销”“长期待摊费用”等科目的贷方发生额分析填列。

(4) 处置固定资产、无形资产和其他长期资产发生的损失。企业处置固定资产、无形资产和其他长期资产发生的损益，属于投资活动产生的现金损益，不属于经营活动产生的损益，所以，在将净利润调节为经营活动现金流量时需要扣除。如为损失，在将净利润调节为经营活动现金流量时应当加回；如为收益，在将净利润调节为经营活动现金流量时应扣除。本项目可以根据“营业外收入”“营业外支出”等科目所属有关明细科目的记录分析填列，净收益以“－”号填列。

(5) 固定资产报废损失。企业发生的固定资产报废损益，属于投资活动产生的损益，不属于经营活动产生的损益，所以，在将净利润调节为经营活动现金流量时需要扣除。如为净损失，在将净利润调节为经营活动现金流量时应当加回；如为净收益，在将净利润调节为经营活动现金流量时应当扣除。本项目可根据“营业外支出”“营业外收入”等科目所属有关明细科目的记录分析填列。

(6) 公允价值变动损益。公允价值变动损益反映企业交易性金融资产、投资性房地产等公允价值变动形成的应当计入当期损益的利得或损失。企业发生的公允价值变动损益，通常与企业的投资活动或筹资活动有关，而且不影响企业当期的现金流量。为此，在将净利润调节为经营活动现金流量时，应当将其从净利润中扣除。本项目可以根据“公允价值变动损益”科目的发生额分析填列。如为持有损失，在将净利润调节为经营活动现金流量时应当加回；如为持有利得，在将净利润调节为经营活动现金流量时，应当扣除。

(7) 财务费用。企业发生的财务费用中不属于经营活动的部分，应当在将净利润调节为经营活动现金流量时将其加回。本项目可根据“财务费用”科目的本期借方发生额分析填列；如为收益以“－”号填列。

(8) 投资损失。企业发生的投资损益,属于投资活动产生的损益,不属于经营活动产生的损益,所以在将净利润调节为经营活动现金流量时,需要扣除。如为净损失,在将净利润调节为经营活动现金流量时应当加回;如为净收益,在将净利润调节为经营活动现金流量时应当扣除。本项目可根据利润表中“投资收益”项目的数字填列;如为投资收益,以“—”填列。

(9) 递延所得税资产减少。递延所得税资产减少使计入所得税费用的金额大于当期应交的所得税金额,其差额没有发生现金流量,但在计算净利润时已经扣除,在将净利润调节为经营活动现金流量时应当加回。递延所得税资产增加使计入所得税费用的金额小于当期应交的所得税金额,两者之间的差额没有发生现金流量,但在计算净利润时已经包括在内,在将净利润调节为经营活动现金流量时应当扣除。本项目可以根据资产负债表“递延所得税资产”项目期末余额分析填列。

(10) 递延所得税负债增加。递延所得税负债增加使计入所得税费用的金额大于当期应交的所得税金额,其差额没有发生现金流量,但在计算净利润时已经扣除,在将净利润调节为经营活动现金流量时应当加回。如果递延所得税负债减少使计入当期所得税费用的金额小于当期应交的所得税金额,其差额并没有发生现金流入,但在计算净利润时已经包括在内,在将净利润调节为经营活动现金流量时应当扣除。本项目可以根据资产负债表“递延所得税负债”项目期初、期末余额分析填列。

(11) 存货的减少。期末存货比期初存货减少,说明本期生产经营过程耗用的存货有一部分是期初的存货,耗用这部分存货并没有发生现金流出,但在计算净利润时已经扣除,所以,在将净利润调节为经营活动现金流量时应当加回。期末存货比期初增加,说明当期购入的存货除耗用外,还剩余了一部分,这部分存货也发生了现金流出,但是计算净利润时没有包括在内,所以,在将净利润调节为经营活动现金流量时需要扣除。当然,存货的增减变化过程还涉及应付项目,这一因素在“经营性应付项目的增加”中考虑。本项目可根据资产负债表中“存货”项目的期初数、期末数之间的差额填列;期末数大于期初数的差额,以“—”号填列。如果存货的增减变化过程属于投资活动,如在建工程领用的存货,应当将这一因素剔除。

(12) 经营性应收项目的减少。经营性应收项目包括应收票据、应收账款、预付账款、长期应收款和其他应收款中与经营活动有关的部分,以及应收的增值税销项税额等。经营性应收项目期末余额小于经营性应收项目的期初余额,说明本期收回的现金大于利润表中所确认的收入,所以,在将净利润调节为经营活动现金流量时需要加回。经营性应收项目期末余额大于经营性应收项目期初余额,说明本期销售收入中有一部分没有收回现金,但是,在计算净利润时这部分销售收入已包括在内,所以,在将净利润调节为经营活动现金流量时需要扣除。本项目应当根据有关科目的期初、期末余额分析填列;如为增加,以“—”号填列。

(13) 经营性应付项目的增加。经营性应付项目包括应付票据、应付账款、预收账款、应付职工薪酬、应交税费、应付利息、其他应付款中与经营活动有关的部分,以及应付的增值税进项税额等。经营性应付项目期末余额大于经营性应付项目期初余额,说明本期购入的存货中有一部分没有支付现金,但是,在计算净利润时却通过销售成本包括在内,在将净利润调节为经营活动现金流量时需要加回;经营性应付项目期末余额小于经营性应付项目期初余额，说明本期支付的现金大于利润表中所确认的销售成本，在将净利润调节为经营活动产生的现金流量时需要扣除。本项目应当根据有关科目的期初、期末余额分析填列；如为减少，以"一"号填列。

2. 不涉及现金收支的重大投资和筹资活动

不涉及现金收支的重大投资和筹资活动，反映企业一定期间内影响资产或负债但不形成该期现金收支的所有投资和筹资活动的信息。这些投资和筹资活动虽然不涉及现金收支，但对以后各期的现金流量有重大影响。例如，企业融资租入设备，将形成的负债计入"长期应付款"账户，当期并不支付设备款及租金，但以后各期必须为此支付现金，从而在一定期间内形成了一项固定的现金支出。

企业应当在附注中披露不涉及当期现金收支但影响企业财务状况或在未来可能影响企业现金流量的重大投资和筹资活动，主要包括：① 债务转为资本，反映企业本期转为资本的债务金额；② 一年内到期的可转换公司债券，反映企业一年内到期的可转换公司债券的本息；③ 融资租入固定资产，反映企业本期融资租入的固定资产。

3. 现金及现金等价物

该项目反映企业一定期间现金及现金等价物的期末余额减去期初余额后的净增加额（或净减少额），是对现金流量表正表中"现金及现金等价物"项目的补充说明。该项目的金额应与正表中最后一项"现金及现金等价物净增加额"项目的金额核对相符。

四、现金流量表的编制方法

在具体编制现金流量表时，可以采用工作底稿法或 T 型账户法，也可以根据有关科目记录分析填列。

（一）工作底稿法

采用工作底稿法编制现金流量表，是以工作底稿为手段，以资产负债表和利润表数据为基础，对每一项目进行分析并编制调整分录，从而编制现金流量表。工作底稿法的程序是：

第一步，将资产负债表的期初数和期末数过入工作底稿的期初数栏和期末数栏。

第二步，对当期业务进行分析并编制调整分录。编制调整分录时，要以利润表项目为基础，从"营业收入"开始，结合资产负债表项目逐一进行分析。在调整分录中，有关现金和现金等价物的事项，并不直接借记或贷记现金，而是分别记入"经营活动产生的现金流量""投资活动产生的现金流量""筹资活动产生的现金流量"有关项目，借记表示现金流入，贷记表示现金流出。

第三步，将调整分录过入工作底稿中的相应部分。

第四步，核对调整分录，借方、贷方合计数均已经相等，资产负债表项目期初数加减调整分录中的借贷金额以后，也等于期末数。

第五步，根据工作底稿中的现金流量表项目部分编制正式的现金流量表。

（二）T 型账户法

采用 T 型账户法编制现金流量表，是以 T 型账户为手段，以资产负债表和利润表数据为基础，对每一项目进行分析并编制调整分录，从而编制现金流量表。T型账户法的程序是：

第一步，为所有的非现金项目（包括资产负债表项目和利润表项目）分别开设T型账户，并将各自的期末期初变动数过入各该账户。如果项目的期末数大于期初数，则将差额过入和项目余额相同的方向；反之，过入相反的方向。

第二步，开设一个大的“现金及现金等价物”T型账户，每边分为经营活动、投资活动和筹资活动三个部分，左边记现金流入，右边记现金流出。与其他账户一样，过入期末期初变动数。

第三步，以利润表项目为基础，结合资产负债表分析每一个非现金项目的增减变动，并据此编制调整分录。

第四步，将调整分录过入各T型账户，并进行核对，该账户借贷相抵后的余额与原先过入的期末期初变动数应当一致。

第五步，根据大的“现金及现金等价物”T型账户编制正式的现金流量表。

（三）分析填列法

分析填列法是直接根据资产负债表、利润表和有关会计科目明细账的记录，分析计算出现金流量表各项目的金额，并据以编制现金流量表的一种方法。

五、现金流量表的编制示例

【例7-3】 东方股份公司2019年相关资料如下，根据资料采用分析法编制东方股份公司2019年度的现金流量表。

（1）东方股份公司2019年12月31日的资产负债表如表7-12所示。

表7-12 资产负债表

编制单位：东方股份公司　　2019年12月31日　　单位：元

资　产	期末余额	年初余额	负债和所有者权益（或股东权益）	期末余额	年初余额
流动资产：			流动负债：		
货币资金	815 131	1 406 300	短期借款	50 000	300 000
交易性金融资产		15 000	交易性金融负债		
衍生金融资产			衍生金融负债		
应收票据及应收账款	664 200	545 100	应付票据及应付账款	1 053 800	1 153 800
预付款项	100 000	100 000	预收款项		
其他应收款	5 000	5 000	合同负债		
存货	2 484 700	2 580 000	应付职工薪酬	180 000	110 000
合同资产			应交税费	226 731	36 600
持有待售资产			其他应付款	82 215.85	51 000

续表

资　产	期末余额	年初余额	负债和所有者权益（或股东权益）	期末余额	年初余额
一年内到期的非流动资产			持有待售负债		
其他流动资产	100 000	100 000	一年内到期的非流动负债		1 000 000
流动资产合计	4 169 031	4 751 400	其他流动负债		
非流动资产：			流动负债合计	1 592 746.85	2 651 400
债权投资			非流动负债：		
其他债权投资			长期借款	1 148 000	600 000
长期应收款			应付债券		
长期股权投资	262 000	250 000	其中：优先股		
其他权益工具投资			永续债		
其他非流动金融资产			长期应付款		
投资性房地产			预计负债		
固定资产	2 201 000	1 100 000	递延收益		
在建工程	728 000	1 500 000	递延所得税负债		
生产性生物资产			其他非流动负债		
油气资产			非流动负债合计	1 148 000	600 000
无形资产	540 000	600 000	负债合计	2 740 746.85	3 251 400
开发支出			所有者权益（或股东权益）：		
商誉			实收资本（或股本）	5 000 000	5 000 000
长期待摊费用			其他权益工具		
递延所得税资产	7 500		其中：优先股		
其他非流动资产	188 000	200 000	永续债		
非流动资产合计	3 926 500	3 650 000	资本公积		
			减：库存股		
			其他综合收益	12 000	
			盈余公积	124 770.4	100 000
			未分配利润	218 013.75	50 000
			所有者权益（或股东权益）合计	5 354 784.15	5 150 000
资产总计	8 095 531	8 401 400	负债和所有者权益（或股东权益）总计	8 095 531	8 401 400

（2）东方股份公司2019年度利润表，如表7－13所示。

表 7-13　利润表

编制单位:东方股份公司　　　　2019 年　　　　货币单位:元

项　目	本年金额	上年金额(略)
一、营业收入	1 250 000	
减:营业成本	750 000	
税金及附加	2 000	
销售费用	20 000	
管理费用	157 100	
研发费用		
财务费用	41 500	
其中:利息费用	11 500	
利息收入		
资产减值损失	30 900	
信用减值损失		
加:其他收益		
投资收益(损失以"—"号填列)	31 500	
其中:对联营企业和合营企业的投资收益		
净敞口套期收益(损失以"—"号填列)		
公允价值变动收益(损失以"—"号填列)		
资产处置收益(损失以"—"号填列)	50 000	
二、营业利润(亏损以"—"号填列)	330 000	
加:营业外收入		
减:营业外支出	19 700	
三、利润总额(亏损总额以"—"号填列)	310 300	
减:所得税费用	85 300	
四、净利润(净亏损以"—"号填列)	225 000	
(一)持续经营净利润(净亏损以"—"号填列)		
(二)终止经营净利润(净亏损以"—"号填列)		
五、其他综合收益的税后净额	12 000	
(一)不能重分类进损益的其他综合收益		
1. 重新计量设定受益计划变动额		
2. 权益法下不能转损益的其他综合收益		
3. 其他权益工具投资公允价值变动		
4. 企业自身信用风险公允价值变动		

续 表

项　目	本年金额	上年金额(略)
(二) 将重分类进损益的其他综合收益	12 000	
1. 权益法下可转损益的其他综合收益	12 000	
2. 其他债权投资公允价值变动		
3. 金融资产重分类计入其他综合收益的金额		
4. 其他债权投资信用减值准备		
5. 现金流量套期储备		
6. 外币财务报表折算差额		
六、综合收益总额	237 000	
七、每股收益		
(一) 基本每股收益	(略)	
(二) 稀释每股收益	(略)	

(3) 2019 年度利润表有关项目的明细资料如下：

① 管理费用的组成：职工薪酬 17 100 元，无形资产摊销 60 000 元，折旧费 20 000 元，支付其他费用 60 000 元。

② 财务费用的组成：计提借款利息 11 500 元，支付应收票据(银行承兑汇票)贴现利息 30 000 元。

③ 资产减值损失的组成：计提坏账准备 900 元，计提固定资产减值准备 30 000 元。上年年末坏账准备余额为 900 元。

④ 投资收益的组成：收到股息收入 30 000 元，与本金一起收回的交易性股票投资收益 500 元，自公允价值变动损益结转投资收益 1 000 元。

⑤ 资产处置收益的组成：处置固定资产净收益 50 000 元(其所处置固定资产原价为 400 000 元，累计折旧为 150 000 元，收到处置收入 300 000 元)。假定不考虑与固定资产处置有关的税费。

⑥ 营业外支出的组成：报废固定资产净损失 19 700 元(其所报废固定资产原价为 200 000 元，累计折旧为 180 000 元，支付清理费用 500 元，收到残值收入 800 元)。

⑦ 所得税费用的组成：当期所得税费用 92 800 元，递延所得税收益 7 500 元。

除上述项目外，利润表中的销售费用 20 000 元至期末已经支付。

(4) 资产负债表有关项目的明细资料如下：

① 本期收回交易性股票投资本金 15 000 元、公允价值变动 1 000 元，同时实现投资收益 500 元。

② 存货中生产成本、制造费用的组成：职工薪酬 324 900 元，折旧费 80 000 元。

③ 应交税费的组成：本期增值税进项税额 42 466 元，增值税销项税额 212 500 元，已交增值税 100 000 元；应交所得税期末余额为 20 097 元，应交所得税期初余额为 0；应交税费期末数中应由在建工程负担的部分为 100 000 元。

④ 应付职工薪酬的期初数无应付的在建工程人员的部分，本期支付在建工程人员职

工薪酬 200 000 元。应付职工薪酬的期末数中应付在建工程人员的部分为 28 000 元。

⑤ 其他应付款的明细构成如下：其中应付利息期初余额为 1 000 元，期末余额为 0，均为短期借款利息，其中本期计提利息 11 500 元，支付利息 12 500 元；应付股利期初余额为 0，期末余额为 32 215.85 元。

⑥ 本期用现金购买固定资产 101 000 元，购买工程物资 300 000 元。

⑦ 本期用现金偿还短期借款 250 000 元，偿还一年内到期的长期借款 1 000 000 元；借入长期借款 560 000 元。

根据以上资料，采用分析填列的方法，编制东方股份公司 2019 年度的现金流量表。

(1) 东方股份公司 2019 年度现金流量表各项目金额，分析确定如下：

① 销售商品、提供劳务收到的现金＝营业收入＋应交税费(应交增值税销项税额)－应收票据及应收账款本期增加数(应收票据及应收账款期末余额－应收票据及应收账款年初余额)－当期计提的坏账准备－票据贴现的利息

＝1 250 000＋212 500－(664 200－545 100)－900－30 000＝1 312 500(元)

② 购买商品、接受劳务支付的现金＝营业成本＋应交税费(应交增值税进项税额)＋存货的增加(存货期末余额－存货年初余额)－应付票据及应付账款的增加(应付票据及应付账款期末余额－应付票据及应付账款年初余额)＋预付账款的增加(预付账款期末余额－预付账款年初余额)－当期列入生产成本、制造费用的职工薪酬－当期列入生产成本、制造费用的折旧费和固定资产修理费

＝750 000＋42 466＋(2 484 700－2 580 000)－(1 053 800－1 153 800)＋(100 000－100 000)－324 900－80 000＝392 266(元)

③ 支付给职工以及为职工支付的现金(不包括支付给在建工程人员的工资)＝生产成本、制造费用、管理费用中职工薪酬－应付职工薪酬的增加(应付职工薪酬期末余额－应付职工薪酬年初余额)－[应付职工薪酬(在建工程)年初余额－应付职工薪酬(在建工程)期末余额]

＝324 900＋17 100－(180 000－110 000)－(0－28 000)＝300 000(元)

④ 支付的各项税费＝当期所得税费用＋税金及附加＋应交税费用(应交增值税－已交税金)－应交所得税的增加(应交所得税期末余额－应交所得税期初余额)

＝92 800＋2 000＋100 000－(20 097－0)＝174 703(元)

⑤ 支付的其他与经营活动有关的现金＝其他管理费用＋销售费用

＝60 000＋20 000＝80 000(元)

⑥ 收回投资收到的现金＝交易性金融资产贷方发生额＋与交易性金融资产一起收回的投资收益

＝15 000＋1 000＋500＝16 500(元)

⑦ 取得投资收益收到的现金＝收到的股息收入＝30 000(元)

⑧ 处置固定资产收回的现金净额＝资产处置现金流入净额＋营业外支出中处置固定资产现金流入净额

＝300 000＋800－500＝300 300(元)

⑨ 购建固定资产支付的现金＝用现金购买的固定资产、工程物资＋支付给在建工程人员的薪酬

=101 000+300 000+200 000=601 000(元)

⑩ 取得借款收到的现金

=560 000

⑪ 偿还债务支付的现金

=250 000+1 000 000=1 250 000(元)

⑫ 偿付利息支付的现金

=12 500(元)

(2) 将净利润调节为经营活动现金流量各项目计算分析如下:

① 资产减值准备=计提坏账准备+计提固定资产减值准备

=900+30 000=30 900(元)

② 固定资产折旧=各项费用及存货中计提的折旧费(管理费用计提折旧费+存货中生产成本、制造费用计提折旧)

=20 000+80 000=100 000(元)

③ 无形资产摊销=各项费用及存货中无形资产摊销费用(管理费用中无形资产摊销)

=60 000(元)

④ 处置固定资产、无形资产和其他长期资产的损失(减:收益)=-资产处置收益

=-50 000(元)

⑤ 固定资产报废损失=营业外支出中固定资产报废损失

=19 700(元)

⑥ 财务费用=财务费用中不属于经营活动的部分(如借款利息)

=11 500(元)

⑦ 投资损失(减:收益)

=-31 500(元)

⑧ 递延所得税资产减少(递延所得税资产期初余额-递延所得税资产期末余额)

=0-7 500=-7 500(元)

⑨ 存货的减少(存货期初余额-存货期末余额)

=2 580 000-2 484 700=95 300(元)

⑩ 经营性应收项目的减少=应收票据及应收账款的减少+预付款项的减少+其他应收款的减少

=[545 100+900-(664 200+900+900)]+(100 000-100 000)+(5 000-5 000)

=-120 000(元)

⑪ 经营性应付项目的增加=各项应付款中与经营活动有关的部分的增加(应付票据及应付账款的增加+预收款项的增加+应付职工薪酬的增加+应交税费的增加+其他应付款中与经营活动有关的增加)

=(1 053 800-1 153 800)+[(180 000-28 000)-110 000]+[(226 731-100 000)-36 600]+[(82 215.85-32 215.85)-(51 000-1 000)]

=32 131(元)

(3) 根据上述数据,编制现金流量表(见表 7-14)及其补充资料(见表 7-15)。

表 7-14 现金流量表

编制单位:东方股份公司　　2019 年　　货币单位:元

项 目	本年金额	上年金额(略)
一、经营活动产生的现金流量		
销售商品、提供劳务收到的现金	1 312 500	
收到的税费返还	0	
收到的其他与经营活动有关的现金	0	
经营活动现金流入小计	1 312 500	
购买商品、接受劳务支付的现金	392 266	
支付给职工以及为职工支付的现金	300 000	
支付的各项税费	174 703	
支付其他与经营活动有关的现金	80 000	
经营活动现金流出小计	946 969	
经营活动产生的现金流量净额	365 531	
二、投资活动产生的现金流量		
收回投资收到的现金	16 500	
取得投资收益收到的现金	30 000	
处置固定资产、无形资产和其他长期资产收回的现金净额	300 300	
处置子公司及其他营业单位收到的现金净额	0	
收到其他与投资活动有关的现金	0	
投资活动现金流入小计	346 800	
购建固定资产、无形资产和其他长期资产支付的现金	601 000	
投资支付的现金	0	
取得子公司及其他营业单位支付的现金净额	0	
支付其他与投资活动有关的现金	0	
投资活动现金流出小计	601 000	
投资活动产生的现金流量净额	−254 200	
三、筹资活动产生的现金流量		
吸收投资收到的现金	0	
取得借款收到的现金	560 000	
收到其他与筹资活动有关的现金	0	
筹资活动现金流入小计	560 000	
偿还债务支付的现金	1 250 000	
分配股利、利润或偿付利息支付的现金	12 500	

续 表

项　目	本年金额	上年金额(略)
支付其他与筹资活动有关的现金	0	
筹资活动现金流出小计	1 262 500	
筹资活动产生的现金流量净额	−702 500	
四、汇率变动对现金及现金等价物的影响	0	
五、现金及现金等价物净增加额	−591 169	
加:期初现金及现金等价物余额	1 406 300	
六、期末现金及现金等价物余额	815 131	

表 7-15　现金流量表补充资料

补充资料	本期金额	上期金额(略)
1. 将净利润调节为经营活动现金流量:		
净利润	225 000	
加:资产减值准备	30 900	
固定资产折旧、油气资产折耗、生产性生物资产折旧	100 000	
无形资产摊销	60 000	
长期待摊费用摊销	0	
处置固定资产、无形资产和其他长期资产的损失(收益以"−"号填列)	−50 000	
固定资产报废损失(收益以"−"号填列)	19 700	
公允价值变动损失(收益以"−"号填列)	0	
财务费用(收益以"−"号填列)	11 500	
投资损失(收益以"−"号填列)	−31 500	
递延所得税资产减少(增加以"−"号填列)	−7 500	
递延所得税负债增加(减少以"−"号填列)	0	
存货的减少(增加以"−"号填列)	95 300	
经营性应收项目的减少(增加以"−"号填列)	−120 000	
经营性应付项目的增加(减少以"−"号填列)	32 131	
其他	0	
经营活动产生的现金流量净额	365 531	
2. 不涉及现金收支的重大投资和筹资活动:		
债务转为资本		
一年内到期的可转换公司债券		
融资租入固定资产		

续　表

补充资料	本期金额	上期金额(略)
3. 现金及现金等价物净变动情况:		
现金的期末余额	815 131	
减:现金的期初余额	1 406 300	
加:现金等价物的期末余额	0	
减:现金等价物的期初余额	0	
现金及现金等价物净增加额	−591 169	

第五节　所有者权益变动表

一、所有者权益变动表的定义与作用

所有者权益变动表是指反映企业在一定会计期间的所有者权益各组成部分增减变动情况的会计报表,它是一张动态报表。

所有者权益变动表应当全面反映一定时期所有者权益变动的情况,不仅包括所有者权益总量的增减变动,还包括所有者权益增减变动的重要结构性信息,让报表使用者准确理解所有者权益增减变动的根源。

二、所有者权益变动表的内容与结构

(一)所有者权益变动表的内容

在所有者权益变动表中,综合收益与所有者(或股东)的资本交易导致的所有者权益的变动,应当分别列示。在所有者权益变动表中,企业至少应当单独列示反映下列信息的项目:① 综合收益总额;② 会计政策变更和前期差错更正的累积影响金额;③ 所有者投入资本和向所有者分配利润等;④ 提取的盈余公积;⑤ 所有者权益各组成部分的期初和期末余额及其调节情况。

(二)所有者权益变动表的结构

为了清楚地表明构成所有者权益的各组成部分当期的增减变动情况,所有者权益变动表应当以矩阵的形式列示:一方面,列示导致所有者权益变动的交易或事项,改变了以往仅仅按照所有者权益的各组成部分反映所有者权益变动情况,而是从所有者权益变动的来源对一定时期所有者权益变动情况进行全面反映;另一方面,按照所有者权益各组成部分(包括实收资本、资本公积、其他综合收益、盈余公积、未分配利润和库存股等)及其总额列示交易或事项对所有者权益的影响。此外,企业还需要提供比较所有者权益变动表,所有者权益变动表还就各项目再分为“本年金额”和“上年金额”两栏分别填列。

三、所有者权益变动表的填列方法

（一）上年金额栏的填列方法

所有者权益变动表“上年金额”栏内各项数字应根据上年度所有者权益变动表“本年金额”栏内所列数字填列。如果上年度所有者权益表规定的项目的名称和内容与本年度不一致，应对上年度所有者权益变动表各项目的名称和金额按照本年度的规定进行调整，填入所有者权益变动表“上年金额”栏内。

（二）本年金额栏的填列方法

所有者权益变动表“本年金额”栏内各项数字一般应根据“实收资本（或股本）”“其他权益工具”“资本公积”“盈余公积”“其他综合收益”“利润分配”“库存股”“以前年度损益调整”等科目及其明细科目的发生额分析填列。

四、所有者权益变动表编制示例

【例 7 - 4】 沿用【例 7 - 3】的资料，东方股份公司其他相关资料为：提取盈余公积 24 770.4元，向投资者分配现金股利 32 215.85 元。

根据上述资料，编制东方股份公司 2019 年度的所有者权益变动表，如表 7 - 16 所示。

表 7-16 所有者权益变动表

编制单位:东方股份公司　　2019 年度　　货币单位:元

项目	本年金额										上年金额(略)									
	实收资本(或股本)	其他权益工具			资本公积	减:库存股	其他综合收益	盈余公积	未分配利润	所有者权益合计	实收资本(或股本)	其他权益工具			资本公积	减:库存股	其他综合收益	盈余公积	未分配利润	所有者权益合计
		优先股	永续债	其他								优先股	永续债	其他						
一、上年年末余额	5 000 000	0	0	0	0	0	0	100 000	50 000	5 150 000										
加:会计政策变更	—	—	—	—	—	—	—	—	—	—										
前期差错更正	—	—	—	—	—	—	—	—	—	—										
其他	—	—	—	—	—	—	—	—	—	—										
二、本年年初余额	5 000 000	0	0	0	0	0	0	100 000	50 000	5 150 000										
三、本年增减变动金额(减少以"—"号填列)																				
(一)综合收益总额							12 000		225 000	237 000										
(二)所有者投入和减少资本																				
1. 所有者投入的普通股																				
2. 其他权益工具持有者投入资本																				
3. 股份支付计入所有者权益的金额																				
4. 其他																				

续　表

项　目	本年金额										上年金额(略)									
	实收资本(或股本)	其他权益工具			资本公积	减：库存股	其他综合收益	盈余公积	未分配利润	所有者权益合计	实收资本(或股本)	其他权益工具			资本公积	减：库存股	其他综合收益	盈余公积	未分配利润	所有者权益合计
		优先股	永续债	其他								优先股	永续债	其他						
(三) 利润分配																				
1. 提取盈余公积								24 770.40	−24 770.40	0										
2. 对所有者(或股东)的分配									−32 215.85	−32 215.85										
3. 其他																				
(四) 所有者权益内部结转																				
1. 资本公积转增资本(或股本)																				
2. 盈余公积转增资本(或股本)																				
3. 盈余公积弥补亏损																				
4. 设定受益计划变动额结转留存收益																				
5. 其他综合收益结转留存收益																				
6. 其他																				
四、本年年末余额	5 000 000	0	0	0	0	0	12 000	124 770.4	218 013.75	5 354 784.15										

第六节 附 注

企业的财务报表由于受固定格式和规定内容的限制，一般只能对外提供总括的定量财务信息，从而影响财务报告信息使用者对财务报表内容的理解。因此，企业除了编制和对外提供财务报表之外，还应编制和对外提供财务报表附注。

一、附注的含义与作用

附注是对在资产负债表、利润表、现金流量表和所有者权益变动表等报表中列示项目的文字描述或明细资料，以及对未能在这些报表中列示项目的说明等。附注是财务报表的重要组成部分。附注是为了便于财务报表使用者理解财务报表的内容而对财务报表的编制基础、编制依据、编制原则和方法及主要项目等所做的解释，是对财务报表的补充。《企业会计准则第 30 号——财务报表列报》对附注的披露要求是对企业附注披露的最低要求，应当适用于所有类型的企业，企业还应当按照各项具体会计准则的规定在附注中披露相关信息。

二、附注的主要内容

根据《企业会计准则第 30 号——财务报表列报》的要求，附注应当按照如下顺序至少披露下列内容。

（一）企业的基本情况

附注中应披露企业的基本情况包括：

(1) 企业注册地、组织形式和总部地址。

(2) 企业的业务性质和主要经营活动。

(3) 母公司以及集团最终母公司的名称。

(4) 财务报告的批准报出者和财务报告批准报出日，或者以签字人及其签字日期为准。

(5) 营业期限有限的企业，还应当披露有关其营业期限的信息。

（二）财务报表的编制基础

在附注中，企业应当说明财务报表的编制是否以持续经营为基础。一般而言，如果没有相应的证据表明企业处于非持续经营状态，企业应当以持续经营为基础编制财务报表。但是，如果企业的管理层经评估对企业的持续经营能力产生重大怀疑，应当在附注中披露对持续经营能力产生重大怀疑的重要不确定因素。如果评估后认为持续经营不再合理，企业应当采用其他基础编制财务报表，同时还应在附注中声明财务报表未以持续经营为基础编制，披露未以持续经营为基础的原因以及财务报表的编制基础。

（三）遵循企业会计准则的声明

企业应当声明编制的财务报表符合企业会计准则的要求，真实、完整地反映了企业的财务状况、经营成果和现金流量等有关信息，以此明确企业编制财务报表所依据的制度基础。

如果企业编制的财务报表只是部分地遵循了企业会计准则，附注中不得做出这种表述。

（四）重要会计政策和会计估计

1. 重要会计政策的说明

企业应当披露采用的重要会计政策，并结合企业的具体实际披露其重要会计政策的确定依据和财务报表项目的计量基础。其中，会计政策的确定依据主要是指企业在运用会计政策过程中所做的重要判断，这些判断对在报表中确认的项目金额具有重要影响。比如，企业如何判断与租赁资产相关的所有风险和报酬已转移给企业从而符合融资租赁的标准，投资性房地产的判断标准是什么等。财务报表项目的计量基础包括历史成本、重置成本、可变现净值、现值和公允价值等会计计量属性等。

2. 重要会计估计的说明

企业应当披露重要会计估计，并结合企业的具体实际披露其会计估计所采用的关键假设和不确定因素。重要会计估计的说明，包括可能导致下一个会计期间内资产、负债账面价值重大调整的会计估计的确定依据等。例如，固定资产可收回金额的计算需要根据其公允价值减去处置费用后的净额与预计未来现金流量的现值两者之间的较高者确定，在计算资产预计未来现金流量的现值时需要对未来现金流量进行预测，并选择适当的折现率，企业应当在附注中披露未来现金流量预测所采用的假设及其依据、所选择的折现率为什么是合理的等。又如，对于正在进行中的诉讼提取准备，企业应当披露最佳估计数的确定依据等。

（五）会计政策和会计估计变更以及差错更正的说明

企业应当按照《企业会计准则第 28 号——会计政策、会计估计变更和差错更正》及其应用指南的规定，披露会计政策和会计估计变更以及差错更正的有关情况。

（六）报表重要项目的说明

企业应当以文字和数字描述相结合，尽可能以列表形式披露重要报表项目的构成或当期增减变动情况，并且报表重要项目的明细金额合计，应当与报表项目金额相衔接。在披露顺序上，一般应当按照资产负债表、利润表、现金流量表、所有者权益变动表的顺序及其报表项目列示的顺序。

（七）其他需要说明的重要事项

这主要包括或有和承诺事项、资产负债表日后非调整事项、关联方关系及其交易等。

（八）有助于财务报表使用者评价企业管理资本的目标、政策及程序的信息

资本管理受行业监管部门监管要求的金融等行业企业，除遵循相关监管要求外，还应当按照企业会计准则的规定，在附注中披露有助于财务报表使用者评价企业管理资本的目标、政策及程序的信息。

主要包括以下内容：一是企业资本管理的目标、政策及程序的定性信息；二是资本结构的定量数据摘要，包括资本与所有者权益之间的调节关系等；三是自前一会计期间开始上述一和二中的所有变动；四是企业当期是否遵循了其受制的外部强制性资本要求，以及当企业未遵循外部强制性资本要求时，其未遵循的后果。

自测题

一、单项选择题

1. 反映企业一定时期内经营成果的财务报表是（　　）。

A. 资产负债表　　B. 利润表

C. 现金流量表　　D. 所有者权益变动表

2. 资产负债表反映的是企业在某一特定时点的（　　）。

A. 财务状况　　B. 经营成果

C. 现金流量　　D. 所有者权益的构成

3. 现金流量表反映的是企业在某一时期的（　　）。

A. 财务状况　　B. 经营成果

C. 现金流量　　D. 所有者权益的构成

4. 企业一年内到期的长期应收款，应在资产负债表的（　　）项目中列示。

A. 长期应收款　　B. 应收账款

C. 一年内到期的非流动资产　　D. 流动资产

5. 我国的资产负债表主要采用（　　）格式。

A. 多步式　　B. 账户式　　C. 报告式　　D. 单步式

6. 某企业“应收账款”有关明细账借方余额为 120 万元，贷方余额为 70 万元，“预收账款”有关明细账借方余额为 80 万元，坏账准备为 5 万元，在资产负债表中“应收票据及应收账款”项目金额为（　　）万元。

A. 200　　B. 130　　C. 195　　D. 120

7. 某企业 2019 年 12 月 31 日结账后的“库存现金”科目余额为 10 000 元，“银行存款”科目余额为 4 000 000 元，“其他货币资金”科目金额为 1 000 000 元，则 2019 年 12 月 31 日资产负债表中“货币资金”项目金额为（　　）元。

A. 5 000 000　　B. 4 010 000　　C. 1 010 000　　D. 5 010 000

8. 甲企业 2019 年度“主营业务收入”科目的贷方发生额为 1 000 000 元，借方发生额为 20 000 元，“其他业务收入”科目贷方发生额为 500 000 元，则该企业 2018 年度利润表中“营业收入”项目金额为（　　）元。

A. 1 000 000　　B. 1 480 000　　C. 980 000　　D. 1 500 000

9. 下列各项中，根据总账科目和明细账科目余额分析计算填列的是(　　)。

A. 资本公积　　B. 应付票据及应付账款

C. 长期借款　　D. 应收票据及应收账款

10. 某企业2019年12月31日“无形资产”科目余额为600万元，“累计摊销”科目余额为200万元，“无形资产减值准备”科目余额为100万元。该企业2019年12月31日资产负债表中“无形资产”项目的金额为(　　)万元。

A. 600　　B. 400　　C. 300　　D. 500

11. 某企业2019年6月30日“固定资产”科目余额为500万元，“累计折旧”科目余额为200万元，“固定资产减值准备”科目余额为200万元，“固定资产清理”科目余额为300万元。该企业2019年6月30日资产负债表中“固定资产”项目的金额为(　　)万元。

A. 500　　B. 300　　C. 400　　D. 100

12. 下列各项中，属于投资活动产生的现金流量的是(　　)。

A. 分派现金股利支付的现金　　B. 购置固定资产支付的现金

C. 接受投资收到的现金　　D. 偿还公司债券利息支付的现金

13. 某公司对外转让一项账面净值为35万元的固定资产，取得收入50万元已存入银行，转让时以现金支付转让费3万元和相关税金2万元，此项业务在现金流量表中应(　　)。

A. 在“收到其他与经营活动有关的现金”和“支付的各项税费”项目中分别填列50万元、5万元

B. 在“收到其他与经营活动有关的现金”和“支付其他与经营活动有关的现金”项目中分别填列50万元、5万元

C. 在“处置固定资产、无形资产和其他长期资产收回的现金净额”项目中填列45万元

D. 在“处置固定资产、无形资产和其他长期资产收回的现金净额”项目中填列10万元

二、多项选择题

1. 财务报告至少应当包括(　　)。

A. 资产负债表　　B. 利润表　　C. 现金流量表

D. 所有者权益变动表　　E. 财务报表附注

2. 财务报表按照报送对象的不同，可以分为(　　)。

A. 内部报表　　B. 外部报表

C. 静态财务报表　　D. 动态财务报表

3. 财务报表按照编制主体不同可以分为(　　)。

A. 月报　　B. 个别财务报表

C. 合并财务报表　　D. 季报

4. 下列各项中，属于资产负债表项目的有(　　)。

A. 货币资金　　B. 应收票据及应收账款

C. 固定资产　　D. 资产减值损失

5. 下列各项中，属于利润表项目的有(　　)。

A. 主营业务收入　B. 营业收入　C. 营业成本　D. 投资收益

6. 下列各项中，属于资产负债表中“流动资产”项目的有(　　)。

A. 货币资金　　B. 存货

C. 一年内到期的非流动资产　　D. 固定资产

7. 下列各项中，属于资产负债表中“流动负债”项目的有(　　)。

A. 预收账款　　B. 一年内到期的非流动负债

C. 预付账款　　D. 应付票据及应付账款

8. 下列资产负债表项目中，应当以扣减提取的相应资产减值准备后的净额填列的有(　　)。

A. 应收票据及应收账款　　B. 固定资产

C. 无形资产　　D. 存货

9. 下列项目中，影响营业利润的有(　　)。

A. 营业收入　B. 营业成本　C. 营业外收入　D. 投资收益

10. 下列各项中，应作为现金流量表中经营活动产生的现金流量的有(　　)。

A. 销售商品收到的现金　　B. 取得投资收益收到的现金

C. 采购原材料支付的增值税　　D. 取得借款收到的现金

11. 下列关于现金流量表项目填列的说法中，正确的有(　　)。

A. 用现金支付的应由在建工程负担的职工薪酬，应在“购建固定资产、无形资产和其他长期资产支付的现金”项目中反映

B. 用现金支付的借款利息、债券利息，应在“偿还债务支付的现金”项目中反映

C. 处置子公司所收到的现金，应以减去相关处置费用以及子公司持有的现金及现金等价物后的净额，在“处置子公司及其他营业单位收到的现金净额”项目中反映

D. 处置长期股权投资收到的现金，应在“收回投资收到的现金”项目中反映

12. 下列属于所有者权益变动表的项目的有(　　)。

A. 其他综合收益　B. 利润总额　C. 提取盈余公积　D. 所得税费用

三、判断题

1. 利润表是反映企业某一特定日期财务状况的会计报表。(　　)

2. 利润表一般应根据有关账户的“期末余额”填列。(　　)

3. 财务报表项目的列报应当在各个会计期间保持一致，不得随意变更。(　　)

4. 作为利润表编制基础的平衡公式是“收入－费用＝利润”。(　　)

5. 利润表中的营业收入项目是根据“主营业务收入”和“其他业务收入”账户的本期发生额分析填列。(　　)

6. 资产负债表中的应收票据及应收账款项目应根据“应收票据”“应收账款”所属明细账借方余额合计数、“预收账款”所属明细账借方余额合计数和“坏账准备”总账的贷方余额计算填列。(　　)

7. “应付票据及应付账款”项目应根据“应付票据”“应付账款”和“预付账款”科目所属各明细科目的期末贷方余额合计数填列；如“应付账款”科目所属明细科目期末有借方

余额，应在资产负债表“预付款项”项目内填列。（　）

8. “预付账款”科目所属各明细科目期末有贷方余额的，应在资产负债表“应收账款”项目内填列。（　）

9. 现金流量划分为经营活动产生的现金流量、投资活动产生的现金流量和筹资活动产生的现金流量三类。（　）

10. 所有者权益变动表是指反映构成所有者权益各组成部分当期增减变动情况的报表。（　）

11. 资产负债表中“开发支出”项目的金额，应当根据“研发支出——费用化支出”科目的余额填列。（　）

四、会计实务题

1. 目的：编制资产负债表。

资料：长城公司 2019 年 12 月 31 日的有关资料。

(1) 有关账户期末余额资料表如下：

科目名称	借方余额(元)	贷方余额(元)
库存现金	10 000	
银行存款	57 000	
应收票据	60 000	
应收账款	80 000	
预付账款		30 000
坏账准备——应收账款		5 000
原材料	70 000	
低值易耗品	10 000	
发出商品	90 000	
材料成本差异		55 000
库存商品	100 000	
交易性金融资产	2 000	
固定资产	800 000	
累计折旧		300 000
在建工程	40 000	
无形资产	150 000	
短期借款		10 000
应付账款		70 000
预收账款		10 000
应付职工薪酬	4 000	
应交税费		13 000

续 表

科目名称	借方余额(元)	贷方余额(元)
长期借款		80 000
实收资本		500 000
盈余公积		200 000
未分配利润		200 000

(2) 债权债务明细科目余额。

应收账款明细资料如下:

应收账款——A 公司,借方余额 100 000 元;

应收账款——B 公司,贷方余额 20 000 元。

预付账款明细资料如下:

预付账款——C 公司,借方余额 20 000 元;

预付账款——D 公司,贷方余额 50 000 元。

应付账款明细资料如下:

应付账款——E 公司,贷方余额 100 000 元;

应付账款——F 公司,借方余额 30 000 元。

预收账款明细资料如下:

预收账款——G 公司,贷方余额 40 000 元;

预收账款——H 公司,借方余额 30 000 元。

(3) 长期借款共两笔,均为到期一次性还本付息。金额及期限如下:

从工商银行借入 30 000 元(本利和),期限从 2017 年 6 月 1 日至 2019 年 6 月 1 日;从建设银行借入 50 000 元(本利和),期限从 2018 年 6 月 1 日至 2020 年 6 月 1 日。

要求:编制长城公司 2019 年 12 月 31 日的资产负债表。

2. 目的:编制利润表。

资料:大海公司 2019 年度损益类账户本年累计发生额资料如下表所示。

损益类账户名称	金额(元)
主营业务收入	5 500 000
主营业务成本	3 500 000
税金及附加	70 000
其他业务收入	600 000
其他业务成本	390 000
销售费用	460 000
管理费用	830 000
财务费用	180 000
投资收益	800 000

续表

损益类账户名称	金额(元)
营业外收入	40 000
营业外支出	470 000
所得税费用	330 000

要求:根据所给材料编制大海公司2019年度的利润表。

五、综合案例分析

目的:编制资产负债表、利润表、现金流量表和所有者权益变动表。

资料:甲公司为增值税一般纳税人,2019年适用的增值税税率为16%。原材料和库存商品均按实际成本核算,商品售价不含增值税,其销售成本随销售同时结转。

资料一:2019年9月1日有关账户余额资料如下。

科目名称	借方余额(元)	科目名称	贷方余额(元)
银行存款	1 580 000	应付账款	5 630 000
应收账款	3 500 000	应交税费	250 000
原材料	1 500 000	短期借款	4 000 000
生产成本	1 800 000	坏账准备	175 000
库存商品	2 200 000	累计折旧	550 000
长期股权投资	2 100 000	累计摊销	250 000
固定资产	5 600 000	股本	5 000 000
无形资产	1 000 000	资本公积	500 000
开发支出	100 000	盈余公积	1 200 000
		未分配利润	1 825 000
合　计	19 380 000	合　计	19 380 000

资料二:2019年9月甲公司发生交易或事项如下。

(1) 9月购买原材料货款共计700万元,增值税进项税额为102万元。到9月30日公司尚有234万元款项未支付,其余款项已用银行存款支付。

(2) 本月生产产品的过程中,生产领用原材料750万元,生产工人工资50万元和车间管理人员工资12万元(以银行存款支付),车间的水电煤等费用10万元(以银行存款支付),车间固定资产的折旧费用3万元。本月完工产品成本为790万元。

(3) 9月1日,对A公司销售商品一批,增值税专用发票注明销售价格为500万元,增值税税额为80万元。提货单和增值税专用发票已交A公司,A公司已承诺付款。该批产品的实际成本为320万元。9月19日收到A公司支付的款项,存入银行。

(4) 9月30日,该公司转让一台不需用的设备,该设备原值50万元,已提折旧10万元,取得转让收入30万元,并支付清理费用和相关税费3万元,款项均已通过银行存款收付。

(5) 9月30日，该公司引进新的投资者，共计发行股份100万股，每股面值1元，共募集资金220万元，存入银行。

(6) 为开发新产品，本月又投入研究开发支出15万元，全部以银行存款支付，其中5万元开发支出符合资本化的条件。

(7) 为了推广产品，投入10万元在电视台和报纸上做广告，以银行存款支付。

(8) 以银行存款支付企业管理人员工资20万元，支付差旅费和办公费用等5万元。

(9) 本月管理部门计提固定资产折旧费用5万元，无形资产摊销费用2万元。

(10) 本月计提的短期借款利息费用2万元。

(11) 月末该公司按应收账款期末余额的5%计提坏账准备。

(12) 计算得到本月应缴纳的消费税2万元。

(13) 月末该公司按25%的所得税税率计算所得税费用。

要求：

(1) 编制该公司9月发生的上述经济业务的会计分录。

(2) 编制该公司9月30日的资产负债表、9月的利润表、现金流量表和所有者权益变动表。

第八章

财务报表分析

第一节　财务报表分析概述

一、财务报表分析的含义

企业定期编制的财务报表通常能够概括地反映一个企业一定时期的财务状况、经营成果和现金流量状况的通用的会计信息。财务报表所提供的信息能使投资者、债权人、管理者及其他报表用户对企业的基本状况有一个初步认识，但由于各报表使用者的决策类型不同，所需信息的侧重点也有所差异，如果信息使用者仅获得了一般常用的财务报表资料是不够的。要想对报表所披露的内容做深入了解，使报表所披露的信息能真正有助于报表使用者，需对报表所披露的数据做进一步的加工，进行分析、比较，以解释、评价、预测企业的偿债能力、获利能力、投资报酬运营能力及发展能力等。这种对财务报表的进一步加工或运用过程便是通常所说的财务报表分析。

财务报表分析的概念有狭义与广义之分。狭义的概念是指以企业报表为主要依据，有重点、有针对性地对其有关项目及其质量加以分析考察，对企业的财务状况、经营成果进行评价和剖析，以反映企业在运营过程中的利弊得失、财务状况及发展趋势，为报表使用者的经济决策提供重要信息支持的一种分析活动。广义的概念是在狭义概念上加入公司概况分析、企业优势分析、企业发展前景分析以及证券市场分析等。

二、财务报表分析的目的

财务报表分析从其主体看，包括投资者进行的财务报表分析，经营者进行的财务报表分析，债权者进行的财务报表分析，以及其他相关经济组织或个人所进行的财务报表分析。研究财务报表分析的目的可以从以下方面进行。

（一）从企业股权投资者角度看财务报表分析的目的

企业的股权投资者包括企业的所有者及潜在投资者，他们进行财务分析的根本目的是为了了解企业的盈利能力状况。盈利能力是投资者资本保值和增值的关键,但是投资者仅关心盈利能力是不够的,为了确保资本保值增值,他们还应研究企业的权益结构、支付能力及营运状况等。只有认为企业具有良好的发展前景,所有者才会保持或增加投资,潜在投资者才会把资金投向企业,否则,所有者将可能抛售股权,潜在投资者将会转向其他企业投资。此外,财务报表分析也能评价企业经营者的经营业绩,发现经营过程中的问题,为企业未来发展指明方向。

(二)从企业债权者角度看财务报表分析的目的

企业债权者包括向企业提供借款的银行和金融机构,以及购买企业债券的单位、个人等。债权者进行报表分析的目的与经营者和投资者不同,银行等债权人一方面从其自身经营或收益目的出发愿意将资金贷给企业,另一方面又要非常小心地观察和分析该企业有无违约或破产清算的可能性。通常,银行、金融机构及其他债权人不仅要求本金能及时收回,而且要求得到相应的报酬或收益,收益的大小又与其承担的风险程度相适应,一般情况下偿还期越长,风险越大。因此,从债权者角度进行财务报表分析的主要目的,一方面看其对企业的借款或其他债权是否能及时、足额收回,即研究企业债偿能力的大小;另一方面看债务者的收益状况与风险程度是否相适应,因此,应将偿债能力分析与盈利能力分析相结合。

(三)从企业经营者角度看财务报表分析的目的

企业经营者主要包括企业的经理及各分厂、部门、车间等的管理人员,他们进行报表分析的目的是综合的、多方面的。出于对所有者负责的角度,经营者也关心盈利能力,这是他们的总体目标。但在财务报表分析中,他们关心的不仅仅是盈利的结果,而且包括盈利的原因及过程,他们通常会进行资产结构分析、营运状况与效率分析、经营风险与财务风险分析、支付能力与偿债能力分析等。经营者分析的目的是及时发现生产经营过程中存在的问题与不足,并采取有效措施解决,使企业用现有资源盈利更多,且盈利能力保持持续增长。

(四)财务报表分析的其他目的

其他财务报表分析的主体或服务对象主要包括与企业经营有关的企业单位和国家行政管理与监督部门。与企业经营有关的企业单位主要指材料供应商、产品购买者等。这些企业单位出于保护自身利益的需要,非常关心有业务往来企业的财务状况,因此他们会进行财务报表分析。他们进行财务报表分析的主要目的在于搞清企业的信用状况,包括商业上的信用和财务上的信用。商业信用指按时、按质完成各种交易;财务信用指及时清算各种欠款。

国家行政管理与监督部门主要指工商、物价、财政、税务及审计等部门。他们进行报表分析的目的,一方面是监督、检查党和国家的各项经济政策、法律法规、制度在企业的执行情况;另一方面是保证企业财务会计信息和财务分析报告的真实性、准确性,为宏观决策提供可靠信息。

第二节　财务报表分析的基本方法

财务报表分析的方法种类很多，比较常见的有比较分析法、因素分析法等。不同报表分析者由于分析目的不同，其采用的分析方法也不同。本节介绍几种常用的报表分析方法。

一、比较分析法

比较分析法是按照特定的指标体系将客观事物加以比较，从而认识事物本质及规律，并做出正确的评价。报表的比较分析法，是指对两个或两个以上可比数据进行对比，找出企业财务状况、经营成果中的差异与问题。

根据比较对象的不同，比较分析法分为趋势分析、横向分析、预算差异分析。

(1) 与本企业历史的比较分析，即本企业不同时期指标相比，称为趋势分析。

(2) 本企业与同类企业的比较分析，即与行业平均水平或竞争对手进行比较，称为横向分析。

(3) 本企业实际数与预算数的比较分析，即实际执行结果与计划预算指标的比较，称为预算差异分析。

比较分析法还可以按比较内容进行分类：

(1) 会计要素总量比较分析。总量是指报表项目的总金额，如资产总额、利润总额等。总量比较主要将不同时期财务报表中的相同指标或比率进行纵向比较，如研究利润的逐年变化趋势，观察其增长潜力。有时也会用于同业比较，分析企业相对规模和竞争地位的变化。

(2) 结构百分比比较分析。结构百分比比较分析是以财务报表中的某个总体指标作为100%，再计算出各组成项目占该总体指标的百分比，从而将资产负债表、利润表、现金流量表转换成结构百分比报表。例如，假定收入为100%，分析利润表各项目的比重。结构百分比报表用于发现占比不合理的项目，揭示进一步分析的方向。

(3) 财务比率比较分析。比率分析法是通过计算各种比率指标来确定财务活动变动程度的方法。因为财务比率是相对数，其排除了规模的影响，因而具有较好的可比性，经常用于比较分析，考察企业发展趋势、预测发展情景。值得关注的是财务比率的计算比较简单，而对其加以说明和解释却比较复杂和困难。

二、因素分析法

因素分析法是依据分析指标与其影响因素的关系，从数量上确定各因素对分析指标影响方向和影响程度的一种方法。具体可分为两种：连环替代法和差额分析法。

（一）连环替代法

连环替代法是依据财务指标与其驱动因素之间的关系，从数量上确定各因素对指标影响程度的一种方法。该方法将财务指标分解为各个可以量化的因素，并根据各个因素之间的依存关系，顺次用各因素的比较值(如采用实际值)替代基准值(如采用标准值或计划值)，据以测定各因素对分析指标的影响。

连环替代法通常分为四个步骤，第一步确定分析对象，即确定需要分析的财务指标，比较其实际数额和标准数额(如计划数额)，计算出两者的差额；第二步确定该财务指标的驱动因素，即根据该财务指标的内在逻辑关系，建立该财务指标与各驱动因素之间的函数关系模型；第三步确定驱动因素的替代顺序；第四步按顺序计算各驱动因素脱离标准的差异对财务指标的影响。

【例 8－1】 某企业 2019 年 10 月某种原材料费用的实际数是 4 620 元，而其计划数是 4 000元。实际比计划增加 620 元。由于原材料费用是由产品产量、单位产品材料消耗量和材料单价三个因素的乘积组成，因此可以把材料费用这一总指标分解为三个因素，然后逐个来分析它们对材料费用总额的影响程度。现假设这三个因素的数值如表 8－1 所示。

表 8－1　各因素数值

项　目	单　位	计划数	实际数	差　异
产品产量	件	100	110	10
单位产品材料消耗量	千克	8	7	−1
材料单价	元	5	6	1
材料费用总额	元	4 000	4 620	620

根据表 8－1 的数据，材料费用总额实际数较计划数增加 620 元，这是分析对象。运用连环替代法，可以计算各因素变动对材料费用总额的影响，具体如下：

计划指标：100×8×5＝4 000(元)　①

第一次替代：110×8×5＝4 400(元)　②

第二次替代：110×7×5＝3 850(元)　③

第三次替代：110×7×6＝4 620(元)　④

各因素变动的影响程度分析：

②－①＝4 400－4 000＝400(元)　产量增加的影响

③－②＝3 850－4 400＝－550(元)　材料节约的影响

④－③＝4 620－3 850＝770(元)　价格提高的影响

400－550＋770＝620(元)　全部因素的影响

(二) 差额分析法

差额分析法是连环替代法的一种简化形式，是利用各个因素的比较值与基准值之间的差额，来计算各因素对分析指标的影响。

【例 8－2】 沿用【例 8－1】中的资料。可采用差额分析法计算确定各因素变动对材料费用的影响。

(1) 由于产量增加对材料费用的影响为:(110−100)×8×5=400(元)

(2) 由于材料节约对材料费用的影响为:110×(7−8)×5=−550(元)

(3) 由于价格提高对材料费用的影响为:110×7×(6−5)=770(元)

企业是一个有机整体,每个财务指标的高低都可能受其他因素的驱动。从数量上测定各因素的影响程度,有助于抓住主要矛盾,更有说服力地评价企业经营状况。财务分析的核心目的是分析差异产生的原因,因素分析法提供了定量解释差异成因的工具。

采用因素分析法时,必须注意以下问题:

(1) 因素分解的关联性。构成经济指标的因素,必须客观上存在因果关系,并能够反映形成该项指标差异的内在构成原因,否则就失去了应用价值。

(2) 因素替代的顺序性。确定替代因素时,必须根据各因素的依存关系,遵循一定的顺序并依次替代,不可随意加以颠倒,否则就会得出不同的计算结果。

(3) 顺序替代的连环性。采用因素分析法,在计算每一因素变动的影响时,都是在前一次计算的基础上进行,并采用连环比较的方法确定因素变化的影响结果。

(4) 计算结果的假定性。由于采用因素分析法计算的各因素变动的影响数会因替代顺序不同而有差别,因此计算结果难免带有假定性,即它不可能使每个因素计算的结果都达到绝对的准确。为此,分析时应力求使这种假定合乎逻辑,具有实际经济意义。这样,计算结果的假定性才不至于妨碍分析的有效性。

第三节 财务比率分析的常用指标

财务报表分析使用的主要资料是对外发布的财务报表,财务报表中含有大量数据,可以用于计算与公司有关的财务比率。为便于说明,本章各项财务比率的计算以亿优公司的财务报表数据为例。该公司 2019 年资产负债表、利润表和现金流量表,如表 8-2、表 8-3 和表 8-4 所示。为简化计算,列举的数据都是假设的。

表 8-2 资产负债表

编制单位:亿优公司　　2019 年 12 月 31 日　　货币单位:万元

资　产	期末余额	年初余额	负债和股东权益	期末余额	年初余额
流动资产:			流动负债:		
货币资金	520	270	短期借款	620	470
交易性金融资产	80	140	交易性金融负债		
衍生金融资产			衍生金融负债		
应收票据及应收账款	4 100	2 140	应付票据及应付账款	1 090	1 170
预付款项	140	60	预收款项	120	60
其他应收款	240	240	合同负债		

续　表

资　产	期末余额	年初余额	负债和股东权益	期末余额	年初余额
存货	1 210	3 280	应付职工薪酬	180	210
合同资产			应交税费	110	140
持有待售资产			其他应付款	590	360
一年内到期的非流动资产	470	0	持有待售负债		
其他流动资产	420	130	一年内到期的非流动负债	520	0
流动资产合计	7 180	6 260	其他流动负债	50	70
非流动资产：			流动负债合计	3 280	2 480
债权投资			非流动负债：		
其他债权投资			长期借款	4 520	2 470
长期应收款			应付债券	2 420	2 620
长期股权投资	320	470	其中：优先股		
其他权益工具投资			永续债		
其他非流动金融资产			长期应付款		
投资性房地产			预计负债		
固定资产	12 380	9 690	递延收益		
在建工程	200	370	递延所得税负债		
生产性生物资产			其他非流动负债	720	770
油气资产			非流动负债合计	7 660	5 860
无形资产	200	240	负债合计	10 940	8 340
开发支出			股东权益：		
商誉			股本	6 000	6 000
长期待摊费用			其他权益工具		
递延所得税资产	70	170	其中：优先股		
其他非流动资产	50	0	永续债		
非流动资产合计	13 220	10 940	资本公积	180	120
			减：库存股		
			其他综合收益		
			盈余公积	760	420
			未分配利润	2 520	2 320
			股东权益合计	9 460	8 860
资产总计	20 400	17 200	负债和股东权益总计	20 400	17 200

表 8－3　利润表

编制单位:亿优公司　　2019 年　　货币单位:万元

项　目	本年金额	上年金额
一、营业收入	30 020	28 520
减:营业成本	26 460	25 050
税金及附加	300	300
销售费用	240	220
管理费用	480	420
研发费用		
财务费用	1 120	980
其中:利息费用	1 120	980
利息收入		
资产减值损失		
信用减值损失		
加:其他收益		
投资收益(损失以“－”号填列)	420	260
其中:对联营企业和合营企业的投资收益		
净敞口套期收益(损失以“－”号填列)		
公允价值变动收益(损失以“－”号填列)	220	380
资产处置收益(损失以“－”号填列)		
二、营业利润(亏损以“－”号填列)	2 060	2 190
加:营业外收入	120	190
减:营业外支出	220	70
三、利润总额(亏损总额以“－”号填列)	1 960	2 310
减:所得税费用	660	770
四、净利润(净亏损以“－”号填列)	1 300	1 540
(一) 持续经营净利润(净亏损以“－”号填列)		
(二) 终止经营净利润(净亏损以“－”号填列)		
五、其他综合收益的税后净额		
(一) 不能重分类进损益的其他综合收益		
1. 重新计量设定受益计划变动额		
2. 权益法下不能转损益的其他综合收益		
3. 其他权益工具投资公允价值变动		
4. 企业自身信用风险公允价值变动		

续　表

项　目	本年金额	上年金额
（二）将重分类进损益的其他综合收益		
1. 权益法下可转损益的其他综合收益		
2. 其他债权投资公允价值变动		
3. 金融资产重分类计入其他综合收益的金额		
4. 其他债权投资信用减值准备		
5. 现金流量套期储备		
6. 外币财务报表折算差额		
六、综合收益总额	1 300	1 540
七、每股收益		
（一）基本每股收益	略	略
（二）稀释每股收益	略	略

表 8－4　现金流量表

编制单位：亿优公司　　　2019 年　　　货币单位：万元

项　目	本年金额	上年金额（略）
一、经营活动产生的现金流量		
销售商品、提供劳务收到的现金	26 050	
收到的税费返还		
收到的其他与经营活动有关的现金	10	
经营活动现金流入小计	26 060	
购买商品、接受劳务支付的现金	24 554	
支付给职工以及为职工支付的现金	424	
支付的各项税费	591	
支付其他与经营活动有关的现金	14	
经营活动现金流出小计	25 583	
经营活动产生的现金流量净额	477	
二、投资活动产生的现金流量		
收回投资收到的现金		
取得投资收益收到的现金	88	
处置固定资产、无形资产和其他长期资产收回的现金净额		
处置子公司及其他营业单位收到的现金净额		
收到其他与投资活动有关的现金		

续 表

项　目	本年金额	上年金额(略)
投资活动现金流入小计	88	
购建固定资产、无形资产和其他长期资产支付的现金	2 310	
投资支付的现金		
取得子公司及其他营业单位支付的现金净额		
支付其他与投资活动有关的现金		
投资活动现金流出小计	2 310	
投资活动产生的现金流量净额	−2 222	
三、筹资活动产生的现金流量		
吸收投资收到的现金		
取得借款收到的现金	2 200	
收到其他与筹资活动有关的现金		
筹资活动现金流入小计	2 200	
偿还债务支付的现金	20	
分配股利、利润或偿付利息支付的现金	170	
支付其他与筹资活动有关的现金	15	
筹资活动现金流出小计	205	
筹资活动产生的现金流量净额	1 995	
四、汇率变动对现金及现金等价物的影响		
五、现金及现金等价物净增加额	250	
加:期初现金及现金等价物余额	270	
六、期末现金及现金等价物余额	520	

一、偿债能力比率

偿债能力通常以变现性作为衡量标准,分为短期偿债能力和长期偿债能力。企业偿还各种到期债务的能力大小,是决定企业财务状况优劣的基本要素之一,反映了企业财务状况的稳定性与企业生产经营的发展趋势。

(一) 短期偿债能力比率

短期偿债能力是企业以其流动资产支付短期负债的能力。短期偿债能力有两种衡量方法:一种是可偿债资产与短期债务的存量比较;另一种是经营活动现金流量净额与流动负债的比值(现金流量比率)。

1. 可偿债资产与短期债务的存量比较

可偿债资产的存量,是指资产负债表中流动资产期末余额。短期债务的存量,是指资产负债表中流动负债期末余额。流动资产是指企业将在一年或一个营业周期内消耗或转变为现金的资产。流动负债是指企业需在一年或一个营业周期内偿还的债务。两者的比较可以反映短期偿债能力。

流动资产与流动负债的存量有两种比较方法：一种是差额比较，流动资产减流动负债的差额称为营运资本；另一种是比率比较，流动资产与流动负债之比称为短期债务的存量比率。

(1) 营运资本。

营运资本是指流动资产超过流动负债的部分。其计算公式如下：

营运资本＝流动资产－流动负债

根据亿优公司的财务报表数据：

本年营运资本＝7 180－3 280＝3 900(万元)

上年营运资本＝6 260－2 480＝3 780(万元)

计算营运资本使用的"流动资产"和"流动负债"数据，通常可以直接取自资产负债表。资产负债表的资产和负债分为流动项目和非流动项目，并按流动性强弱排序，可以方便地计算营运资本和分析流动性。

营运资本越多则偿债越有保障。当流动资产大于流动负债时，营运资本为正，说明企业财务状况稳定，偿债风险较小；相反，当流动资产小于流动负债时，营运资本为负，此时，企业不能偿债的风险很大。

营运资本是绝对数，不便于不同历史时期及不同企业之间的比较。例如，A 公司的营运资本为 400 万元(流动资产 600 万元，流动负债 200 万元)，B 公司的营运资本与 A 相同，也是 400 万元(流动资产 2 400 万元，流动负债 2 000 万元)。但是，它们的偿债能力显然不同。A 公司的偿债能力明显好于 B 公司，因为 A 公司的营运资本占流动资产的 2/3，而 B 公司的营运资本仅占流动资产的 1/6。

因此，在实务中很少直接使用营运资本作为偿债能力指标，偿债能力更多是通过债务的存量比率来进行评价。

(2) 短期债务的存量比率。

短期债务的存量比率包括流动比率、速动比率和现金比率。

① 流动比率。流动比率是企业流动资产与流动负债之比，其计算公式为：

流动比率＝流动资产÷流动负债

根据亿优公司的财务报表数据：

年初流动比率＝6 260÷2 480＝2.524

年末流动比率＝7 180÷3 280＝2.189

流动比率假设全部流动资产都可用于偿还流动负债，表明每 1 元流动负债有多少流动资产作为保障。通常流动比率越大，短期偿债能力越强。亿优公司的流动比率降低了 0.335(＝2.524－2.189)，即为每 1 元流动负债提供的流动资产保障减少了 0.335 元。

流动比率是相对数，排除了企业规模的影响，更适合同业比较以及本企业不同历史时期的比较。此外,由于流动比率计算简单,因而被广泛应用。

但是,需要提醒注意的是,不存在统一、标准的流动比率数值。不同行业的流动比率,通常有明显差别。营业周期越短的行业,合理的流动比率可能越低。

如果流动比率相对上年发生较大变动,或与行业平均值出现重大偏离,就应对构成流动比率的流动资产和流动负债的各项目逐一分析,寻找形成差异的原因。为了考察资产的变现能力,有时还需要分析其周转率。

② 速动比率。速动资产与流动负债的比值,称为速动比率,又称为酸性测试比率,其计算公式如下:

速动比率=速动资产÷流动负债

速动资产是指几乎可以立即变现用来偿付流动负债的那些资产,一般包括货币资金、交易性金融资产和各种应收款项等。另外的流动资产包括存货、预付款项、一年内到期的非流动资产及其他流动资产等,称为非速动资产。

非速动资产的变现金额和时间具有较大的不确定性:存货是流动资产中变现速度最慢的资产,而且存货在销售时受到市场价格的影响,使其变现价值带有很大的不确定性,在市场萧条或产品不对路的情况下,又可能成为滞销货而无法转换为现金。至于预付账款,本质上属于预付费用,只能减少企业未来时期的现金支出,其流动性实际上是很低的。一年内到期的非流动资产和其他流动资产的金额有偶然性,不代表正常的变现能力。因此,将可偿债资产定义为速动资产,计算与短期债务的存量比率更可信。

根据亿优公司的财务报表数据:

年初速动比率=(270+140+2 140+240)÷2 480=1.125

年末速动比率=(520+80+4 100+240)÷3 280=1.506

速动比率假设速动资产是可偿债资产,表明每1元流动负债有多少速动资产作为偿债保障。亿优公司的速动比率比提高了0.381(=1.506-1.125),说明为每1元流动负债提供的速动资产保障增加了0.381元。

同流动比率,不同行业的速动比率差别很大。例如,大量现销的商店几乎没有应收款项,速动比率低于1亦属正常。相反的情况,一些应收款项较多的企业,速动比率可能要大于1。

③ 现金比率。现金与流动负债的比值称为现金比率,现金比率的计算公式如下:

现金比率=货币资金÷流动负债

速动资产中,流动性最强、可直接用于偿债的是现金。与其他速动资产不同,现金本身可以直接偿债,而其他速动资产需要等待不确定的时间,才能转换为不确定金额的现金。

根据亿优公司的财务报表数据:

年初现金比率=270÷2 480=0.109

年末现金比率=520÷3 280=0.159

现金比率表明1元流动负债有多少现金作为偿债保障。亿优公司的现金比率提高了

0.05(=0.159−0.109)，说明企业为每1元流动负债提供的现金保障增加了0.05元。

2. 现金流量比率

经营活动现金流量净额与流动负债的比值，称为现金流量比率。计算公式如下：

现金流量比率＝经营活动现金流量净额÷流动负债

根据亿优公司的财务报表数据：

年末现金流量比率＝477÷3 280＝0.145

上述公式中的“经营活动现金流量净额”，通常使用现金流量表中的“经营活动产生的现金流量净额”。它代表企业创造现金的能力，且已经扣除了经营活动自身所需的现金流出，是可以用来偿债的现金流量。

通常该比率中的流动负债采用期末数而非平均数，因为实际需要偿还的是期末金额，而非平均金额。

现金流量比率表明每1元流动负债的经营活动现金流量保障程度。该比率越高，偿债能力越强。

用经营活动现金流量净额代替可偿债资产存量，将其与流动负债进行比较以反映偿债能力，更具说服力。这是因为一方面它克服了可偿债资产未考虑未来变化及变现能力等问题；另一方面，实际用以支付债务的通常是现金而不是其他资产。

（二）长期偿债能力比率

长期偿债能力是企业以其资产或劳务偿还长期负债的能力。企业在长期内，不仅需要偿还流动负债，还需要偿还非流动负债，因此，长期偿债能力衡量的是企业对所有负债的清偿能力。衡量长期偿债能力的财务比率，也分为存量比率和流量比率两类。

1. 总债务存量比率

长期来看，所有债务都要偿还。因此长期偿债能力比率考察的是企业资产、负债和所有者权益之间的关系。其财务指标主要有四个：资产负债率、产权比率、权益乘数和长期资本负债率。

(1) 资产负债率。

资产负债率是企业负债总额与资产总额的百分比，其计算公式如下：

资产负债率＝(负债总额÷资产总额)×100%

根据亿优公司的财务报表数据：

年初资产负债率＝(8 340÷17 200)×100%＝48.49%

年末资产负债率＝(10 940÷20 400)×100%＝53.63%

资产负债率反映总资产中有多大比例是通过负债取得的，可以衡量企业清算时对债权人权益的保障程度。当资产负债率高于50%时，表明企业资产来源主要是负债，财务风险较大；当资产负债率低于50%时，表明企业资产的主要来源是所有者权益，财务状况比较稳健。资产负债率越低，表明企业资产对负债的保障能力越高，企业的长期偿债能力越强。资产负债率还代表企业的举债能力。一个企业的资产负债率越低,举债越容易。如果资产负债率高到一定程度,财务风险很高,就无人愿意提供贷款了。

(2) 产权比率。

产权比率是负债总额与所有者权益之比,它是企业财务结构稳健与否的重要标志。其计算公式如下:

产权比率=负债总额÷股东权益×100%

根据亿优公司的财务报表数据:

年初产权比率=8 340÷8 860×100%=94.13%

年末产权比率=10 940÷9 460×100%=115.64%

产权比率表明每1元股东权益配套的总负债的金额,反映了由债务人提供的资本与所有者提供的资本的相对关系,即企业财务结构是否稳定;而且反映了债权人资本受股东权益保障的程度。通常情况下,这一比率越低,表明企业长期偿债能力越强,债权人权益保障程度越高。亿优公司年末的产权比率有所提高,表明年末公司举债经营程度提高,财务风险有所加大。

(3) 权益乘数。

权益乘数是总资产与股东权益的比值。其计算公式如下:

权益乘数=总资产÷股东权益

根据亿优公司的财务报表数据:

年初权益乘数=17 200÷8 860=1.941

年末权益乘数=20 400÷9 460=2.156

权益乘数表明股东每投入1元钱可实际拥有和控制的资产金额。在企业存在负债的情况下,权益乘数大于1。企业负债比例越高,权益乘数越大。产权比率和权益乘数是资产负债率的另外两种表现形式,是常用的反映财务杠杆水平的指标。

(4) 长期资本负债率。

长期资本负债率是指非流动负债占长期资本的百分比。其计算公式如下:

长期资本负债率=[非流动负债÷(非流动负债+股东权益)]×100%

根据亿优公司的财务报表数据:

年初长期资本负债率=[5 860÷(5 860+8 860)]×100%=39.81%

年末长期资本负债率=[7 660÷(7 660+9 460)]×100%=44.74%

长期资本负债率是反映公司资本结构的一种形式。由于流动负债的金额经常变化,非流动负债较为稳定,资本结构通常使用长期资本结构衡量。

2. 总债务流量比率

(1) 利息保障倍数。

利息保障倍数是指企业息税前利润与全部利息费用之比,用以衡量企业偿付借款利息的能力。其计算公式如下：

利息保障倍数＝息税前利润÷利息费用
＝(净利润＋利息费用＋所得税费用)÷利息费用

分子中的“利息费用”是指计入本期利润表中财务费用的利息费用；分母中的“利息费用”是指本期的全部应付利息，不仅包括利润表中财务费用的利息费用，还包括计入资产负债表固定资产等成本的资本化利息。

根据亿优公司的财务报表数据，假定表中财务费用全部为利息费用，资本化利息为0，则亿优公司的利息保障倍数为：

上年利息保障倍数＝(1 540＋980＋770)÷980＝3.357

本年利息保障倍数＝(1 300＋1 120＋660)÷1 120＝2.75

长期债务通常不需要每年还本，但往往需要每年付息。利息保障倍数表明每1元利息费用有多少倍的息税前利润作为偿付保障，它反映支付利息的利润来源与利息支出之间的关系，利息保障倍数越大，利息支付越有保障。如果利息支付尚且缺乏保障，归还本金就更难指望。因此，利息保障倍数可以反映长期偿债能力。

如果利息保障倍数小于1，表明自身产生的经营收益不能支持现有规模的债务。利息保障倍数等于1也很危险，因为息税前利润受经营风险的影响，很不稳定，但支付利息却是固定的。利息保障倍数越大，企业拥有的偿还利息的缓冲效果越好。

(2) 现金流量利息保障倍数。

现金流量利息保障倍数，是指经营活动现金流量净额与利息费用之比。其计算公式如下：

现金流量利息保障倍数＝经营活动现金流量净额÷利息费用

分母的“利息费用”，是指本期发生的全部应付利息，包括财务费用中的利息费用，还包括计入固定资产等成本的资本化利息费用。

根据亿优公司的财务报表数据，假定表中财务费用全部为利息费用，资本化利息为0，则亿优公司的现金流量利息保障倍数为：

本年现金流量利息保障倍数＝477÷1 120＝0.426

现金流量利息保障倍数是现金基础的利息保障倍数，表明每1元利息费用有多少倍的经营活动现金流量净额作为支付保障。它比利润基础的利息保障倍数更加可靠，因为实际用以支付利息的是现金，而不是利润。

(3) 现金流量与负债比率。

现金流量与负债比率，是指经营活动现金流量净额与负债总额的比率。其计算公式如下：

现金流量与负债比率＝(经营活动现金流量净额÷负债总额)×100%

根据亿优公司的财务报表数据：

本年现金流量与负债比率＝(477÷10 940)×100%＝4.36%

一般来讲，该比率中的负债总额采用期末数而非平均数，因为实际需要偿还的是期末金额，而非平均金额。

该比率表明企业用经营活动现金流量净额偿付全部债务的能力。比率越高，偿还负债总额的能力越强。

二、营运能力比率

营运能力主要指企业营运资产的效率与效益，营运资产的效率通常指资产的周转速度。营运能力比率是衡量企业资产管理效率的财务比率。常用的财务比率有：应收账款周转率、存货周转率、流动资产周转率、营运资本周转率、非流动资产周转率和总资产周转率等。

（一）应收账款周转率

1. 计算方法

应收账款在流动资产中具有举足轻重的地位，及时收回应收账款，不仅可以增强企业的短期偿债能力，也反映出企业管理应收账款的效率。反映应收账款周转情况的指标有应收账款周转次数、应收账款周转天数和应收账款与收入比三种形式，计算公式分别如下：

应收账款周转次数＝营业收入÷应收账款

应收账款周转天数＝365÷(营业收入÷应收账款)

应收账款与收入比＝应收账款÷营业收入

根据亿优公司的财务报表数据：

本年应收账款周转次数＝30 020÷4 100＝7.32(次/年)

本年应收账款周转天数＝365÷(30 020÷4 100)＝49.85(天/次)

本年应收账款与收入比＝4 100÷30 020×100％＝13.66％

应收账款周转次数，表明1年中应收账款收回的次数，或者说每1元应收账款投资支持的营业收入。应收账款周转天数指应收账款周转一次(从销售开始到收回现金)所需要的时间。应收账款与收入比，则表明每1元营业收入所需要的应收账款投资。

2. 在计算和使用应收账款周转率时应注意的问题

(1) 营业收入指扣除销售折扣和折让后的销售净额。从理论上讲，应收账款是由赊销引起的，其对应的收入应为赊销收入，并非全部销售收入。但赊销数据难以取得，且可以假设现金销售是收账时间为零的应收账款，只要保持计算口径的一致性，使用销售净额不影响分析。通常情况下，销售收入数据直接使用利润表中的“营业收入”。

(2) 应收账款期末余额的可靠性问题。应收账款是特定时点的存量，容易受季节性、偶然性和人为因素影响。在用应收账款周转率进行业绩评价时，可以使用期初和期末的平均数，或者使用多个时点的平均数，以减少上述因素的影响。

(3) 应收账款的坏账准备问题。应收账款在财务报表中按扣除坏账准备后的净额列示,而营业收入并未相应减少。其结果是,计提坏账准备越多,应收账款周转次数越多、周转天数越少。这种周转次数增加、天数减少不是业绩改善的结果,反而说明应收账款管理欠佳。如果坏账准备的金额较大,就应进行调整,或者使用未计提坏账准备的应收账款进行计算。可依据报表附注中披露的应收账款坏账准备信息进行调整。

(4) 应收票据是否计入应收账款周转率。大部分应收票据是赊销形成的,是应收账款的另一种形式,应将其纳入应收账款周转率的计算。

(5) 应收账款周转天数是否越少越好。应收账款是赊销引起的,如果赊销有可能比现销更有利,周转天数就不是越少越好。此外,收现时间的长短与公司的信用政策有关。例如,甲公司的应收账款周转天数是 25 天,信用期是 30 天;乙公司的应收账款周转天数是 22 天,信用期是 20 天。前者的收款业绩优于后者,尽管其周转天数较多。改变信用政策,通常会引起公司应收账款周转天数的变化。

总而言之,应当深入应收账款内部进行分析,并应注意应收账款与其他指标的联系,才能正确使用应收账款周转率,用于有关评价。

(二) 存货周转率

1. 计算方法

在流动资产中,存货所占比重较大,存货的流动性将直接影响企业的流动比率。对存货周转率的分析可以通过存货周转次数、存货周转天数及存货与收入比三个指标来进行反映,计算公式分别如下:

$$存货周转次数=营业收入÷存货$$

$$存货周转天数=365÷(营业收入÷存货)$$

$$存货与收入比=存货÷营业收入$$

根据亿优公司的财务报表数据:

本年存货周转次数=30 020÷1 210=24.81(次/年)

本年存货周转天数=365÷(30 020÷1 210)=14.71(天/次)

本年存货与收入比=1 210÷30 020×100%=4.03%

存货周转次数,表明 1 年中存货周转的次数;存货周转天数表明存货周转一次需要的时间。存货与收入比,表明每 1 元营业收入需要的存货投资。

2. 在计算和使用存货周率时应注意的问题

(1) 计算存货周转率时,使用"营业收入"还是"营业成本"作为周转额,要看分析的目的。在短期偿债能力分析中,为了评估资产的变现能力需要计量存货转换为现金的金额和时间,应采用"营业收入"。在分解总资产周转率时,为系统分析各项资产的周转情况并识别主要的影响因素,应统一使用"营业收入"计算周转率。如果是为了评估存货管理的业绩,应当使用"营业成本"计算存货周转率,使其分子和分母保持口径一致。实际上,两种周转率的差额是毛利引起的,用哪一个计算方法都能达到分析目的。

(2) 存货周转天数并不是越少越好。存货过多会浪费资金,存货过少不能满足流转的需要,在特定生产经营条件下存在一个最佳的存货水平。

(3) 应注意应付账款、存货和应收账款(或营业收入)之间的关系。一般来说,销售增加会拉动应收账款、存货、应付账款增加,不会引起周转率的明显变化。但是,当企业接受一个大订单时,通常要先增加存货,然后推动应付账款增加,最后才引起应收账款(营业收入)增加。因此,在该订单没有实现销售以前,先表现为存货等周转天数增加。这种周转天数增加,没有什么不好。与此相反,预见到销售会萎缩时,通常会先减少存货,进而引起存货周转天数等下降。这种周转天数下降,不是什么好事,并非资产管理改善。因此,任何财务分析都以认识经营活动本质为目的,不可根据数据高低做简单结论。

(4) 应关注构成存货的原材料、在产品、半成品、产成品及低值易耗品之间的比例关系。企业应将各类存货的明细资料及存货重大变动的解释在报表附注中披露。如果产成品大量增加,其他项目减少,很可能是销售不畅,放慢了生产节奏。此时,总的存货金额可能并没有显著变动,甚至尚未引起存货周转率的显著变化。因此,在财务分析时既要重点关注变化大的项目,也不能完全忽视变化不大的项目,其内部可能隐藏着重要问题。

(三) 流动资产周转率

流动资产周转率是反映企业流动资产周转速度的指标。它有三种计算方法,计算公式分别如下:

流动资产周转次数=营业收入÷流动资产

流动资产周转天数=365÷(营业收入÷流动资产)

流动资产与收入比=流动资产÷营业收入

根据亿优公司的财务报表数据:

本年流动资产周转次数=30 020÷7 180=4.18(次/年)

本年流动资产周转天数=365÷(30 020÷7 180)=87.30(天/次)

本年流动资产与收入比=7 180÷30 020×100%=23.92%

流动资产周转次数,表明1年中流动资产周转的次数,或者每1元流动资产投资支持的营业收入。流动资产周转天数表明流动资产周转一次需要的时间,也就是流动资产转换成现金平均需要的时间。流动资产与营业收入比,表明每1元销售收入需要的流动资产投资。

(四) 营运资本周转率

营运资本周转率是营业收入与营运资本的比率。它有三种计算方法,计算公式分别如下:

营运资本周转次数=营业收入÷营运资本

营运资本周转天数=365÷(营业收入÷营运资本)

营运资本与收入比＝营运资本÷营业收入

根据亿优公司的财务报表数据：

本年营运资本周转次数＝30 020÷3 900＝7.70(次/年)

本年营运资本周转天数＝365÷(30 020÷3 900)＝47.42(天/次)

本年营运资本与收入比＝3 900÷30 020×100%＝12.99%

营运资本周转次数，表明1年中营运资本周转的次数，或者每1元营运资本投资支持的营业收入。营运资本周转天数表明营运资本周转一次需要的时间，即营运资本转换成现金平均需要的时间。营运资本与营业收入比，则说明每1元营业收入需要投入的营运资本。

（五）非流动资产周转率

非流动资产周转率是营业收入与非流动资产的比率。它有非流动资产周转次数、非流动资产周转天数、非流动资产与营业收入比三种指标，计算公式分别如下：

非流动资产周转次数＝营业收入÷非流动资产

非流动资产周转天数＝365÷(营业收入÷非流动资产)

非流动资产与营业收入比＝非流动资产÷营业收入

根据亿优公司的财务报表数据：

本年非流动资产周转次数＝30 020÷13 220＝2.27(次/年)

本年非流动资产周转天数＝365÷(30 020÷13 220)＝160.74(天/次)

本年非流动资产与营业收入比＝13 220÷30 020×100%＝44.04%

非流动资产周转次数，表明1年中非流动资产周转的次数，或者每1元非流动资产投资支持的营业收入。非流动资产周转天数表明非流动资产周转一次需要的时间，也就是非流动资产转换成现金平均需要的时间。非流动资产与营业收入比，表明每1元营业收入需要的非流动资产投资。

非流动资产周转率反映非流动资产的管理效率，主要用于投资预算和项目管理，以确定投资与竞争战略是否一致，收购或剥离政策是否合理等。

（六）总资产周转率

总资产周转率是营业收入与总资产的比率。它也有三种计算方法，计算公式分别如下：

总资产周转次数＝营业收入÷总资产

总资产周转天数＝365÷(营业收入÷总资产)

总资产与收入比＝总资产÷营业收入

根据亿优公司的财务报表数据：

本年总资产周转次数＝30 020÷20 400＝1.47(次/年)

本年总资产周转天数＝365÷(30 020÷20 400)＝248.03(天/次)

本年总资产与收入比＝20 400÷30 020×100％＝67.95％

总资产周转次数，表明1年中总资产周转的次数，或者每1元总资产投资支持的营业收入。总资产周转天数表明总资产周转一次需要的时间，也就是总资产转换成现金平均需要的时间。总资产与营业收入比，表明每1元营业收入需要的总资产投资。

三、盈利能力比率

(一) 营业净利率

1. 计算方法

营业净利率是净利润与营业收入之比，通常用百分数表示。其计算公式如下：

营业净利率＝(净利润÷营业收入)×100％

根据亿优公司的财务报表数据：

上年营业净利率＝(1 540÷28 520)×100％＝5.40％

本年营业净利率＝(1 300÷30 020)×100％＝4.33％

变动＝4.33％－5.40％＝－1.07％

“净利润”“营业收入”两者相除可以概括公司的全部经营成果。该比率越大，公司的盈利能力越强。

2. 驱动因素

营业净利率的变动，是由利润表各个项目变动引起的。表8-5列示了亿优公司利润表各项目的金额变动和结构变动数据。其中“本年结构”和“上年结构”，是各项目除以当年营业收入得出的百分比；“百分比变动”是指“本年结构”百分比与“上年结构”百分比的差额。该表为利润表的同型报表(又称百分比报表)，它排除了规模的影响，提高了数据的可比性。

表8-5　利润表结构百分比变动

单位：万元

项　目	本年金额	上年金额	变动金额	本年结构(％)	上年结构(％)	百分比变动(％)
一、营业收入	30 020	28 520	1 500	100.00	100.00	0.00
减：营业成本	26 460	25 050	1 410	88.14	87.83	0.31
税金及附加	300	300	0	1.00	1.05	－0.05
销售费用	240	220	20	0.80	0.77	0.03

续　表

项　目	本年金额	上年金额	变动金额	本年结构(%)	上年结构(%)	百分比变动(%)
管理费用	480	420	60	1.60	1.47	0.13
财务费用	1 120	980	140	3.73	3.44	0.29
加:投资收益	420	260	160	1.40	0.91	0.49
公允价值变动收益	220	380	−160	0.73	1.33	−0.60
二、营业利润	2 060	2 190	−130	6.86	7.68	−0.82
加:营业外收入	120	190	−70	0.40	0.67	−0.27
减:营业外支出	220	70	150	0.73	0.25	0.49
三、利润总额	1 960	2 310	−350	6.53	8.10	−1.57
减:所得税费用	660	770	−110	2.20	2.70	−0.50
四、净利润	1 300	1 540	−240	4.33	5.40	−1.07

(1) 金额变动分析。本年净利润减少 240 万元,影响较大的不利因素是营业成本增加 1 410 万元、财务费用增加 140 万元、公允价值变动收益减少 160 万元、营业外支出增加 150 万元。影响较大的有利因素是营业收入增加 1 500 万元、投资收益增加 160 万元。

(2) 结构变动分析。营业净利率减少 1.07%,影响较大的不利因素是营业成本率增加 0.31%、财务费用比率增加 0.29%、公允价值变动收益比率减少 0.60%、营业外支出比率增加 0.49%。

3. 利润表各项目分析

确定分析的重点项目后,需要深入各项目内部进一步分析。此时需要根据附注提供的资料以及其他可以收集到的信息进行分析。

毛利率变动的原因可以分部门、分产品、分顾客群和分区域等进行分析,应根据分析目的及可取得的资料而定。

在财务报表中,销售费用和管理费用的公开披露信息有限,外部分析人员很难对其进行深入分析。财务费用、公允价值变动收益、资产减值损失、投资收益和营业外收支等项目明细资料,在附注中披露较为详细,为进一步分析提供了可能。

(二) 总资产净利率

1. 计算方法

总资产净利率是指净利润与总资产的比率,它反映每 1 元总资产创造的净利润。其计算公式如下:

$$总资产净利率=(净利润\div 总资产)\times 100\%$$

根据亿优公司的财务报表数据:

上年总资产净利率=(1 540÷17 200)×100%=8.95%

本年总资产净利率=(1 300÷20 400)×100%=6.37%

变动=6.37%-8.95%=-2.58%

总资产净利率是衡量企业盈利能力的关键指标。尽管股东报酬由总资产净利率和财务杠杆两者共同决定，但提高财务杠杆会增加风险，往往不会增加公司价值。此外，财务杠杆的提高有诸多限制，公司经常处于财务杠杆不可能再提高的临界状态。因此，提高权益净利率的基本动力是总资产净利率。

2. 驱动因素

经分析，总资产净利率的驱动因素是营业净利率和总资产周转次数。

$$\text{总资产净利率}=\frac{\text{净利润}}{\text{总资产}}=\frac{\text{净利润}}{\text{营业收入}}\times\frac{\text{营业收入}}{\text{总资产}}=\text{营业净利率}\times\text{总资产周转次数}$$

总资产周转次数是每1元总资产投入带来的营业收入，营业净利率是每1元营业收入创造的净利润，两者共同决定了总资产净利率，即每1元总资产创造的净利润。有关总资产净利率的因素分解如表8-6所示。

表8-6　总资产净利率的分解

单位：万元

	本　年	上　年	变　动
营业收入	30 020	28 520	1 500
净利润	1 300	1 540	-240
总资产	20 400	17 200	3 200
总资产净利率(%)	6.37	8.95	-2.58
营业净利率(%)	4.33	5.40	-1.07
总资产周转次数(次)	1.47	1.66	-0.19

亿优公司的总资产净利率比上年降低2.58%。其原因是营业净利率和总资产周转次数都降低了。哪一个原因更重要呢？可以使用差额分析法进行定量分析。

营业净利率变动影响=营业净利率变动×上年总资产周转次数
=(-1.07%)×1.66=-1.776%

总资产周转次数变动影响=本年营业净利率×总资产周转次数变动
=4.33%×(-0.19)=-0.823%

合计=-1.776%-0.823%=-2.60%

由于营业净利率下降，使总资产净利率下降1.776%；由于总资产周转次数下降，使总资产净利率下降0.823%。两者共同作用使总资产净利率下降2.60%，其中营业净利率下降是主要原因。

（三）权益净利率

权益净利率又叫净资产收益率或权益报酬率，是净利润与股东权益的比值，表示每1元股东权益赚取的净利润，衡量企业的总体盈利能力。其计算公式为：

$$\text{权益净利率}=(\text{净利润}\div\text{股东权益})\times100\%$$

根据亿优公司的财务报表数据：

上年权益净利率＝(1 540÷8 860)×100%＝17.38%

本年权益净利率＝(1 300÷9 460)×100%＝13.74%

权益净利率的分母是所有者的全部投入，分子是所有者的利润。权益净利率具有很强的综合性，概括了公司的全部经营业绩和财务业绩。亿优公司本年权益净利率比上年有所降低。

四、市价比率

（一）市盈率

市盈率是普通股每股市价与每股收益的比值，反映普通股股东愿意为每1元净利润支付的价格。其中，每股收益是指可分配给普通股股东的净利润与流通在外普通股加权平均股数的比率，它反映每只普通股当年创造的净利润水平。其计算公式如下：

市盈率＝每股市价÷每股收益

每股收益＝普通股股东净利润÷流通在外普通股加权平均股数

假设亿优公司无优先股，2019年12月31日普通股每股市价25元，2019年流通在外普通股加权平均股数800万股。根据亿优公司的财务报表数据：

本年每股收益＝1 300÷800＝1.625(元/股)

本年市盈率＝25÷1.625＝15.38(倍)

在计算和使用市盈率和每股收益时，应注意以下问题：

(1) 每股市价本质上反映的是投资者对未来收益的预期，但市盈率是基于过去年度的收益。如果投资者预期收益将从当前水平大幅增长，市盈率将会相当高，也许是10倍、20倍或更多。但如果投资者预期收益将由当前水平大幅下降，市盈率将会相当低，如5倍或更少。成熟市场上的成熟公司有非常稳定的收益，一般情况下其每股市价为每股收益的10～12倍。因此，市盈率反映了投资者对公司未来前景的预期，相当于每股收益的资本化。

(2) 仅有普通股的公司每股收益的计算相对简单，在这种情况下，计算公式如上所示。如果公司还有优先股，则计算公式如下：

每股收益＝(净利润－优先股股息)÷流通在外普通股加权平均股数

每股收益仅适用于普通股。优先股股东只享有规定的优先股股息，对剩余的净利润不再具有索取权。在有优先股股息的情况下，计算每股收益的分子应该是可分配给普通股股东的净利润，即扣除当年宣告或累积的优先股股息后的净利润。

（二）市净率

市净率也称市账率，是指普通股每股市价与每股净资产的比率。它反映普通股股东愿意为每1元净资产支付的价格，说明市场对公司净资产质量的评价。每股净资产也叫每股账面价值，是指普通股股东权益与流通在外普通股股数的比率。它表示每股普通股享有的净资产，是理论上的每股最低价值。计算公式如下：

市净率＝每股市价÷每股净资产

每股净资产＝普通股股东权益÷流通在外普通股股数

既有优先股又有普通股的企业，通常只为普通股计算每股净资产。此种情况下，普通股每股净资产的计算需要分两步进行。第一步，从股东权益总额中减去优先股权益，包括优先股的清算价值及全部拖欠的股息，得出普通股权益。第二步，用普通股权益除以流通在外普通股股数，确定普通股每股净资产。

假设亿优公司有优先股 200 万股，清算价值为每股 15 元，累积拖欠股息为每股 10 元；2019 年 12 月 31 日普通股每股市价为 25 元，流通在外普通股股数 800 万股。根据亿优公司的财务报表数据：

本年每股净资产＝[9 460－(15＋10)×200]÷800＝5.575(元/股)

本年市净率＝25÷5.575＝4.48

在计算市净率和每股净资产时，应注意所使用的流通在外普通股股数是资产负债表日流通在外普通股股数，而不是当期流通在外普通股加权平均股数。这是因为每股净资产的分子为时点数，分母也应选取同一时点数。

（三）市销率

市销率是指普通股每股市价与每股营业收入的比率。它表示普通股股东愿意为每 1 元营业收入支付的价格。其中，每股营业收入是指营业收入与流通在外普通股加权平均股数的比率，它表示每只普通股创造的营业收入。计算公式分别如下：

市销率＝每股市价÷每股营业收入

每股营业收入＝营业收入÷流通在外普通股加权平均股数

假设 2019 年 12 月 31 日普通股每股市价 25 元，2019 年流通在外普通股加权平均股数 800 万股。根据亿优公司的财务报表数据：

本年每股营业收入＝30 020÷800＝37.525(元/股)

本年市销率＝25÷37.525＝0.67

五、杜邦分析体系

杜邦分析体系又称杜邦财务分析体系，简称杜邦体系，是利用各主要财务比率指标间的内在联系，对企业财务状况及经营成果进行综合系统分析评价的系统方法。该体系以权益净利率为核心，以总资产净利率和权益乘数为分解因素，重点揭示企业盈利能力及权益乘数对权益净利率的影响，以及各相关指标间的相互影响和作用关系。因其最初由美国杜邦公司成功应用，故得名。

（一）杜邦分析体系的核心比率

权益净利率是杜邦分析体系的核心比率，具有很好的可比性，可用于不同企业间的比较。资本具有逐利性，总是流向投资报酬率高的行业和企业，因此各企业的权益净利率通常情况下会比较接近。如某一企业的权益净利率经常高于其他企业，就会引来竞争者，迫使该企业的权益净利率降到平均水平；如某一企业的权益净利率经常低于其他企业，就难以增获资本，会被市场驱逐，进而使存留公司的权益净利率平均水平回归正常。

同时，权益净利率具有很强的综合性。权益净利率可以分解为以下指标：

$$\text{权益净利率}=\frac{\text{净利润}}{\text{营业收入}}\times\frac{\text{营业收入}}{\text{总资产}}\times\frac{\text{总资产}}{\text{股东权益}}$$
$$=\text{营业净利率}\times\text{总资产周转次数}\times\text{权益乘数}$$

无论提高三个比率中的哪个比率，权益净利率都会提高。其中，“营业净利率”是利润表的一种概括表示，“净利润”和“营业收入”两者相除可以概括企业经营成果；“权益乘数”是资产负债表的一种概括表示，表明资产、负债和所有者权益的比例关系，可以反映企业最基本的财务状况；“总资产周转次数”把利润表和资产负债表联系起来，使权益净利率可以综合分析评价整个企业经营成果和财务状况。

（二）杜邦分析体系的基本框架

杜邦分析体系的基本框架可用图 8－1 表示。

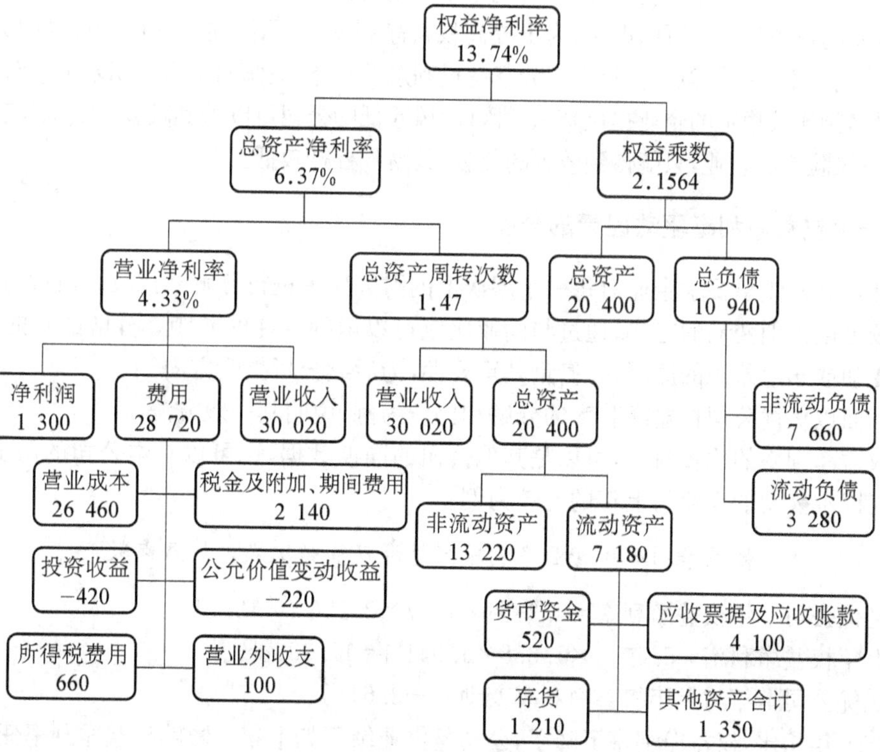

图 8－1 杜邦分析体系的基本框架图

由图可知杜邦体系是一个多层次的财务比率分解体系。各财务比率可在每个层次上与本公司历史或同业财务比率比较，然后向下一级继续分解。层层向下分解，逐步覆盖公司经营活动的每个环节，以实现系统、全面评价公司经营成果和财务状况的目的。

第一层分解，把权益净利率分解为总资产净利率、权益乘数，再将总资产净利率分解为营业净利率、总资产周转次数，这样就将权益净利率分解为营业净利率、总资产周转次数和权益乘数。这三个比率在各企业之间可能存在差异。通过比较各企业间的差异，可以观察本企业与其他企业的经营战略和财务政策的不同之处。

分解出来的营业净利率和总资产周转次数，可以反映企业的经营战略。某些企业营业净利率较高，而总资产周转次数较低；另一些企业可能正好相反，总资产周转次数较高而营业净利率较低。两者经常呈反向变动。此现象并非偶然，如果要提高营业净利率，就要增加产品附加值，往往需要增加投资，引起总资产周转次数下降；反之，如要加快资产周转，就要降低价格，从而引起营业净利率下降。通常，营业净利率较高的制造业，其周转次数都较低；周转次数较高的零售业，营业净利率较低。采取“高盈利、低周转”还是“低盈利、高周转”的方针，是企业根据外部环境及自身资源做出的战略选择。正因如此，仅从营业净利率的高低并不能看出业绩好坏，应将其与总资产周转次数联系起来考察，真正重要的是两者共同作用得到的总资产净利率。总资产净利率可以反映经营者运用企业资产赚取盈利的业绩，是最重要的盈利能力。

分解出来的权益乘数可以反映企业的筹资情况。在总资产净利率不变的情况下，提高负债比率可以提高权益净利率，但同时也会增加财务风险。如何配置企业资产及负债是公司最重要的财务政策。可以设想，为了提高权益净利率，公司倾向于尽可能提高财务杠杆。但是，债权人不一定同意。债权人不分享超过利息的收益，更倾向于为预期未来经营活动现金流量净额比较稳定的企业提供贷款。因此，风险低的公司可以得到较多的贷款，其财务杠杆较高；风险高的企业，只能得到较少的贷款，其财务杠杆较低。

（三）权益净利率驱动因素的分解

杜邦分析体系要求企业对每一个层次上的财务比率进行分解和比较。通过与历史数据比较可以识别变动的趋势，通过与同业比较可以识别存在的差距。分解的目的是识别引起变动或产生差距的原因，并衡量其重要性，为后续分析指明方向。

下面以亿优公司权益净利率的分解和比较为例，说明其一般方法。

权益净利率的比较对象，可以是其他公司的同期数据，也可以是本公司的历史数据，这里仅以本公司的本年与上年的比较为例。

$$权益净利率=营业净利率\times 总资产周转次数\times 权益乘数$$

亿优公司本年权益净利率＝4.33％×1.47×2.156 4＝13.74％

上年权益净利率＝5.40％×1.658×1.941 3＝17.38％

亿优公司本年与上年权益净利率变动＝－3.64％

与上年相比，权益净利率下降了，公司整体业绩不如上年。影响权益净利率变动的不利因素是营业净利率和总资产周转次数的下降；有利因素是权益乘数的提高。

利用连环替代法可以定量分析相关因素对权益净利率变动的影响程度，如下所示：

(1) 营业净利率变动的影响：

按本年营业净利率计算的上年权益净利率＝4.33％×1.658×1.941 3＝13.937％

营业净利率变动的影响＝13.937％－17.38％＝－3.443％

(2) 总资产周转次数变动的影响：

按本年营业净利率、总资产周转次数计算的上年权益净利率＝4.33％×1.47×1.941 3＝12.357％

总资产周转次数变动的影响＝12.357％－13.937％＝－1.58％

(3) 财务杠杆变动的影响：

财务杠杆变动的影响＝13.74％－12.357％＝1.383％

通过分析可知，最重要的不利因素是营业净利率降低，使权益净利率减少 3.443％；其次是总资产周转次数降低，使权益净利率减少 1.58％。有利的因素是权益乘数提高，使权益净利率增加 1.383％。不利因素超过有利因素，所以权益净利率减少 3.64％。因此亿优公司应重点关注营业净利率降低的原因。

在分解之后进入下一层次的分析，分别考察营业净利率、总资产周转次数和财务杠杆的变动原因。

(四) 杜邦分析体系的局限性

杜邦分析体系虽然被广泛使用，但也存在一些局限性。

一是计算总资产净利率的“总资产”与“净利润”不匹配。总资产为全部资产提供者享有，而净利润则专属于股东，两者不匹配。由于总资产净利率的“投入与产出”不匹配，该指标不能反映实际的报酬率。为改善该比率，应重新调整分子与分母。

公司资金的提供者包括无息负债的债权人、有息负债的债权人和股东，无息负债的债权人不要求分享收益，股东和有息负债的债权人要求分享收益。因此，需要计量股东和有息负债债权人投入的资本，并且计量这些资本产生的收益，只有将调整后的这两者相除才是合乎逻辑的报酬率，才能准确反映企业的盈利能力。

二是没有区分经营活动损益和金融活动损益。传统的杜邦分析体系不区分经营活动和金融活动。对于大多数公司金融活动是净筹资，它们在金融市场上主要是筹资，而不是投资。筹资活动不会产生净利润而是产生净费用。这种筹资费用是否属于经营活动费用，在会计准则制定过程中一直存在较大争议，各国的会计准则对此的规定也不尽相同，从财务管理角度看，公司的金融资产是尚未投入实际经营活动的资产，应将其与经营资产相区别。与此相应，金融损益也应与经营损益相区别，才能使经营资产和经营损益匹配。因此，正确计量基本盈利能力的前提是区分经营资产和金融资产，区分经营损益和金融损益。

三是没有区分经营负债与金融负债。既然要把金融活动与经营活动进行区分，就需要单独计量筹资活动成本。负债的成本(指利息支出)仅仅是金融负债的成本，经营负债是无息负债。因此，必须区分经营负债与金融负债，将利息与金融负债相除，才是真正的平均利息率。区分经营负债与金融负债后，金融负债与股东权益相除，才可以得到更符合实际的财务杠杆。经营负债没有固定成本，没有杠杆作用，如将其计入财务杠杆，会歪曲杠杆的实际效应。

自测题

一、单项选择题

1. 已知甲公司上年的利润表中的财务费用为120万元，上年的资本化利息为20万元。上年的净利润为400万元，所得税费用为100万元。假设财务费用全部由利息费用构成，则上年利息保障倍数为（　　）。

A. 4.43　　B. 5.17　　C. 4.57　　D. 5.33

2. 下列各项中，属于盈利能力比率的是（　　）。

A. 应收账款周转率　B. 营业净利率　　C. 利息保障倍数　　D. 市盈率

3. 甲公司的生产经营存在季节性，每年的6月到10月是生产经营旺季，11月到次年5月是生产经营淡季。如果使用应收账款年初余额和年末余额的平均数计算应收账款周转次数，计算结果会（　　）。

A. 高估应收账款周转速度　　B. 低估应收账款周转速度

C. 正确反映应收账款周转速度　　D. 无法判断对应收账款周转速度的影响

4. 某企业目前的流动比率为1，则赊购材料一批，将会导致（　　）。

A. 流动比率提高　　B. 流动比率降低　　C. 流动比率不变　　D. 速动比率不变

5. 财务报表分析的比较分析法中，比较分析按比较对象进行时，不包括（　　）。

A. 与本企业历史相比　　B. 与同类企业相比

C. 与计划预算比　　D. 比较结构百分比

6. 计算总资产净利率时，分子是（　　）。

A. 营业利润　　B. 利润总额　　C. 息税前利润　　D. 净利润

7. 已知甲公司某年的销售收入为1 200万元，发行在外的普通股股数为120万股（年内没有发生变化），普通股的每股收益为1元，该公司的市盈率为20，则甲公司该年的的市销率为（　　）。

A. 10　　B. 0.5　　C. 2　　D. 20

8. 传统杜邦分析体系虽然有广泛的使用，但也存在某些局限性。下列各项不属于传统杜邦分析体系的局限性的是（　　）。

A. 计算总资产净利率的“总资产”和“净利润”不匹配

B. 没有区分经营活动损益和金融活动损益

C. 没有区分金融负债和经营负债

D. 利润和资产或资本的期间不匹配

9. 传统杜邦财务分析体系的核心比率是（　　）。

A. 权益净利率　　B. 销售净利率　　C. 总资产周转率　　D. 权益乘数

10. 某公司与应收账款周转天数计算相关的资料为：年度营业收入为6 000万元，年初应收账款余额为300万元，年末应收账款余额为500万元，坏账准备数额较大，按应收账款余额10%提取。假设每年按360天计算，则该公司该年度应收账款周转天数为（　　）天。

A. 15　　B. 17　　C. 22　　D. 24

11. 下列各项指标中，可以反映企业短期偿债能力的是(　　)。
A. 现金流量比率　B. 总资产净利率　C. 资产负债率　D. 利息保障倍数
12. 下列关于总资产周转率的表述中，不正确的是(　　)。
A. 总资产周转次数表明 1 年中总资产周转的次数
B. 总资产周转次数说明每 1 元总资产支持的营业收入
C. 总资产与收入比表示每 1 元营业收入需要的总资产投资
D. 总资产周转次数＝流动资产周转次数＋非流动资产周转次数
13. 某企业目前流动比率为 1.6，若赊购材料若干，则赊购后企业(　　)。
A. 营运资本增加　B. 流动比率下降　C. 速动比率提高　D. 现金比率提高
14. 某企业的资产为 50 万元，负债为 25 万元，则下列说法正确的是(　　)。
A. 该企业的资产负债率为 30%　B. 该企业的产权比率为 1
C. 该企业的权益乘数为 1.5　D. 该企业的资产负债率＋权益乘数＝3
15. 营运资本是指(　　)。
A. 全部资产减全部负债　B. 流动资产减流动负债
C. 全部资产减流动负债　D. 流动资产减全部负债

二、多项选择题

1. 关于利息保障倍数，下列说法中正确的有(　　)。
A. 如果利息保障倍数小于 1，表明企业自身产生的经营收益不能支持现有的债务规模
B. 利息保障倍数越小，公司拥有的偿还利息的缓冲资金越多
C. 利息保障倍数等于 1，说明企业的发展很稳定
D. 现金流量利息保障倍数比利息保障倍数更可靠
2. 下列有关营业净利率的说法中，错误的有(　　)。
A. 营业净利率不能反映企业的全部经营成果
B. 营业净利润反映每 1 元总资产创造的净利润
C. 营业净利率越大，企业的盈利能力越强
D. 营业净利率变动，是由于资产负债表各个项目变动引起的
3. 下列关于市盈率的说法中，正确的有(　　)。
A. 市盈率也叫市账率
B. 市盈率是每股市价与每股收益的比值
C. 市盈率反映普通股股东愿意为每 1 元净利润支付的价格
D. 市盈率反映了投资者对公司未来前景的预期，相当于每股收益的资本化
4. 某企业目前的流动比率为 1.2，赊购材料一批，将会导致(　　)。
A. 流动比率提高　B. 流动比率降低　C. 流动比率不变　D. 速动比率降低
5. 偿债能力的衡量方法有(　　)。
A. 比较可供偿债资产与债务的存量
B. 比较短期债务与长期债务的构成情况
C. 比较经营活动现金流量和偿债所需现金
D. 比较资产与利润的存量

6. 报表分析的比较法是对两个或几个有关的可比数据进行对比，从而揭示趋势或差异，按比较对象可以分为(　　)。

A. 趋势分析　　B. 横向比较　　C. 预算差异分析　　D. 纵向比较

7. 影响权益净利率的因素有(　　)。

A. 总资产周转次数　B. 资产负债率　　C. 销售净利率　　D. 权益乘数

8. 下列关于现金流量比率的说法中，正确的有(　　)。

A. 现金流量比率＝经营活动现金流量净额÷债务总额

B. 现金流量比率＝经营活动现金流量净额÷流动负债

C. 现金流量比率越高，短期偿债能力越强

D. 现金流量比率可以从动态角度反映企业的短期偿债能力

9. 在其他条件不变的情况下，会引起总资产周转次数指标上升的经济业务有(　　)。

A. 用现金偿还负债　　B. 借入一笔短期借款

C. 用银行存款购入一台设备　　D. 用银行存款支付一年的电话费

10. 下列指标中，其数值大小与偿债能力大小反方向变动的有(　　)。

A. 产权比率　　B. 资产负债率

C. 利息保障倍数　　D. 经营现金流量债务比

11. 下列各项中，属于连环替代法一般步骤的有(　　)。

A. 确定分析对象

B. 确定该财务指标的驱动因素

C. 确定驱动因素的替代顺序

D. 将各个因素的影响程度求和，验算与分析对象的总差异是否相等

12. 传统杜邦分析体系的局限性，表现在(　　)。

A. 没有考虑财务杠杆的影响

B. 计算总资产净利率的“总资产”与“净利润”不匹配

C. 没有区分金融负债与经营负债

D. 没有区分经营活动损益和金融活动损益

三、会计实务题

1. 某企业2019年年末资产负债率为50%，流动比率为2.5，资产负债表中的资产项目如下所示：

资产项目	金额(万元)
流动资产：	
货币资金	50
应收票据及应收账款	314
存货	120
流动资产合计	484
非流动资产：	
固定资产	800
其他非流动资产	10

续　表

资产项目	金额(万元)
非流动资产合计	810
资产合计	1 294

要求：计算下列指标(计算结果保留2位小数)：

(1) 所有者权益总额；

(2) 该企业的产权比率、权益乘数；

(3) 该企业的现金比率、速动比率。

2. 某公司年末资产负债表简略形式如下：

资产负债表

单位：万元

项　目	期末金额	项　目	期末数
货币资金	400	应付票据及应付账款	(3)
应收票据及应收账款	(6)	应交税金	400
存货	(7)	非流动负债	(4)
固定资产净值	3 000	负债总额	(2)
		实收资本	300
		未分配利润	(5)
资产总计	5 000	负债及所有者权益总计	(1)

已知：

(1) 期末流动比率＝2；

(2) 期末资产负债率＝50%；

(3) 本期应收账款周转次数＝30次；

(4) 本期销售收入＝36 000万元；

(5) 期初应收账款＝期末应收账款。

要求：根据上述资料，计算并填列资产负债表中的空项。

3. 已知某企业2018年和2019年的有关资料如下：

	2018年	2019年
权益净利率	17.6%	16.8%
营业净利率	16%	14%
总资产周转率	0.5	0.6
权益乘数	2.2	2

要求：根据以上资料，对2019年权益净利率较上年变动的差异进行因素分解，依次计算营业净利率、总资产周转率和权益乘数的变动对权益净利率变动的影响。

4. 某商业企业2019年赊销收入净额为4 000万元，销售成本为3 200万元；年初、年末应收票据及应收账款余额分别为400万元和800万元；年初、年末存货余额分别为400万元和1 200万元；年末速动比率为1.2，年末现金比率为0.7。假定该企业流动资产由速动资产和存货组成，速运资产由应收票据及应收账款和货币资金组成，一年按360天计算。

要求：

(1) 计算2019年应收账款周转天数。

(2) 计算2019年存货周转天数。

(3) 计算2019年年末流动负债余额和速动资产余额。

(4) 计算2019年年末流动比率。

附　录

综合题

资料一

亿优有限责任公司 8 月 1 日总账账户的期初余额资料如下：

账户名称	借方金额	账户名称	贷方金额
库存现金	1 000	短期借款	120 000
银行存款	166 000	应付账款	85 000
交易性金融资产	52 000	应付票据	60 000
应收票据	40 000	预收账款	100 000
应收账款	11 000	应付职工薪酬	20 000
预付账款	10 000	应交税费	86 000
应收股利	3 000	应付利息	20 000
其他应收款	5 600	其他应付款	10 000
在途物资	60 000	长期借款	300 000
原材料	240 000	实收资本	500 000
生产成本	100 000	资本公积	80 000
库存商品	149 000	盈余公积	42 000
其他应收款	8 000	本年利润	85 300
长期股权投资	140 000	利润分配	105 900
固定资产	650 000		
累计折旧	−67 200		
无形资产	54 000		
累计摊销	−8 200		

资料二

8 月 1 日有关明细账户的资料如下：

(1)“原材料”明细账户的期初资料如下：

材料名称	数量(千克)	单价(元/千克)	金额(元)
甲材料	20 000	8.00	160 000
乙材料	16 000	5.00	80 000

(2)“库存商品”明细账户的期初资料如下：

产品名称	数量(千克)	单价(元/千克)	金额(元)
A产品	20 000	4.95	99 000
B产品	10 000	5.00	50 000

(3)“实收资本”明细账户的期初资料如下：

投资人	贷方金额
亿优公司	400 000
星光公司	100 000

资料三

星光公司8月发生以下经济业务：

(1) 8月2日，收到银行收款通知，星光公司追加投入货币资金200 000元，存入银行。

(2) 8月3日，从银行取得短期借款500 000元，存入银行。

(3) 8月5日，签发转账支票，交纳上月的增值税80 000元，所得税6 000元。

(4) 8月6日，从大兴工厂购入甲材料6 000千克，单价8.60元/千克，计51 600元，增值税8 256元，共计59 856元，乙材料5 000千克，单价4.80元/千克，计24 000元，增值税为3 840元，共计27 840元。对方代垫运杂费2 200元(按重量比例分配)，收到对方发货票随单联、代垫运费单据和银行转来的付款通知，开出银行承兑汇票予以承付。

(5) 8月7日，采购员王鑫回来报销差旅费，提供了住宿餐饮等发票5 200元，退回多余款项400元(预借差旅费5 600元)。

(6) 8月8日，收到国家投入的特许经营权一项，经评估作价为300 000元。

(7) 8月10日，收到大兴工厂发货票随货联(8月10日已承付)，填制收货单，如数验收入库。

(8) 8月12日，生产车间及管理部门领用原材料(亿优公司采用移动加权平均法核算企业存货成本)，领料单内容如下：

材料用途	甲材料(千克)	乙材料(千克)
生产A产品	2 000	500
生产B产品	800	2 400
生产车间一般耗用	200	100
管理部门耗用	10	15

(9) 8月15日，编制工资结算单本月应付职工薪酬总额为30 000元，其中，A产品工人工资为12 000元，B产品工人工资为10 000元，车间管理人员工资为3 000元，企业管理人员工资为5 000元。

(10) 8月15日，编制应付福利费计算表，按应付职工薪酬的14%计提并转账。

(11) 8月16日，从银行提取现金30 000元，发放工资。

(12) 8月19日，编制固定资产折旧计算表，其中，车间应计折旧5 000元，管理部门应计折旧2 000元。

(13) 8月19日，用银行存款支付由本月负担的报刊费600元。

(14) 8月20日，计提应由本月负担的银行贷款利息3 000元。

(15) 8月20日，汇集全月制造费用，并按生产工人工资比例在A、B产品间进行分配。

(16) 8月20日，全月A产品8 000件，B产品7 000件，已全部完工验收入库。计算并结转完工产品的生产成本。

(17) 8月20日，外购需要安装的机器设备一台，取得增值税发票上注明的价款为100 000元，增值税税额为16 000元，另支付包装费2 000元，款项以银行存款支付。

(18) 8月21日，开出发货票，售给西塘百货A产品6 000件，单价9.80元/件，计58 800元，增值税为9 408元，合计68 208元；B产品2 000件，单价12.80元/件，计25 600元，增值税为4 096元，合计29 696元，收到西塘百货如数开来的转账支票一张。

(19) 8月23日，向富达公司赊销A产品2 000件，单价9.80元/件，计19 600元，增值税款3 136元，合计22 736元；B产品4 500件，单价12.80元/件，计57 600元，增值税款为9 216元，合计66 816元。

(20) 8月24日，开出转账支票，付电视台广告费4 000元，收到电视台开来的收据。

(21) 8月18日，结转本月已销产品的生产成本(销售数量从8月21日和23日的资料中获得，单位生产成本从8月20日入库产品成本计算中获得)。

(22) 8月28日，按销售收入的1%计提本月应交城乡维护建设税。

(23) 8月28日，将本月的全部收入和支出结转到“本年利润”账户。

(24) 8月28日，按本年利润总额的25%计提应交所得税费用。

(25) 8月28日，按税后利润的10%计提法定盈余公积。

(26) 8月28日，按税后利润的40%计提应付给投资人的利润。

(27) 8月31日，将利润分配的有关明细账户结转至“利润分配——未分配利润”账户。

要求：

(1) 根据资料三，编制会计分录。

(2) 编制总分类账户本期发生额试算平衡表。

(3) 根据资料一、资料二、资料三，编制亿优公司8月份的资产负债表和利润表。

参考文献

[1] 杨明海,骆希亚.会计学[M].北京:中国市场出版社,2015.

[2] 陈信元.会计学(第五版)[M].上海:上海财经大学出版社,2018.

[3] 财政部会计司编写组.企业会计准则第14号——收入应用指南2018.北京:中国财政经济出版社,2018.

[4] 中国注册会计师协会.会计[M].北京:中国财政经济出版社,2018.

[5] 全国专业技术资格考试参考用书编审委员会.初级会计实务[M].北京:中国财政经济出版社,2018.